AF309723

RÉPUBLIQUE FRANÇAISE.

MINISTÈRE DE L'INTÉRIEUR.

DIRECTION DE LA SÛRETÉ GÉNÉRALE.

ÉTAT

FAISANT CONNAÎTRE LA RÉSIDENCE ACTUELLE DES PERSONNES ÉVACUÉES DU DÉPARTEMENT DU NORD.

(CE FASCICULE CONTIENT 4 LISTES.)

16ᵉ LISTE.

Aberlan (Charles), de Lille, à Saint-Girons, Ariège.
Abrussart (François) et fam., de Mortagne-du-Nord, au Vésinet, Seine-et-O.
Acquême (Elisabeth), d'Hautmont, à Saint-Étienne, Loire.
Adam (Julien), de ..., à Veyrac, Haute-Vienne.
Adrianssens (Victor), de Loos, au Palais, Haute-Vienne.
Adriaenssens (Alphonse), de Lille, à Pensol, Haute-Vienne.
Agai (Jules), de Wambrechies, à Saint-Étienne, Loire.
Afchain (Auguste), de Fourmies, à Lannion, Côtes-du-Nord.
Afchain (Gabrielle), de Fourmies, à Lannion, Côtes-du-Nord.
Albuinazard (Cléophas), de Saint-Amand-les-Eaux, à Billom, Puy-de-Dôme.
Albant (Charles), d'Haubourdin, à Saint-Jodard, Loire.
Alin (Ferdinand), de Roubaix, à Laroque-d'Olmes, Ariège.
Alin (Fernand), de Roubaix, à Laroque-d'Olmes, Ariège.
Allard (Henri), de Roucq, à Villeneuve-du-Paréage, Ariège.
Allard (Antoine), de Rouveny, à Gan, Basses-Pyrénées.
Allostory (Maurice), de Wambrechies, à Saint-Priest-Taurion, Hte-Vienne.
Allemand (Victor), de Lille, à Longwy, Jura.
André (Joseph), de Valenciennes, à Rezé, Loire-Inférieure.
André (Martin), de Lille, à Chaillac Saillat, Haute-Vienne.
Andries (Alphonse), d'Avesnes-les-Aubert, à Lannion, Côtes-du-Nord.
Andrieux (Médard), de Roubaix, à Solignac, Haute-Vienne.
Anglo (Léon), d'Armentières, à Saint-Jodard, Loire.
Annicotie (Albert), de Roubaix, à Eyjeaux, Haute-Vienne.
Antoine (Marie), de Viviers-Aucourt, à Saint-Jodard, Loire.
Anus (François), d'Armentières, à Saint-Didier-la-Seauve, Haute-Loire.
Apers (Léopold), de Lille, à Saint-Étienne, Loire.
Ardhuin (Clovis) et son épouse, de Rumilly, à Achères, Seine-et-Oise.
Ardies (Pierre), de Lille, à Azat-le-Riz, Haute-Vienne.
Arnoux (Victoire) et fam., de Maubeuge, à Vieux, Tarn.
Arnoult (Valentin), de Lille, à Crissac, Haute-Vienne.
Aris (Marie), de Lille, à Saint-Cyr-l'École, Seine-et-Oise.
Arter (Arthur), de La Madeleine, à Authezat, Puy-de-Dôme.
Asseignay (Armand), de ..., à Crissac, Haute-Vienne.
Assez (Urbanie), d'Hazebrouck, à Souyans, Jura.
Auveing (Henri), de Wattrelos, à Saint-Michel, Charente.
Aubert (Victor) et son épouse, du Câteau, à Saint-Cloud, Seine-et-Oise.
Aubert (Camille), la Croix, à Rochefort-en-Yvelines, Seine-et-Oise.
Aulbert (Aline), d'Haucourt, à Saint-Étienne, Loire.
Aubin (Eugène), de Pont-du-Nord, à Saint-Jodard, Loire.
Aubry (Victor) et son épouse, du Quesnoy, à Valmondois, Seine-et-Oise.
Aubry (Madeleine) et enf., du Quesnoy, à Valmondois, Seine-et-Oise.
Aubry (Marie) et enf., du Quesnoy, à Valmondois, Seine-et-Oise.
Aumont (Marthe), de Beugnier, à Limeil-Brévannes, Seine-et-Oise.
Auvertin (Henri), de Sore, Bujaleuf, Haute-Vienne.
Aubry (Jeanne) et enf., d'Hautmont, à Laguépie, Tarn-et-Garonne.
Avez (Émile), d'Armentières, à Saint-Didier-la-Seauve, Haute-Loire.
Bacquet (Georgette), d'Esquerchin, à Issards, Ariège.
Bacquet (Émile), d'Esquerchin, à Issards, Ariège.
Bacquet (Alphonsine), d'Esquerchin, à Issards, Ariège.
Bacquet (Oscar), de Brebières, à Rive-de-Gier, Loire.

Bacle (Auguste) et fam., d'Armentières, à Saint-Didier-la-Seauve, Hte-Loire.
Bachelet (Alfred), d'Armentières, à Sainte-Sigolène, Haute-Loire.
Baelde (Léon), de Lille, à Azat-le-Riz, Haute-Vienne.
Bailly (Marguerite) et enf., de Marcq-en-Barœul, à Taverny, Seine-et-Oise.
Baillon (Victor), d'Armentières, à Rive-de-Gier, Loire.
Bailliez (Léon), de Lille, à Maisonnais, Haute-Vienne.
Bailleul (Cyrille), de Lille, à Arçay, Vienne.
Baisez (Jules), de Lille, à Azat-le-Riz, Haute-Vienne.
Bal (Eugène), de Fives-Lille, à Rive-de-Gier, Loire.
Bal (Fernand), d'Anzin, à Rive-de-Gier, Loire.
Baly (François), de Roubaix, à Saint-Étienne, Loire.
Balloy (Gaston), de Lille, à Mirepoix, Ariège.
Balenghien (Louis), de Tourcoing, à Rancon, Haute-Vienne.
Bapaume (Jules), de Lille, au Vigan, Haute-Vienne.
Barhary (Julien), de Lille, à Pensol, Haute-Vienne.
Barbier (Marceau), de Douai, à Léojac, Tarn-et-Garonne.
Barbry (Albert), d'Armentières, à Saint-Michel, Charente.
Bart (Arthur), d'Armentières, à Saint-Jodard, Loire.
Bart (Edmond), d'Armentières, à Saint-Jodard, Loire.
Barbat (Armand), d'Houplines, à Orcet, Puy-de-Dôme.
Barbat (Marthe), d'Houplines, à Orcet, Puy-de-Dôme.
Barbieux (Julien), de Douchy, à Saint-Jean-de-Liversay, Charente-Inférieure.
Barnabé (Victor), de Lille, à Illiers, Eure-et-Loir.
Barnabé (Émile), de Lille, à Illiers, Eure-et-Loir.
Baré (Marthe) et enf., de Valenciennes, à Rezé, Loire-Inférieure.
Baene (Henri), de La Madeleine, à Solignac, Haute-Vienne.
Barbe (Rémi), de Lille, à Tence, Haute-Loire.
Barbe (Armand), d'Herlies, à Pierre-Buffière, Haute-Vienne.
Bartier (Félix), de Lille, à Champagnac, Haute-Vienne.
Barbez (Élie), de Lille, à Champsac, Haute-Vienne.
Bassol (Pauline et François), de Beaugnier, à Limeil-Brévannes, Seine-et-Oise.
Basnaux (Paul), de Douchy, à Saint-Étienne, Loire.
Bassard (Georges), de Lille, à Saint-Jodard, Loire.
Bassecourt (René), de Lille, à Anthezat, Puy-de-Dôme.
Basiez (Arthur), de Lille, au Chaplard, Haute-Vienne.
Basquin (Charles), de Lille, à Pensol, Haute-Vienne.
Bastien (Paul), de Lallaing, à Montauban, Tarn-et-Garonne.
Bastien (Odile) et enf., de ..., à Parthenay, Deux-Sèvres.
Basset (Marie) et fam., d'Arras, à Sauxillanges, Puy-de-Dôme.
Bataille (Charles) et son épouse, de Noyelles-s.-Escaut, à Morigny-Ch., S.-et-O.
Bataille (Jean), de Sainghin-en-Weppes, à Ménestreau, Nièvre.
Bataille (Eugène), de Seclin, à Nedde, Haute-Vienne.
Baudier (Marguerite), d'Hautmont, à Saint-Étienne, Loire.
Baudry (Marie), de Denain, à Brenat, Puy-de-Dôme.
Baudry (Hélène), de Denain, à Brenat, Puy-de-Dôme.
Bauduin (Ernest), de Denain, à Unieux, Loire.
Baudouin (Léger) et enf., de Monchecourt, à Saint-Vincent, Basses-Pyrénées.
Baudrin (Désiré) et fam., de Douai, à Montceau-les-Mines, Saône-et-Loire.
Bauduin (Louis), de Rouen, à Niort, Deux-Sèvres.
Bauduin (Fernand), de Roubaix, à Ladignac, Haute-Vienne.

Nord.

Bayard (Alphonse) et fam., de Lille, à Chaptelat, Haute-Vienne.
Bavart (Théodore), de Roubaix, à Azat-le-Riz, Haute-Vienne.
Baveul (Raymond), de ..., à Cussac, Haute-Vienne.
Bavaert (Marie), de Saint-Romain-la-Chaim, Haute-Loire.
Bauro (Gaston), d'Hellemmes-Lille, à Castelsarrasin, Tarn-et-Garonne.
Beauvais (Charles), de Lille, à Saint-Pardoux, Haute-Vienne.
Beauchemin (Alfred), d'Alos, à Condat, Haute-Vienne.
Beaucourt (Jean), de Sainghin-en-Weppes, à Ourous, Nièvre.
Beauvois (Sosthène), d'Avesnes-lez-Aubert, à Morigny-Champigny, S.-et-O.
Beauelle, d'Herzeele, à Saint-Étienne, Loire.
Béront (Alfred), de Saint-Laurent-Blangy, à Condre, Puy-de-Dôme.
Becu (Fernand), d'Armentières, au Chalard, Haute-Vienne.
Becar (Charles), de Croix-Roubaix, à Nedde, Haute-Vienne.
Becquet (Fernand), de Saint-Amand, à Saint-Étienne, Loire.
Becquart (Louis), de Wambrechies, à Saint-Étienne, Loire.
Bidu (Oscar) et fam, de Seclin, à Châlus, Haute-Vienne.
Bée (Henri de), de Lille, à Saint-Jodard, Loire.
Beele (Georges), de Lille, à Glandon, Haute-Vienne.
Beets (Ferdand), de La Madeleine-les-Lille, à Saint-Jodard, Loire.
Beets (Léopold), de La Madeleine-les-Lille, à Saint-Jodard, Loire.
Bégo (Léona) et enf., de Fromelles-Grands, à Montans, Tarn.
Béghin (Bonaventure), de La Madeleine-les-Lille, à Saint-Jodard, Loire.
Békaert (J. P.) et fam., d'Armentières, à St-Didier-la-Séauve, Haute-Loire.
Békaert (Ernest), de Lille, à Saint-Amand-le-Petit, Haute-Vienne.
Békaert (Jean-Pierre), de Lille, à Saint-Étienne, Loire.
Békaert (Émile), de Lille, à Saint-Étienne, Loire.
Boldur (Léopold de), de Mouvaux, à Saint-Denis-des-Murs, Haute-Vienne.
Bellein (Omer), de La Madeleine-les-Lille, à Saint-Jodard, Loire.
Bellepaime (Raymond), de Croix, à Pierrelaye, Seine-et-Oise.
Benoist (Célestin), d'Armentières, à Castelsarrasin, Tarn-et-Garonne.
Bénart (Émile), de Roubaix, à Azat-le-Riz, Haute-Vienne.
Berger (Paul) et fils, de La Madeleine-les-Lille, à Limoges, Haute-Vienne.
Bert (Henri), de Lille, à Cieux, Haute-Vienne.
Berland (Jules) et fam., de Lille, à Bersac, Haute-Vienne.
Bernier (Alphonse), de Villers-Outreaux, à Arcembony, Nièvre.
Bernier (Marcel), de Villers-Outreaux, à Arcembony, Nièvre.
Berique (César), de Roubaix, à Ladignac, Haute-Vienne.
Bertin (Gustave), de Douchy, à Saint-Jean-de-Liversay, Charente-Inférieure.
Berton (Adolphe), d'Avesnes-lez-Aubert, à Lannion, Côtes-du-Nord.
Berton (Valérie), d'Avesnes-les-Aubert, à Lannion, Côtes-du-Nord.
Bertrand (Edmond), d'Escaudœuvres, à Lannion, Côtes-du-Nord.
Berton (Marie), d'Avesnes-les-Aubert, à Lannion, Côtes-du-Nord.
Bernard (Léon), de Valenciennes, à Villeneuve-du-Passage, Ariège.
Bernard (Désiré) et fam., de Radinghem, à Sereilhac, Haute-Vienne.
Bernard (Siméon), de ..., à Linards, Haute-Vienne.
Bernard (Maria), de Fives-Saint-Maurice, à Taverny, Seine-et-Oise.
Bernard (Maurice), de Phalempin, à Saint-Étienne, Loire.
Bériot (René), du Cateau, à Arnouville-les-Gonesse, Seine-et-Oise.
Bertheau (Jules) et fam., de Fley, à Corneilles-en-Parisis, Seine-et-Oise.
Bert (Adolphe), de Lille, à Saint-Étienne, Loire.
Berthier (Arthur), de Tourcoing, à Villeneuve-Lembron, Puy-de-Dôme.
Berton (Émile), d'Hellemmes, à Manglieu, Puy-de-Dôme.
Berteuil, d'Hordain, à Meudon, Seine-et-Oise.
Berteuil (Mme) et enf., d'Hordain, à Meudon, Seine-et-Oise.
Berne (Victor), de Lille, à Saint-Jodard, Loire.
Berten (Charles), de La Madeleine, à Saint-Jodard, Loire.
Besson (Madeleine), du Cateau, à Groslay, Seine-et-Oise.
Besson (Hélène) et fille, du Cateau, à Groslay, Seine-et-Oise.
Besin (Mathilde), de Viesly, à Mainvilliers, Eure-et-Loir.
Béthune (Georges), de Caudry, à Saint-Cloud, Seine-et-Oise.
Boulque (Charles), de Neuville-en-Ferrain, à St-Priest-la-Pont, Hte-Vienne.
Beuscard (Marie), de Beaurepaire, à Vaux, Yonne.
Beuscart (Émile), de Lille, à Pensol, Haute-Vienne.
Beve (Adolphe), d'Armentières, à Saint-Pol-de-Mons, Haute-Loire.
Biard (Raymond), de Rocroi, à Nantes, Loire-Inférieure.
Bierler (Gervais), de Roubaix, à Saint-Michel, Charente.
Billot (Charles) et enf., de Lille, à Oradour-sur-Vayres.
Billoo (Émile), de ..., à Rilhac-Rancon, Haute-Vienne.
Billaut (Émile), d'Ennetières-en-Weppes, à Sainte-Colombe, Nièvre.
Billet (Robert), de Féron, à Appoigny, Yonne.
Billet (Élise), de Féron, à Appoigny, Yonne.
Billeau (Charles), de Lille, à Saint-Jodard, Loire.
Billault (Émile) et fam., d'Ennetières-en-Weppes, à Diusse, Basses-Pyrén.
Billaut (Henri) et fam., d'Ennetières-en-Weppes, à ..., Haute-Loire.
Binet (Théodore), de Lille, à Saint-Diéry, Puy-de-Dôme.
Biot (Henri), de Lille, à Pensol, Haute-Vienne.
Biquoir (Clovis), d'Arleux, à Écouen, Seine-et-Oise.
Bisson (Flore), d'Avesnes-les-Aubert, à Lannion, Côtes-du-Nord.
Bivpit (Mme), de Neufmesnil, à Saint-Étienne, Loire.
Blanchet (Alfred), de Mo...vaux, à Montroy, Charente-Inférieure.
Blasseau (Désiré), de Raismes, à Illiers, Eure-et-Loir.

Blaise (Fleuris), de ..., à Peyrilhac, Haute-Vienne.
Blanquart (François) et fam., d'Annœullin, à Couloutre, Nièvre.
Blanquart (Paul) et enf., de Lille, à Limoges, Haute-Vienne.
Blanquart (Louis), de ..., à Rilhac-Rancon, Haute-Vienne.
Blanzy (Julien), de Lille, à Ladignac, Haute-Vienne.
Blandiaux (Philomène) et enf., de Quiévy, à Corbeil, Seine-et-Oise.
Blanpain (Henri), de Saint-Amand, à Reignat, Puy-de-Dôme.
Blanchard (Oscar) et fam., de Maubeuge, à Champetières, Puy-de-Dôme.
Blery (Constant), de Denain, à Chas, Puy-de-Dôme.
Blery (Joseph), de Prouvoy, à Chas, Puy-de-Dôme.
Blervaque (Arthur) et fam., de Bourbourg, à Garges, Seine-et-Oise.
Blervaque (Arthur), de Faumont, à Saint-Jodard, Loire.
Blervaque (Louis), de Faumont, à Saint-Jodard, Loire.
Blootacker (Alphonse) et fam., de Lille, à Versailles, Seine-et-Oise.
Blomaerts (Anne) et fam., de Courrières, à Meudon, Seine-et-Oise.
Blyth, de Marcq-en-Barœul, à Saint-Étienne, Loire.
Bo (Marcel de), de Lille, à Billom, Puy-de-Dôme.
Bobo (Louis), de Lille, à Saint-Jodard, Loire.
Bocquillon (Jules), de ..., à Peyrilhac, Haute-Vienne.
Bocquillon (Émile), de Lille, à Glandon, Haute-Vienne.
Bockstaf (Charles), de Lille, à Veyre-Mouton, Puy-de-Dôme.
Bodin (Hector), de ..., à Linards, Haute-Vienne.
Boedt (Auguste), d'Haubourdin, à Saint-Étienne, Loire.
Bogaerts (François), de Lille, à Saint-Étienne, Loire.
Boidin (Jules), de Fromelles, Saint-Jodard, Loire.
Boidin (Jules), de Fromelles, à Pierre-Buffière, Haute-Vienne.
Boistel (Jean-Baptiste), d'Annœullin, à La Jarrie, Charente-Inférieure.
Boistel (Daniel), d'Annœullin, à La Jarrie, Charente-Inférieure.
Boittiaux (Henri), de Roubaix, à Dax, Landes.
Bole (Édouard), d'Haubourdin, à Bessines, Haute-Vienne.
Boulmers (Maurice), de Pérenchies, à Saint-Jodard, Loire.
Bonainis (François) et enf., de Lille, à Saint-Bonnet, Haute-Vienne.
Bondue (Charles), de ..., à Peyrilhac, Haute-Vienne.
Berdal (Joséphine) et enf., de Maubeuge, à Gaillac, Tarn.
Bonnel (Henri) et enf., de Lille, à Maisse, Seine-et-Oise.
Bonnel (Maurice), de La Madeleine, à Saint-Jodard, Loire.
Bonnel (Edmond), de La Madeleine, à Saint-Jodard, Loire.
Bonnel (Arthur), de Lille, à Saint-Étienne, Loire.
Bonnel (Edmond), de Lille, à Saint-Étienne, Loire.
Bonhel (Hector), de ..., à Cussac, Haute-Vienne.
Bonnier (Germain), de Lille, à Glandon, Haute-Vienne.
Bonnier (Léon), de Lille, à Pansol, Haute-Vienne.
Bonte (Émile), de La Madeleine, à Arnac-la-Poste, Haute-Vienne.
Boquet (Louis) et fam., d'Armentières, à St-Didier-la-Séauve, Haute-Loire.
Borteele (Eugène), de Lille, à Glandon, Haute-Vienne.
Bossard (Louis), d'Esnes, à Maisse, Seine-et-Oise.
Bossuyt (Émile), de Tourcoing, à Ladignac, Haute-Vienne.
Bossuyt (Émile), de Lille, à Chaptelat, Haute-Vienne.
Bossu (Jeanne), de Maubeuge, à Orléans, Loiret.
Bossit (Gaston), de Douai, à Montceau-les-Mines, Saône-et-Loire.
Bosquette (Orule), de Lille, à Meslay-le-Vidame, Eure-et-Loir.
Bosc (Jean), de Roubaix, à Châlus, Haute-Vienne.
Bouquillon (Auguste), de Nieppe, à Sainte-Sigolène, Haute-Loire.
Bouche (Julien), d'Armentières, à Montfaucon, Haute-Loire.
Bouvé (Marie), d'Armentières, à Saint-Romain-la-Chaim, Haute-Loire.
Bouchain (Félix), d'Armentières, à Sainte-Sigolène, Haute-Loire.
Bouchain (Joseph), d'Armentières, à Sainte-Sigolène, Haute-Loire.
Boutia (Adolphe), de Lille, à Chambon-de-Vence, Haute-Loire.
Bouwaert (Émile), de Lille, à Jabreilles, Haute-Vienne.
Bouffioux (Émile), de Saint-André-lez-Lille, à Champagnac, Hte-Vienne.
Bourré (Louis), de Sanbr, à Saint-Brice, Haute-Vienne.
Bourlet (Camille), de Dumesnil, à Saint-Victurnien, Haute-Vienne.
Bourlet (Adolphe), de Mons-en-Barœul, à Champagnac, Haute-Vienne.
Bouchy (Romain), d'Anzin, à Saint-Nicolas, Haute-Vienne.
Bouvé (Noël), de Quesnoy-sur-Deule, à Bonnac, Haute-Vienne.
Bourbotte (Marie), d'Annœullin, à Couloutre, Nièvre.
Bouvé (Noël), de Verlinghem, à Bonnac, Haute-Vienne.
Bouchaert (Louise), de Lille, à Saint-Quay-Portrieux, Côtes-du-Nord.
Boucheria (Sophie), d'Ennetières, à Aumagne, Charente-Inférieure.
Boucherie (Madeleine), d'Ennetières, à Aumagne, Charente-Inférieure.
Boudain (Germaine), de Fourmies, à Corlay, Côtes-du-Nord.
Boudaux (Émile), de Fourmies, à Corlay, Côtes-du-Nord.
Bourgois (Pierre), de Tourcoing, à Châlus, Haute-Vienne.
Boussemart (Jean-B.) et enf., d'Armentières, à Châteauneuf, Haute-Vienne.
Boulanger (Paul), de Seins, à Chaptelat, Haute-Vienne.
Bontefeux (Alphonse), de Wignehies, à Cézy, Yonne.
Bouton (René), de Château-l'Abbaye, à Billom, Puy-de-Dôme.
Bourgeois (Henri), de Roubaix, à Authezat, Puy-de-Dôme.
Boulet (Oscar), de Cambrai, à Lamontgie, Puy-de-Dôme.
Bourgeas (Louis), de Quesnoy-sur-Deule, à Lungwy, Jura.
Bousquet (Louis), de Lille, à Flavignac, Haute-Vienne.

Boutillier (Léon), de Seclin, à Tavaux, Jura.
Boutry (Armand) et frère, d'Annœullin, à Rye, Jura.
Bourguignon (Alfred), de Saint-Aubert, à Boissy-St-Léger, Seine-et-Oise.
Bourguel (Adolphe), d'Auberchicourt, à la Ricamarie, Loire.
Bourgeois (Marcel), d'Anzin, à Rive-de-Gier, Loire.
Boudry (Albert), de Nieppe, à Saint-Jodard, Loire.
Boulanger (Jules), de Denain, à Saint-Etienne, Loire.
Bouteman (Charles), de Lille, à Saint-Etienne, Loire.
Bouck (Pierre), de Valenciennes, à Saint-Etienne, Loire.
Boucher (Alexander), de Valenciennes, à Saint-Etienne, Loire.
Bouilet (Alfred), de Somain, à Saint-Etienne, Loire.
Bourguele (Adolphe), d'Auberchicourt, à Saint-Etienne, Loire.
Boulanger (François) et fam., de Rumilly, à Achères, Seine-et-Oise.
Boulanger (Georges), de Rumilly, à Achères, Seine-et-Oise.
Bouve (Edouard), de Lille, à Saint-Michel, Charente.
Bouchez (Alice), de Neuvilly, à Montgeron, Seine-et-Oise.
Bouchez (Marthe), de Romervis à Montgeron, Seine-et-Oise.
Bouflers (Mlle), de Cambrai, à Sannois, Seine-et-Oise.
Bourez (Anna) et fam., d'Illies, à Houdan, Seine-et-Oise.
Bourke (Bose), d'Armentières, à Saint-Cyr-l'Ecole, Seine-et-Oise.
Boutelier (Anna), de Condé, à Houdan, Seine-et-Oise.
Bozier (Albert), de Lille, à Salles-Lavauguyon, Haute-Vienne.
Braem (Jean), d'Houplines, à Taron, Basses-Pyrénées.
Braem (Désir), d'Houplines, à Taron, Basses-Pyrénées.
Brame (Fernand), de Lille, à Meudon, Seine-et-Oise.
Brasseur (Julien), de Lille, à Saint-Jodard, Loire.
Brabant (Augustin), d'Hornaing, à Saint-Etienne, Loire.
Bragagnolo (Albano), de Charleville, à Saint-Etienne. Loire.
Bracquart (Charles), de Lille, à Saint-Michel, Charente.
Bracelet (Adolphe), du Cateau, à Arnouville-les-Gonesse, Seine-et-Oise.
Brassart (Edmond), de Caudry, à Migennes, Yonne.
Braeckman (Henri), de Lille, à Castelsarrasin, Tarn-et-Garonne.
Brachman (Aimable), de Lille, à Villeneuve-du-Paréage, Ariège.
Braye (Henri), de Tourcoing, à Bénaix, Ariège.
Brasseur (Sophie) et enf., de Ferrière-la-Grande, à Lannemezan, Hautes-Pyr.
Bravaval (Oscar), de Lille, à Pensol, Haute-Vienne.
Brame (Charles), de Lille, à Saint-Junien, Haute-Vienne.
Brauswyck (Albert), de Lille, à Ladignac, Haute-Vienne.
Brauswyck (Albert), de Lille, à Tence, Haute-Loire.
Bray (Henri), de Caudry, à Orléans, Loiret.
Brévière (Henri), de Nieppe, à Saint-Jodard, Loire.
Bresbrouch (Lucien), de Roubaix, à Rive-de-Gier, Loire.
Breyne (François de), de ..., à Linards, Haute-Vienne.
Briez (Adolphe), de Lewarde, à Bort, Puy-de-Dôme.
Brichet (Etienne), d'Esquelbecq, à Saint-Junien, Haute-Vienne.
Brichet (Joseph), de Tourcoing, à Saint-Symphorien, Haute-Vienne.
Bricourt (Jean-Baptiste), de Bévillon, à Cussac, Haute-Vienne.
Bricourt (Suzanne), de Caudry, à Saint-Quay-Portrieux, Côtes-du-Nord.
Briquet (Victorine) et enf., d'Augres, à Parthenay, Deux-Sèvres.
Bridelance (Eugène), de ..., à Cussac, Haute-Vienne.
Brillant (Jules), d'Anor, à Essonnes, Seine-et-Oise.
Brillau (Denise), de Dechy, à Finhan, Tarn-et-Garonne.
Brillau (Jean-Baptiste), de Dechy, à Finhan, Tarn-et-Garonne.
Brisbart (Maurice), de Lille, à Champagnac, Haute-Vienne.
Briquelet (Louis), de Saint-Amand, à Caussade, Tarn-et-Garonne.
Brisset (Claire), de Trélon, à Limeil-Brévannes, Seine-et-Oise.
Brisson (Brice), de Fayt-le-Grand, à Ligny-le-Châtel, Yonne.
Brion (François) et enf., de ..., à Asnans, Jura.
Brixy (Emile), de Lille, à Saint-Aubin, Jura.
Brouillard (Adolphe), d'Auby, à Billom, Puy-de-Dôme.
Brouchette (Arthur), de Lille, à Saint-Etienne, Loire.
Broucke (Ferdinand) et enf., de Tourcoing, à Auréil, Haute-Vienne.
Brocquevielle (François), de Roubaix, à Orléans, Loiret.
Broeders (Louis) et ép., d'Armentières, à St-Didier-la-Séauve, Haute-Loire.
Broucke (Albert), de Roubaix, à Saint-Michel, Charente.
Broucke (Jules), de Roubaix, à Saint-Michel, Charente.
Broux (Jean-Baptiste), d'Auchy, à Versailles, Seine-et-Oise.
Browaeys (Pierre), de Lille, à Nedde, Haute-Vienne.
Brousmiche (Léon), et son épouse, de Fourmies, à Groslay, Seine-et-Oise.
Brousmiche (Marie), de Fourmies, à Groslay, Seine-et-Oise.
Broyer (Henri), d'Escaudain, à Authezat, Puy-de-Dôme.
Bruggemann (Isidore), de La Madeleine-les-Lille, à Longwy, Jura.
Brûlé (Gustave), de Fives-Lille, à Rive-de-Gier, Loire.
Brunet (Paul), de Lille, à Saint-Jodard, Loire.
Brunon (Jacques), de Maubeuge, à Saint-Etienne, Loire.
Brulcin (Maria), de Comines, à Corent, Puy-de-Dôme.
Brunquart (Félix) et fam., de Lille, à Saint-Auvent, Haute-Vienne.
Bruyère (Hortense) et fils, de Maubeuge, à Cadelen, Tarn.
Bruynes (Charles de), de Lille, à Chambon-de-Tence, Haute-Loire.
Brunin-Turpin, de Roubaix, à Nantes, Loire-Inférieure.
Brunin (Jean-Baptiste) et fam., de Roubaix, à Nantes, Loire-Inférieure.

Nord.

Bucquet (Eugène) et fam., de Lille, à Châlus, Haute-Vienne.
Buchez (Narcisse), de Lille, à Saint-Jodard, Loire.
Bucquet (Victor), de Lille, à Corbeil, Seine-et-Oise.
Bucquet (Euphénie), de Lille, à Corbeil, Seine-et-Oise.
Buisseret (Alexandre) et fam., de Ferrière-la-Petite, à Dreux, Eure-et-Loir.
Buisine (Arthur), de ..., à Peyrilhac, Haute-Vienne.
Buisine (Joseph), de Santes, à Saint-Victurnien, Haute-Vienne.
Buisset (Charles), de Lille, à Saint-Jodard, Loire.
Butin (Louis) et fam., de Lomme, à Châlus, Haute-Vienne.
Bultiauw (Léopold), de Roubaix, à Glandon, Haute-Vienne.
Buriez (Eléonore) et enf., de La Bassée, à Villeneuve-Lembrun, Puy-de-D.
Bureau (Jules), de Valenciennes, à Rive-de-Gier, Loire.
Bury (Léon), de Lys, à Saint-Etienne, Loire.
Busschaert (Edouard), de Mouveaux, à Montroy, Charente-Inférieure.
Busin (Emile), de Trith-Saint-Léger, à Rive-de-Gier, Loire.
Buvry (Léon), de Roubaix, à Rive-de-Gier, Loire.
Caby (Edmond) et fam., de Lesquin, à Beynac, Haute-Vienne.
Caby (Désiré), de Croix, à Oradour-sur-Glane, Haute-Vienne.
Cacheux (Louis) et fam., de ..., à Peyrilhac, Haute-Vienne.
Cadez (Jules), de ..., à La Roche-l'Abeille, Haute-Vienne.
Caille (Célina), de Lille, à Saint-Quay-Portrieux, Côtes-du-Nord.
Caillier (Henri), de Wavrin, à Condal, Haute-Vienne.
Callier (Rosalie), de Chapelle-d'Armentières, au Cendre, Puy-de-Dôme.
Callacrt (Constant), de ..., à Saint-Hilaire-la-Treille, Haute-Vienne.
Cambron (Henri), de ..., à Peyrilhac, Haute-Vienne.
Camit (Victor), de Condé-sur-Escaut, à Trois-Vèvres, Nièvre.
Cambion (Emile) et fam., de Lille, à Châlus, Haute-Vienne.
Camhier (Jules) et fam., d'Armentières, à Saint-Didier-la-Seauve, Hte-Loire.
Camus (Henri), de Lille, à Meudon, Seine-et-Oise.
Cambier (Maria), du Cateau, à Meudon, Seine-et-Oise.
Camelot (Arthur), d'Haspon, à Rive-de-Gier, Loire.
Cambré (Louis), de Lille, à Saint-Jodard, Loire.
Cambreling (Armand) et fam., d'Aulnoye, à Chaville, Seine-et-Oise.
Canivet (François), d'Escaudain, à Saint-Etienne, Loire.
Cahonne (Juliette) et enf., de Maubeuge, à Lisle-sur-Tarn, Tarn.
Candrelier (Antoine), de Déchy, à Saint-Etienne, Loire.
Canva (Charles) et fam., d'Erquinghem-Lys, à St-Amant Tallende, Puy-de-D.
Candelier (Albert) et fam., de Roubaix, à Châlus, Haute-Vienne.
Cappelle (Joseph), de Roubaix, à Saint-Etienne, Loire.
Capon (Adolphe), de Lille, à Ladignac, Haute-Vienne.
Capron (Pierre), d'Esquerchin, aux Issards, Ariège.
Capeau (Henri), de Lille, à Corent, Puy-de-Dôme.
Carpentier (Léontine), de Beaurain, à Beaulieu, Nièvre.
Carpels (Charles), de Lille, à Dax, Landes.
Carrette (Théodore), de Loos-Lille, à Nedde, Haute-Vienne.
Carlier (Eugène), de Lille, à Ladignac, Haute-Vienne.
Carlier (Paul), de Saint-Amand, à Caussade, Tarn-et-Garonne.
Carpentier (Jean-Baptiste), de ..., à Rancon, Haute-Vienne.
Carré (Victor), de Lille, à Boisseuil, Haute-Vienne.
Carlier (Théodore), de ..., à Peyrilhac, Haute-Vienne.
Caroen (Jean), de ..., à Peyrilhac, Haute-Vienne.
Curdoen (Georges), de ..., à Peyrilhac, Haute-Vienne.
Caron (Gustave), de Brache-Saint-Waast, à Ladignac, Haute-Vienne.
Carpentier (Achille), d'Erquinghem-Lys, au Chalard, Haute-Vienne.
Carpentier (Oscar) et fam., de Séclin, à Eymoutiers, Haute-Vienne.
Caron (Achille) et fam., de Lambersart, à Oradour-sur-Glane, Haute-Vienne.
Carrissino (Auguste), de Lille, à Bujaleuf, Haute-Vienne.
Cardon (Alfred), de Wasquehal, à Saint-Sylvestre, Haute-Vienne.
Carré (Edmond), de Lille, à Beynac, Haute-Vienne.
Carnaure (Lucien), de Seclin, à Jabreilles, Haute-Vienne.
Carpentier (Julien), de Lille, à Ambazac, Haute-Vienne.
Carez (Ernest), de Lille, à Montfaucon, Haute-Loire.
Carpentier (Eugène), de Lille, à Tence, Haute-Loire.
Cartegnies (Florimond), de Lille, à Illiers, Eure-et-Loir.
Carette (Léon), de Roubaix, à Nantes, Loire-Inférieure.
Cartegnie (Henri) et fam., de Solesmes, à Châlons-sur-Marne, Marne.
Carlier (Adelina), de Villers-Sire-Nicole, à Servel, Côtes-du-Nord.
Caron (Louise), d'Houplines, à Saint-Amant-Tallende, Puy-de-Dôme.
Carlé (Marie) et fam., de Chapelle-d'Armentières, au Cendre, Puy-de-Dôme.
Carlier (Léopold), d'Hellemmes-Lille, à Saint-Etienne, Loire.
Carlier-Legrand (Aline), du Cateau, à Orsay, Seine-et-Oise.
Carlier (Augustin), d'Anor, à Arnouville-les-Gonesse, Seine-et-Oise.
Cartier (Edmond), de Denain, à Saint-Etienne, Loire.
Carrigud (Auguste), d'Aniche, à Saint-Etienne, Loire.
Carré (Antoine), d'Annœullin, à Saint-Etienne, Loire.
Caron (Eugène) et fam., de Cambrai, à Montgeron, Seine-et-Oise.
Castella (Laure), de Fourmies, à Nantes, Loire-Inférieure.
Casiez (Yvonne), de Caudry, à Migennes, Yonne.
Castel (Henri), de Wattrelos, à Saint-Jodard, Loire.
Castille (Gustave), de Lille, à Ladignac, Haute-Vienne.
Casez (Henri), de Villers-Outréau, à Arzembouy, Nièvre.

Castignès (Henri), de Saint-Amand, à Caussade, Tarn-et-Garonne.
Catin (Gustave), de Ferrière-la-Grande, à Ouroux, Nièvre.
Catoire (Robert), d'Armentières, à Eyjeaux, Haute-Vienne.
Catel (Henri), de ..., à Cieux, Haute-Vienne.
Catteau (Alfred), de La Madeleine, à Saint-Hippolyte, Charente-Inférieure.
Catelain (Emile), de Roubaix, à Saint-Jodard, Loire.
Cattelain (Elise) et enf., de Collery, au Thillay, Seine-et-Oise.
Catiez (Armance), du Cateau, à Groslay, Seine-et-Oise.
Caudron (Louis), de Wambrechies, à Saint-Priest-Taurion, Hte-Vienne.
Cau (Achille), de Wambrechies, à Saint-Priest-Taurion, Haute-Vienne.
Caudron (Georges), d'Armentières, à Châlus, Haute-Vienne.
Cau (Louis), d'Haubourdin, à Bessines, Haute-Vienne.
Camier (Alfred), de Roubaix, à Saint-Amand-le-Petit, Haute-Vienne.
Caus (Théophile), de Loos-les-Lille, à Corbeil, Seine-et-Marne.
Cauchetcuse (Berthe), de Maubeuge, à Corbeil, Seine-et-Marne.
Caulier (Joseph), de Wasquehal, à Saint-Etienne, Loire.
Cavé-Delacourt, de Valenciennes, à Rezé, Loire-Inférieure.
Cazier (Henri), de Loos, à Mirepoix, Ariège.
Cayelle (Paul), de Nieppe, à Saint-Jodard, Loire.
Cerfont (Pierre), de Nieppe, à Sainte-Sigolène, Haute-Loire.
Cortyn (Charles), de Roubaix, à Darnac, Haute-Vienne.
Cesaire (Vincent), de Nieppe, à Sainte-Sigolène, Haute-Loire.
Chaud (Paul), de Valenciennes, à Saint-Etienne, Loire.
Chapelle (Victor), de Roubaix à Rive-de-Gier, Loire.
Châtre (Louis), de Roubaix, à Roanne, Loire.
Charles (Denise) et fam., d'Aniche, à Vitré, Ille-et-Vilaine.
Chaumet (Pierre) et fam., de Cambrai, à Blassac, Haute-Loire.
Chambart (Maurice), de Santes, à Saint-Brice, Haute-Vienne.
Chambon (Charles), de Lille, à Boisseuil, Haute-Vienne.
Chavalle (Gustave), de Lille, à Arnac-la-Poste, Haute-Vienne.
Chaiansonnet (Auguste), de ..., à Cussac, Haute-Vienne.
Chatelain (Jules), de Roubaix, à Bloud, Haute-Vienne.
Chaux (Gustave), de Lille, à Faudoas, Tarn-et-Garonne.
Choutry (Jules), de Roubaix, à Saint-Etienne, Loire.
Chopin (Jeanne) et enf., d'Avesnes-lez-Aubert, à Roissy-en-France, S.-et-O.
Chession (Honoré), de Senelle-Maubeuge, à Imphy, Nièvre.
Chowin (Léon), de Masnières, à Illiers, Eure-et-Loir.
Choquet (Jules), de Tourcoing, à Champagnac, Haute-Vienne.
Choque (Jean-Baptiste), de Denain, à La Charité, Nièvre.
Choam (François), d'Haubourdin-lez-Lille, à Laguépie, Tarn-et-Garonne.
Christiaens (Justin) et fam., de Roubaix à Eyjeaux, Haute-Vienne.
Chrétien (Alfred) et fam., de ..., à Glandon, Haute-Vienne.
Chuffart (Emile), de Wambrechies, à Saint-Priest-Taurion, Haute-Vienne.
Gigot (Désiré), de Lille, à Saint-Jodard, Loire.
Claisse (Emmanuel), de Wavrechain, à Saint-Etienne, Loire.
Clarvier (Jules), de Lille, à Barbezieux, Charente.
Clarin (Eugène) et enf., d'Anzin, à Châlus, Haute-Vienne.
Claisse (Aimable), d'Avesne-les-Aubert, à Morigny-Champigny, Seine-et-O.
Clerc (Eugénie), de La Madeleine-les-Lille, à Chaussin, Jura.
Clément (Ferdinand), d'Hellemmes-Lille, à Saint-Etienne, Loire.
Clément (Henri), d'Hellemmes-Lille, à Saint-Etienne, Loire.
Clermon (Jules), de Lezennes, à Saint-Etienne, Loire.
Clermon (Jules), d'Armentières, à Saint-Didier-la-Séauve, Haute-Loire.
Cléry (Cyrille), de Roubaix, à Cussac, Haute-Vienne.
Clément (Laurent), de Lille à Chaptelat, Haute-Vienne.
Clinquart (Marceau), de Lille, à Saint-Jodard, Loire.
Cliquennois (Jules), de Haubourdin, à Saint-Genès, Haute-Vienne.
Clouchart (Désiré), de Noyelles-sur-Selle, à Saint-Jodard, Loire.
Cneuwels (Edouard) et enf., de Lille, à Neuvic-Entier, Haute-Vienne.
Cocquerez (Gustave), de Lille, à Cussac, Haute-Vienne.
Cochet (Achille), de Gondecourt, à Saint-Sardos, Tarn-et-Garonne.
Codron (François), de Roubaix, à Saint-Etienne, Loire.
Cohidon (Jules), de Roubaix, à Illiers, Eure-et-Loir.
Coiba (Marceau), de Lille, à Crouzeix, Haute-Vienne.
Coin (Albert) et fam., d'Haubourdin, à Corent, Puy-de-Dôme.
Coilliaux (Ania), de ..., à Meudon, Seine-et-Oise.
Collard (Foquet) et fam., de ..., à La Roche-l'Abeille, Haute-Vienne.
Colard (Etienne), d'Escaudain, à Parthenay, Deux-Sèvres.
Collet (Henri), de ..., à Glandon, Haute-Vienne.
Cole (Jeanne), de Maubeuge, à Seyresse, Landes.
Colbant (Fernand), de Lille, à Breuileufa, Haute-Vienne.
Collette (Albert), de Seclin, à Orléans, Loiret.
Colie (André), de Lille, à Matha, Charente-Inférieure.
Collier (Marie), d'Avesnes, à Savières, Aube.
Collart (François) et fam., de Bauvin, à Varennes, Puy-de-Dôme.
Colombier (Maurice), de Paris, à Saint-Etienne, Loire.
Coïeaux (Camille) et enf., du Cateau à Arnouville-les-Gonesse, Seine-et-Oise.
Cols (Henri) et enf., de Lille, à Saint-Jodard, Loire.
Colin (Emile) et fam., de ..., à La Roche-l'Abeille, Haute-Vienne.
Cony (Maurice), de Lille, à Saint-Jodard, Loire.
Conténé (Elie), de Bailleul, à Saint-Jean-des-Ollières, Puy-de-Dôme.

Cool (Jean) et enf., de Lille, à Javerdat, Haute-Vienne.
Coopman (Marceau), de Lille, à Ladignac, Haute-Vienne.
Coppens (Charles), de Lille, à Pierre-Buffière, Haute-Vienne.
Coquelet (Lucienne) et enf., d'Aniche, à Saint-Jodard, Loire.
Coquelet (Théophile) et épouse, d'Aniche, à Saint-Jodard, Loire.
Coquelet (Léon), d'Aulnoye, à Nantes, Loire-Inférieure.
Coquette (Edmond) et enf., de Seclin, à Saint-Laurent-sur-Gorre, Hte-Vienne.
Cornard (Henri), d'Halluin, à Mirepoix, Ariège.
Cordonnier (Marcel), de ..., à Peyrilhac, Haute-Vienne.
Corne (Georges), de Lille à Boisseuil, Haute-Vienne.
Corbeau (Charles), de Lille, à Glandon, Haute-Vienne.
Cornette (René), d'Onnaing, à Chaptelat, Haute-Vienne.
Cornil (Albert), de Lille, à Pensol, Haute-Vienne.
Cordonnier (Georges), de ..., à Saint-Hilaire-la-Treille, Haute-Vienne.
Cormorant (Henri), de Neuville-en-Ferrain, à Saint-Léonard, Hte-Vienne.
Corte (François de), de Saint-Pierre-Brouck, à Chambon, Charente-Infér.
Corsin (Elisa), de Roubaix, à Nantes, Charente-Inférieure.
Cornot (Faustin) et fam., de Tilloy-les-Mofflaines, à Damparis, Jura.
Cornand (Charles), de Roubaix, à Saint-Etienne, Loire.
Cornu (Maria), de Ferrière-la-Grande, à Saint-Etienne, Loire.
Cornillic (Victor), d'Armentières, à Barbezieux, Charente.
Cornilleau (André), de Lille, à Barbezieux, Charente.
Cornille (Désir), de Tourcoing, à Saint-Michel, Charente.
Cossiaux (Gustave), de Denain, à Saint-Germain-les-Belles, Haute-Vienne.
Cottier (Henri), de La Madeleine-les-Lille, à Saint-Jodard, Loire.
Cottenier (Alfred), de Tourcoing, à Azat-le-Riz, Haute-Vienne.
Cottret (Constant), de Villers-Outréaux, à Arzembouy, Nièvre.
Couvin (Auguste), de Lourches, à Arnac-la-Poste, Haute-Vienne.
Courtoy (Léonie), de Raismes, à Nevers, Nièvre.
Courdent (Victor) et enf., de Santes, à Saint-Victurnien, Haute-Vienne.
Coussens (Henri), de Tourcoing, à Saint-Mathieu, Haute-Vienne.
Cousin (Gaston), de Lille, à Sénilhac, Haute-Vienne.
Coulou (Oscar), de Lille, à Cussac, Haute-Vienne.
Coulange (Edouard) et enf., de Lourches, à Saint-Bonnet-Briance, H.-Vienne.
Coutiez (Louis), d'Onnaing, à Peyreborade, Landes.
Cousin (Louis), de Douai, à Finhan, Tarn-et-Garonne.
Courtoy (Joseph), de Raismes, à Nevers, Nièvre.
Courmont (Antoine), d'Annœullin, à Montsauche, Nièvre.
Coussement (Jean-Baptiste) et enf., de Lille, à Riotord, Haute-Loire.
Courtens (Gaston) et fam., d'Armentières, à St Didier-la-Séauve, Hte-Loire.
Couftens (Remi) et fam., de Lille, à Annagne, Charente-Inférieure.
Coutance (Maurice), de Lille, à Rive-de-Gier, Loire.
Couvreur (Henri), de Haubourdin, à Clermont-Ferrand, Puy-de-Dôme.
Courchelle (Clémentine), de Cambrun, à Orsonnette, Puy-de-Dôme.
Couillier (Jules), de Lille, à Orcet, Puy-de-Dôme.
Courtois (Emile) d'Hautmont, à Vincent, Jura.
Coutance (Léon), de Lille, à Rive-de-Gier, Loire.
Coussart (Auguste), de Lille, à Saint-Jodard, Loire.
Cousin (Joseph), de Rol, à Saint-Etienne, Loire.
Constant (Jean) et enf., de Lille, à Vétheuil, Seine-et-Oise.
Courmont (Désiré), d'Armentières, à Barbezieux, Charente.
Courouble (Marie) et enf., du Quesnoy, à Rambouillet, Seine-et-Oise.
Contant (Marthe), de Rumilly, à Versailles, Seine-et-Oise.
Couplet (Catherine), de Douai, à Conflans-Sainte-Honorine, Seine-et-Oise.
Coyecques (Edmond), de Hem, à Limoges, Haute-Vienne.
Craye (Achille) et fam., de Roubaix, à Saint-Amand-le-Petit, Haute-Vienne.
Crabbe (Jules), de Loos, à Ladignac, Haute-Vienne.
Creton (Julia), d'Armentières, à Saint-Gratien, Seine-et-Oise.
Crépin (Edmond) et épouse, de Rumilly, à Versailles, Seine-et-Oise.
Crépieux (Edouard), de Sin-le-Noble, à Saint-Etienne, Loire.
Crépieux (Charles), de Sin-le-Noble, à Saint-Etienne, Loire.
Crespel (Rosine) et fam., d'Ennetières-en-Weppes, à Mesvres, Saône-et-Loire.
Creton (Hubert), de Tourcoing, à Bénaix, Ariège.
Cremer (Emile de), d'Halluin, à Champsaur, Haute-Vienne.
Creton (Fleury), de Lille, à Pensol, Haute-Vienne.
Crétal (Paul), de Santes, à Saint-Brice, Haute-Vienne.
Crépin (Marie), de Cambrai, à Blassac, Haute-Loire.
Crespel (Angèle) et fam., d'Ennetières-en-Weppes, à Chambon-de-Tence, H.-L.
Crépin (Désirée), de Cambrai, à Blassac, Haute-Loire.
Cretal (Maurice), d'Haubourdin, à Asnières, Seine.
Crinon (Louis), de Lille, à Montfaucon, Haute-Loire.
Croeck (René de), de La Madeleine, à Saint-Jodard, Loire.
Crochon (Henri) et enf., d'Armentières, à St-Romain-Lachalm, Hte-Loire.
Crombet (René), de Lille, à Saint-Nicolas, Haute-Vienne.
Crois (Henri), de Tourcoing, à Couzet, Haute-Vienne.
Crombet (Victor) et enf., de Lille, à Neuvic, Haute-Vienne.
Croins (Emile), de Lille, à Boissouil, Haute-Vienne.
Crommelinck (Honoré), d'Houplines, à Darnac, Haute-Vienne.
Cuingnard (Henry), de Seclin, à Montauban, Tarn-et-Garonne.
Culot (Charles) et fam., de Ferrières-la-Grande, à Cormeilles-en-Vexin, S.-et-O.
Cuvelier (Fernand), de Canteleu-Lambersart, à Saint-Etienne, Loire.

Cuvelle (Germain), de Lille, à Salles-Lavauguyon, Haute-Vienne.
Danis (Zoé) et enf., de Fourmies, à Briis-sous-Forges, Seine-et-Oise.
Dangon (Henri) et enf., de Maretz, à Mériel, Seine-et-Oise.
Danjoux (Marie), d'Iwuy, à Villeron, Seine-et-Oise.
Danel (Charles), de Boisieux, à Nantes, Loire-Inférieure.
Dandre (Julia) et fam., du Cateau, à Chartres, Eure-et-Loir.
Daerden (Auguste), de Lille, à Pamiers, Ariège.
Dalecenserie (Edouard) et fam., de Lille, à Châlus, Haute-Vienne.
Dallenne (Richard), du Nord, à Eyjeaux, Haute-Vienne.
Damez (Auguste), du Nord, à Flavignac, Haute-Vienne.
Dambre (Alfred) et fam., de Lille, à Montauban, Lot-et-Garonne.
Damien (Claudine) et enf., de Maubeuge, à Montans, Tarn.
Danil (Paul), du Nord, à Cussac, Haute-Vienne.
Danas (Arnaud), de Lille, à Cussac, Haute-Vienne.
Danel (Georges), du Nord, à Amabzac, Haute-Vienne.
Daucoisne (Alexandre), de Lille, à Saint-Paul-d'Eyjeaux, Haute-Vienne.
Darras (Auguste), de Thumesnil-lès-Lille, à Poissy, Seine-et-Oise.
Dartois (Jean-Baptiste), de Tourcoing, à Caussade, Tarn-et-Garonne.
Darras (Georges), de Tourcoing, à Illiers, Eure-et-Loir.
Darras (Léon) et son épouse, d'Avesnes, à Fouchères, Yonne.
Dassonville (Frédéric) et fam., d'Avesnes, à Ennery, Seine-et-Oise.
Dassonville (Edmond), de Roubaix, à Bords, Charente-Inférieure.
Dassonville (Henri) et fam., de Radinghen, à Séreilhac, Haute-Vienne.
Dassonville (Louis) et fam., de Waziers, à Montauban, Tarn-et-Garonne.
Darragus (Jean), de Lille, à Veyre-Monton, Puy-de-Dôme.
Daubessis (Augustine), d'Hautmont, à Estandenil, Puy-de-Dôme.
David (Henri), de Roubaix, à Azat-le-Riz, Haute-Vienne.
David (Henri), de Lille, à Billom, Puy-de-Dôme.
David (Georges), de Lille, à Saint-Etienne, Loire.
Déalé (Auguste), de La Madeleine, à Saint Jodard, Loire.
De Bois (François), de . . . , à Saint-Léger-Magnazeix, Haute-Vienne.
Debrauder (Henri) et fam., de Lille, à Ambazac, Haute-Vienne.
Debrock (Adrien), du Nord, à Cussac, Haute-Vienne.
Debruisne (Victor), de Roubaix, à Ladignac, Haute-Vienne.
Debarge (Alfred), de Faches-Thumesnil, à Châlus, Haute-Vienne.
Debouverie (Alphonse), de Lille, à Pensol, Haute-Vienne.
Debels (Georges), de Lille, à Pensol, Haute-Vienne.
Debéver (Paul) et fam., de Lille, à Chaillac, Haute-Vienne.
Debourme (Georges), de Roubaix, à Cieux, Haute-Vienne.
Debruck (Gabriel), de Lille, à Mirepoix, Ariège.
Debruck (Adolphe), de La Madeleine-lès-Lille, à Mirepoix, Ariège.
Debersée (Louis), de Lille, à Laroque-d'Olmes, Ariège.
Debrauvver (Joseph), de Lille, à Moulin-Neuf, Ariège.
Debosscher (Georges), de Lille, à Nieul, Haute-Vienne.
Debruyne (Charles), de Lille, à Champagnac, Haute-Vienne.
Delroux (Ernest) et fam., de Lille, à Champsac, Haute-Vienne.
Debuisne (Fernand), du Nord, à Salles-Lavauguyon, Haute-Vienne.
Debruck (Ange) et enf., de Roubaix, à Montfaucon, Haute-Vienne.
Dehacq (Louise) et enf., d'Ennetières-en-Weppes, à Montfaucon, Hte-Vienne.
Debacker (Henri), de Lille, à Saint-Etienne, Loire.
Debou (Henri), de Lille, à Saint-Etienne, Loire.
Debaisieux (Albert), de Tourcoing, à Saint-Jodard, Loire.
Debiewe (Joseph), de Beuvry-les-Raches, au Plessis-Bouchard, Seine-et-Oise.
Debay (Eléona), d'Armentières, à Viroflay, Seine-et-Oise.
Deblawe (Alphonse), de Roubaix, à Damparis, Jura.
Decoudin (Céline) et fam., de Saint-Vaast, à Sompt, Deux-Sèvres.
Declercq (Arthur), de Roubaix, à Ambazac, Haute-Vienne.
Decoene (Paul), de La Madeleine, à Rancou, Haute-Vienne.
Declercq (Alfred), de Roubaix, à La Roche-l'Abeille, Haute-Vienne.
Decubre (Mathurin), de Tourcoing, au Chalard, Haute-Vienne.
Decavèle (Joseph), de Tourcoing, au Chalard, Haute-Vienne.
Declercq (Arthur), de Courtrai, à Ambazac, Haute-Vienne.
Decumineck (Henri) et fam., de Comines, à Castelsarrasin, Tarn-et-Garonne.
Decock (Louis), de Neuville, à Pompignan, Tarn-et-Garonne.
Decastiaux (Alexandre), d'Hautmont, à Septfonds, Tarn-et-Garonne.
Decourcbelle (Louise) et fam., d'Hellemmes-Lille, à Mauvezin, Landes.
Declerck (François) et enf., de Lille, à Javerdat, Haute-Vienne.
Decominck (Alphonse), du Nord, à Linards, Haute-Vienne.
Declercq (Henri) et fam., de Roubaix, à Châlus, Haute-Vienne.
Decattignies (Albert), de Wambrechies, à Saint-Bonnet-Briance, Hte-Vienne.
Decuyper (Albert), de Neuville-en-Ferrain, à Saint-Léonard, Haute-Vienne.
Decoen (Antoine) et fam., de Lille, à Lussac, Haute-Vienne.
Decrocq (Philomène) et fam., de Bois-Grenier, à Montfaucon, Haute-Loire.
Decubre (Henri) et fam., de Tourcoing, à Ristord, Haute-Loire.
Decoester (Paul) et fam., d'Armentières, à Dunières, Haute-Loire.
Decoutreras (François), de Lille, à Aulnay, Charente-Inférieure.
Decauter (Léon), de Lille, à Pannecé, Loire-Inférieure.
Dechy (Arthur), de Lille, à Saint-Etienne, Loire.
Decock (Georges), de Lille, à Rive-de-Gier, Loire.
Decarmin (Félix), de Lille, à Saint-Etienne, Loire.
Decottignies (Gustave), de Roubaix, à Saint-Etienne, Loire.
Nord.

Decubre (Henri), de Tourcoing, à Saint-Etienne, Loire.
Decock (Augustin), de Roubaix, à Saint-Etienne, Loire.
Decq (Emile), de Prémarais, à Saint-Jodard, Loire.
Decq (Henri), de Prémarais, à Saint-Jodard, Loire.
Decubre (Henri), de Tourcoing, à Saint-Etienne, Loire.
Decarnin (Raoul), de Loos-lès-Lille, à Saint-Jodard, Loire.
Decaluwe (Fernand), d'Armentières, à Saint-Michel, Charente.
Declercq (Georges), de Lille, à Saint-Michel, Charente.
Decroock (Raymond), de Lille, à Barbézieux, Charente.
Declercq (Paul), de Roubaix, à Saint-Michel, Charente.
Decout (Jules), de Somain, à Pierrelaye, Seine-et-Oise.
Décarte (René), de Fourmies, à Cormeilles-en-Vexin, Seine-et-Oise.
Decampich (Désiré), de La Bassée, à Billom, Puy-de-Dôme.
Declaire (Charles), d'Hellesmes, à Corent, Puy-de-Dôme,
Decuminck (Henri) et fam., d'Hazebrouck, à Santans, Jura.
Dedack (Joseph), de Roubaix, à Flavignac, Haute-Vienne,
Deeshaye (Maximilien), de Douai, à Vayres, Haute-Vienne.
Defaux (Victor), de Lille, à Eymoutiers, Haute-Vienne.
Defaux (Edouard), de Lille, à Châlus, Haute-Vienne.
Defoin (Charles), de Tourcoing, à Beynac, Haute-Vienne.
Deflandre (Charles), d'Armentières, à Rilhac-Rancon, Haute-Vienne.
Defache (Edgar), d'Armentières, à Sainte-Sigolène, Haute-Loire.
Defache (Aline), de Fourmies, à Outarville, Loiret.
Defretin (Jean), de Lille, à Saint-Etienne, Loire.
Defieu (Henri), du Nord, à Champdivers, Jura.
Deglave (Georges), de Douai, à Saint-Amand-le-Petit, Haute-Vienne.
Degarre (Louis), d'Ennetières-en-Weppes, à Mesvres, Saône-et-Loire.
Degryse (Louis), d'Orchies, à Chambon, Gard.
Degrele (Marie) et fam., de Liessies, à Perros-Guirec, Côtes-du-Nord.
Degandt (Gaston), de Lille, à Saint-Etienne, Loire.
Dequenne (Léon), d'Hautmont, à Saint-Etienne, Loire.
Degroote (Pierre) et fam., de Lomme-lès-Lille, à Olloix, Puy-de-Dôme.
Deguffroy (Charles), de Tourcoing, à Darnac, Haute-Vienne.
Dehuain (Adolphe), du Nord, à La Roche-l'Abeille, Haute-Vienne.
Dehague (Olivier), de Lille, à Mercus-Garrabet, Ariège.
Debeugheer (Auguste), de Lille, à Châlus, Haute-Vienne.
Dehove (Eugène), du Cateau, à Orléans, Loiret.
Dehove (Ernest), de Fives-Lille, à Rive-de-Gier, Loire.
Delrive (Maurice), de Séclin, à Arnouville-lès-Gonesse, Seine-et-Oise.
Dehous (Alfred), de Wignehies, à Dourdan, Seine-et-Oise.
Deherle (Albert), de Lille, à Saint-Etienne, Loire.
Dejonckère (Emile), de Roubaix, à Lavignac, Haute-Vienne.
Dejaeger (Marceau), de Lille, à Pensol, Haute-Vienne.
Dejacques (Pierre), de Lille, à Flavignac, Haute-Vienne.
Dejonckeere (Henri), de Lille, à Saint-Girons, Ariège.
Dejonckheere (Jules), de Lille, à Tence, Haute-Loire.
Dejoughe (Antoinette), de La Madeleine-lès-Lille, à Chaussin, Jura.
Dekeas (Albert), de Lille, à Saint-Etienne, Loire.
Deledicq (Adolphe), de Fives-Lille, à Rive-de-Gier, Loire.
Delombaerde (François), de Wattrelos, à Rive-de-Gier, Loire.
Delepeaux (Ernest), de Douai, à Saint-Etienne, Loire,
Delhaye (Adolphe), de Lille, à Saint-Etienne, Loire.
Delfort (Célestin), d'Escaudain, à Saint-Etienne, Loire.
Delcourt (Louis), d'Anzin, à Rive-de-Gier, Loire.
Delecroix (Jules), de Lille, à Saint-Etienne, Loire.
Delplanque (Gustave), de Tourcoing, à Saint-Etienne, Loire.
Delepaul (Théophile), de Wattrelos, à Saint-Etienne, Loire.
Delannoy (Fernand), de Canteleu, à Saint-Etienne, Loire.
Delhaye (Gaston), de Lille, à Saint-Etienne, Loire.
Delannay (Arthur), de Lille, à Saint-Etienne, Loire.
Delanoy (Fernand), de Canteleu, à Saint-Etienne, Loire.
Delille (Pierre), d'Esnes, à Cergy, Seine-et-Oise.
Delhaye (Florent), de Toufflers, à Corbeil, Seine-et-Oise.
Delcroix (Mme) et enf., de Fourmies, à Briis-sous-l'Orges, Seine-et-Oise.
Delauney (Robert), de Crespin, à Mennecy, Seine-et-Oise.
Delemotte (Alphonse), de Lille, à Saint-Jodard, Loire.
Delcambre (Georges), de Ronchin, à Saint-Jodard, Loire.
Delfort (Pierre) et fam., d'Escaudin, à Rive-de-Gier, Loire.
Delrue (Jean), de Roubaix, à Marseille, Bouches-du-Rhône.
Delamaide (Jules), de Fresnes, à Barbézieux, Charente
Delmeire (Vincent), d'Armentières, à Saint-Michel, Charente.
Delattre (Victor), de Tourcoing, à Saint-Michel, Charente.
Delzenne (Raymond), de Douai, à Saint-Cloud, Seine-et-Oise.
Delsaut (Fernand), de Denain, à Bessancourt, Seine-et-Oise.
Delorme (Félicien) et fam., de Denain, à Montgéron, Seine-et-Oise.
Delhay (Paul) et fam., de Vignehies, à Rambouillet, Seine-et-Oise.
Delfly (Rachel) et fam., d'Armentières, à Saint-Cyr-l'Ecole, Seine-et-Oise.
Delécluse (Henri), de Lille, à Versailles, Seine-et-Oise.
Delattre (Octave), de Lille, à Chaville, Seine-et-Oise.
Deligny (Louis), de Lille, à Montmorin, Puy-de-Dôme.
Delpluque (Emile), de. . . , à Orcet, Puy-de-Dôme.

Delval (Anna), de La Bassée, à Saint-Julien-de-Coppel, Puy-de-Dôme.
Delamarre (Louise), de La Bassée, à Saint-Julien-de-Coppel, Puy-de-Dôme.
Delannoy (Louis), de Tourcoing, à Montmorin, Puy-de-Dôme.
Delecame (Gustave), de Tourcoing, à Montmorin, Puy-de-Dôme.
Delemarle (Henri), de Wingles, à Lamontgie, Puy-de-Dôme.
Delabarre (Marcelle) et fam., d'Armentières, à Authezat, Puy-de-Dôme.
Delsot (Juvénal), d'Haveluy, à Damparis, Jura.
Delporte (Marcel), de La Madeleine-lès-Lille, aux Essards, Jura.
Delille (Désiré), de..., à Asnans, Jura.
Delemotte (Henri), de..., à Asnans, Jura.
Delechambe (Florentine) et enf., de Wervick, à La Caussade, Tarn-et-Gar.
Deloge (Hermann), de Troisvilles, à Châteauneuf-sur-Loire, Loiret.
Delahy (Emile), d'Erre, à La Geneytouse, Haute-Vienne.
Delescaut (Jules), d'Hasnon, à Flavignac, Haute-Vienne.
Delecaut (Jules), de Lahnoy, à Magny-Lormes, Nièvre.
Delcourt (Paul), de Gravelines, à Parthenay, Deux-Sèvres.
Delœil (Sidonie) et fam., de Maubeuge, à Larroque, Tarn.
Delamonica (Théophile) et enf., de Saint-André, à Séreilhac, Hte-Vienne.
Delhecque (Albert), de Marcq-en-Barœul, à Ambazac, Haute-Vienne.
Delemeule (Charles), de Roubaix, à Cussac, Haute-Vienne.
Delhaye (Emile), de..., à Cussac, Haute-Vienne.
Delecourt (Jean-Baptiste), de..., à Rilhac-Rancon, Haute-Vienne.
Delbecque (Albert), de Marcq-en-Barœul, à Ambazac, Haute-Vienne.
Delhem (Joseph), de Lille, au Chalard, Haute-Vienne.
Delaporte (Albert), de Douai, à Celles-sur-Belle, Deux-Sèvres.
Delfosse (Jean-Baptiste), d'Hautchin, à Finhan, Tarn-et-Garonne.
Delforge (Edmond), d'Escaudain, à Larrazet, Tarn-et-Garonne.
Delâtre (Abel), de Maubeuge, à Septfonds, Tarn-et-Garonne.
Delangle (Arthur), de Tourcoing, à Saint-Sardos, Tarn-et-Garonne.
Delaroyère (Valentin) et enf., de Dixmude, à Faudoas, Tarn-et-Garonne.
Delaere (Constant), de Roubaix, à Bujaleuf, Haute-Vienne.
Deljatte (Alphonse), de Lille, à Pensol, Haute-Vienne.
Delporte (Maurice), de Lille, à Pensol, Haute-Vienne.
Delecourt (Jean-Baptiste), d'Hazebrouck, à Rilhac-Rancon, Haute-Vienne.
Delahaye (Gustave) et fam., de Roubaix, à Châlus, Haute-Vienne.
Delacenserie (Edouard) et fam., de Lille, à Châlus, Haute-Vienne.
Delabousse (Albert) et fam., d'Haubourdin, à Oradour-s.-Vayres, Hte-Vienne.
Delcambre (Albert), d'Armentières, à Châteauneuf, Haute-Vienne.
Delporte (Emile), de Roubaix, à Châteauneuf, Haute-Vienne.
Delenenville (B.) et fam., de Sainghin-en-Weppes, à St-Léonard, Hte-Vienne.
Delafarge (Arthur), d'Avelin, à Saint-Martin-du-Puy, Nièvre.
Delplanque (Raymond) et enf., de Tourcoing, à Lavelanet, Ariège.
Delecurence (Cyriaque) et fam., de Lille, à St-Denis-des-Murs, Hte-Vienne.
Delobel (Alfred), de..., à Saint-Symphorien, Haute-Vienne.
Delabie (Sadi), de Lille, à Boisseuil, Haute-Vienne.
Delcroix (Henri), de Bosut, à Chaptelat, Haute-Vienne.
Delemur (Henri), de Lille, à Saint-Pardoux, Haute-Vienne.
Delforge (Albert), de..., à Peyrilhac, Haute-Vienne.
Delannoy (Désiré), de..., à Peyrilhac, Haute-Vienne.
Delannay (René), de Roubaix, à Rancon, Haute-Vienne.
Delabarre (Jules), de Loos-lez-Lille, à Champagnac, Haute-Vienne.
Delesalle (Norbert), de Lille, à Flavignac, Haute-Vienne.
Deleplanque (Louis), d'Armentières, à Saint-Denis-des-Murs, Haute-Vienne.
Delcourt (Alphonse), de Stenwerck, à Isle, Haute-Vienne.
Delannoy (Eugène) et fam., de Wasin, à Champsac, Haute-Vienne.
Delporte (Maurice), de Lille, à Feytiat, Haute-Vienne.
Delbecq (Gaston), de Valenciennes, à Salles-Lavauguyon, Haute-Vienne.
Delechambe (Henri) et fam., de Wervick, à Caussade, Tarn-et-Garonne.
Delamaite (Adolphe) et fam., d'Armentières, à St-Didier-la-Séauve, Hte-Loire.
Delannoy (Arthur) et fam., d'Armentières, à St-Didier-la-Séauve, Hte-Loire.
Delebecq (Rémy), d'Armentières, à Montfaucon, Haute-Loire.
Delrue (Bruno), de Nieppe, à Sainte-Sigolène, Haute-Loire.
Delecourt (Charles), d'Armentières, à Sainte-Sigolène, Haute-Loire.
Déléforterie (Kléber), de Verlinghem, à Saint-Romain-Lachalm, Hte-Loire.
Delemotte (Constant) et enf., d'Armentières, à Saint-Pal-de-Mons, Hte-Loire.
Delplanque (Jules) et fam., d'Armentières, à St-Didier-la-Séauve, Hte-Loire.
Delfosse (Emile), d'Anzin, à Illiers, Eure-et-Loir.
Delœuw (Félix), de Valenciennes, à Illiers, Eure-et-Loir.
Deloffre (Louis), d'Annœullin, à La Jarrie, Charente-Inférieure.
Deldalle (Louis), de Lezennes, à Matha, Charente-Inférieure.
Delhaye (Madeleine), de Solesme, à Châlons, Marne.
Delhorbe (Berthe) et fam., de Lille, à Vernoy, Yonne.
Delin (Marcelle), de Leers, à Saint-Quay-Portrieux, Côtes-du-Nord.
Demaesencire (Marcel), de Nieppe, à Sainte-Sigolène, Haute-Loire.
Démarets (Henri), de Lille, à Oradour-Saint-Genest, Haute-Vienne.
Demey (Anatole), de Tence, Haute-Loire.
Demuyneck (Floris), de Roubaix, à Riotord, Haute-Loire.
Demotte (Oscar), de Denain, à Finhan, Tarn-et-Garonne.
Demaret (Louis), de Lille, au Palais, Haute-Vienne.
Demeyre (Alphonse), de Lille, à Villeneuve-du-Paréage, Ariège.
Demeulemeester (Marcel), de Lille, à Mirepoix, Ariège.

Demay (Anatole), de Lille, à Ladignac, Haute-Vienne.
Demareq (Jules), de Stenwerck, à Isle, Haute-Vienne.
Demay (Michel), de Lille, à Saint-Etienne, Loire.
Damade (Marie) et enf., de Pont-sur-Sambre, à Itteville, Seine-et-Oise.
Demeulemeester, de Roubaix, à Maurecourt, Seine-et-Oise.
Demanez (Alfred) et son ép., de Marpent, à Conflans-Ste-Honorine, S.-et-O.
Demtersman (Maria) et fam., de Chapelle-d'Armentières, à Olloix, Puy-de-D.
Demartier (Edouard), de Ferrain, à Clermont-Ferrand, Puy-de-Dôme.
Demoulin (Auguste), d'Anzin, à La Vieille-Loye, Jura.
Demaret (Auguste), d'Elincourt, à Longwy, Jura.
Dempuveaux (Jules), de Lille, à Rye, Jura.
Dendauw (Eugène) et fam., de Croix, à Rochechouart, Haute-Vienne.
Denaes (Marie-Louise), d'Angles, à Parthenay, Deux-Sèvres.
Dennalin (Edmond), de Lille, à Solignac, Haute-Vienne.
Denglos (Omer) et fam., de Sainghin-en-Weppes, à St-Mathieu, Hte-Vienne.
Denbo (Léon), de Tourcoing, à Châlus, Haute-Vienne.
Deny (Auguste), de Fives-Lille, à Ladignac, Haute-Vienne.
Devrièse (Joseph) et fam., de Lille, à St-Laurent-sur-Gorre, Haute-Vienne.
Dennalin (Edmond), de Lille, à Solignac, Haute-Vienne.
Dennion (Gaston), de Lille, à Javerdat, Haute-Vienne.
Dennin (Henri) et fam., de Seclin, à Eymoutiers, Haute-Vienne.
Dentier (Georges), de Fives-Lille, à La Geneytouse, Haute-Vienne.
Denil (Alphonse) et fam., de Lille, à Verneuil-sur-Vienne, Haute-Vienne.
Dengrement (Gustave), de..., à Peyrilhac, Haute-Vienne.
Denicourt (Louis), de Fresnes, à Herblay, Seine-et-Oise.
Dune (Alphonse), de Lille, à Saint-Jodard, Loire.
Denys (Désiré), de Wambrechies, à Gatey, Jura.
Depil (Clovis), de Bailleul, à Cussac, Haute-Vienne.
Depractère (Félix), de Roubaix, à Saint-Léger-Magnazeix, Haute-Vienne.
Deperchin (Ferdinand), de Tourcoing, à Azat-le-Riz, Haute-Vienne.
Depoortère (Henri), de..., à Saint-Léger-Magnazeix, Haute-Vienne.
Defromont (Fernand), de Hellemmes, à Mauglieux, Puy-de-Dôme.
Deponthieu (Victor), de Lille, à Saint-Etienne, Loire.
Depriester (Charles), de Tourcoing, au Chalard, Haute-Vienne.
Deporcq (Marcel), de Lille, à Moulin-Neuf, Ariège.
Deprée (Adolphe), de Roubaix, à Darnac, Haute-Vienne.
Deparis (Aline) et fam., de Prisches, à Nogent-le-Rotrou, Eure-et-Loir.
Daqnirez (L.) et enf., d'Erquinghem-s-la-Lys, à Chambon-de-Tence, Hte-Loire.
Dequcker (Emile), de Sin-le-Noble, à Saint-Jodard, Loire.
Deromby (Henri), de..., à Saint-Léger-Magnazeix, Haute-Vienne.
Derasse (Jules), de Marchiennes, à Séreilhac, Haute-Vienne.
Derooze (Albert), de Lille, à Solignac, Haute-Vienne.
Deronne (Auguste), de Roubaix, au Chalard, Haute-Vienne.
Derrœut (Oscar), de Lys-lez-Lannoy, à Azat-le-Riz, Haute-Vienne.
Derancourt (Charles), de Lille, à Gaas, Landes.
Dereumaux (Auguste), de..., à Linards, Haute-Vienne.
Deraedt (Auguste), de La Madeleine, à Blond, Haute-Vienne.
Dryen (Célina), de Bois-Grenier, à Cournon, Puy-de-Dôme.
Derooze (Albert), de Lille, à Solignac, Haute-Vienne.
Derbay (Emile), d'Armentières, à Sainte-Sigolène, Haute-Loire.
Deritreux (Richer), d'Ennetières-en-Weppes, à St-Pal-de-Mons, Hte-Loire.
Derycke (Camille), de Lomme, à Montfaucon, Haute-Loire.
Dermoncourt (Jules), de Wambrechies, à Illiers, Eure-et-Loir.
Derieppe (Henri) et fam., de Lille, à Saint-Jodard, Loire.
Deroulées (Paul), de Pérenchies, à Saint-Etienne, Loire.
Dérivière (Oscar), de La Madeleine, à Saint-Jodard, Loire.
Deryche (Gustave), de Somme-les-Lille, à Rive-de-Gier, Loire.
Dérnelle (Armand), de Wavrin, à Mirepoix, Ariège.
Dorognancourt (Albert), de Moncheaux, à Saint-Martin-du-Puy, Nièvre.
Derveaux (Anatole), de Roubaix, à Saint-Michel, Charente.
Derez (Maurice) et fam., du Cateau, à Greslay, Seine-et-Oise.
Derouck (Ferdinand), de Lomme-lez-Lille, à Olloix, Puy-de-Dôme.
Dervian (François), de Souchez, à Beaulieu, Puy-de-Dôme.
Dorvaux (Armand), de Lille, à Orcet, Puy-de-Dôme.
Déroulez (René), de Verlinghem, à Authezat, Puy-de-Dôme.
Deroubaix (Rosa), de Bois-Grenier, à Saint-Amand-Tallende, Puy-de-Dôme.
Despret (Charles), de Montigny-en-Ostrevent, à Decazeville, Aveyron.
Destunder (Alphonse), d'Hellemens, à Mirepoix, Ariège.
Desrumaux (Joseph), de..., à Rilhac-Rancon, Haute-Vienne.
Desagre (Fernand), de Roubaix, à Rancon, Haute-Vienne.
Desprez (François), de..., à Cussac, Haute-Vienne.
Desseye (Louis), d'Emmerin, à Oradour-Saint-Genest, Haute-Vienne.
Dessent (Maurice) et fam., de Lille, à Castelsarrasin, Tarn-et-Garonne.
Desprez (François), de Lille, à Aixe-sur-Vienne, Haute-Vienne.
Desloovere (Henri) et fam., de Lille, à St-Laurent-sur-Gorre, Haute-Vienne.
Deslaef (Edouard) et fam., de Lille, à Champagnac, Haute-Vienne.
Desnoulet (Maximilien), de Roubaix, à Ghaillac, Haute-Vienne.
Descremeux (Pierre), de Lille, à Pensol, Haute-Vienne.
Descamps (Emile) et enf., de Flers, à Saint-Sylvestre, Haute-Vienne.
Desmon (Désiré), de Lille, à Pensol, Haute-Vienne.
Desmons (Henri) et fam., de Lille, à Neuvic-Entier, Haute-Vienne.

Desfossé (Louis), et fam., de Sin-le-Noble, à Bonnac, Haute-Vienne.
Desrumaux (Charles), de Lille, à Limoges, Haute-Vienne.
Deschins (Eugène) et fam., de Lomme, à Châlus, Haute-Vienne.
Deswarte (Jules), d'Haubourdin, à Saint-Bonnet, Haute-Vienne.
Desailly (François), de Gauderourt, à Beynac, Haute-Vienne.
Desobry (Louis), de Croix, à Champsac, Haute-Vienne.
Desprez (Léopold), de Roubaix, à Darnac, Haute-Vienne.
Desreumaux (Henri), de Roubaix, à Bénaux, Ariège.
Destombes (Jacques), de Roubaix, à Blond, Haute-Vienne.
Desmet (Alphonse), de . . ., à Peyrilhac, Haute-Vienne.
Desruelles (Auguste), de . . ., à Peyrilhac, Haute-Vienne.
Desmet (Émile), de Roubaix, à Flavignac, Haute-Vienne.
Descrumaux (Pierre), de Lille, à Feytiat, Haute-Vienne.
Desrumaux (Émile), de Lille, à Chambon-de-Tence, Haute-Loire.
Deschamps (Carlos), d'Armentières, à Saint-Didier-la-Séauve, Haute-Loire.
Désir (Edmond), d'Armentières, à Saint-Didier-la-Séauve, Haute-Loire.
Despierres (Henri) et fam., d'Ennetières-en-Weppes, à Chambon-de-Tence, H.-L.
Desmoucron (André), d'Armentières, à Saint-Didier-la-Séauve, Haute-Loire.
Dasvillers (René), de Marcq, à Ploubezre, Côtes-du-Nord.
Desrumeaux (Arthur), de Tourcoing, à Bords, Charente-Inférieure.
Desmarest (Henri), de Marcq-en-Barœul, à Saint-Étienne, Loire.
Descamps (Fernand), de Roubaix, à Saint-Étienne, Loire.
Descamps (Adolphe), de Cantelu, à Saint-Étienne, Loire.
Desplangues (Moïse), de Tourcoing, à Saint-Étienne, Loire.
Desplanque (Jules), de Tourcoing, à Saint-Étienne, Loire.
Desort (Henri), de Douai, à La Ricamarie, à Saint-Étienne, Loire.
Desfontaines (Arthur), de Wattrelos, à Saint-Étienne, Loire.
Destombes (Ernest), de Croix, au Vésinet, Seine-et-Oise.
Desrumeaux (Étienne), de Frelinghem, à Saint-Jodard, Loire.
Dessir (Henri), d'Armentières, à Barbezieux, Charente.
Deschamps (Gustave), de Roubaix, à Saint-Michel, Charente.
Desvages (Félix) et enf., de Douai, à Montfermeil, Seine-et-Oise.
Descamps (Auguste) et son épouse, d'Armentières, à Versailles, Seine-et-O.
Descamps (Cécile), et enf., de Ferrière-la-Grande, à Écouen, Seine-et-Oise.
Descamps (Désiré), et fam., de Tourcoing, à Billom, Puy-de-Dôme.
Destuyver (Émile) et fam., d'Armentières, à Saint-Saudoux, Puy-de-Dôme.
Desprét (Louis), de Lille, à Saint-Georges-ès-Allier, Puy-de-Dôme.
Desse (Jean-Baptiste), de Denain, à Chas, Puy-de-Dôme.
Despierres (Émile), d'Ennetières, à Saint-Amant-Tallende, Puy-de-Dôme.
Desfosse (Alexandre), d'Anzin, à Veyre-Monton, Puy-de-Dôme.
Desrousseaux (Alfred), de Lezennes, à Saint-Aubin, Jura.
Detrain (Merceau) et fam., de Maubeuge, à Lagupie, Tarn-et-Garonne.
Dety (Adolphine) et enf., de Maubeuge, à Gaillac, Tarn.
Detrait (Julia), et enf., de Ferrière-la-Petite, à Saint-Étienne, Loire.
Detrout (Alfred), de Ferrière-la-Petite, à Saint-Étienne, Loire.
Detrain (Pierre), de Roubaix, à Villeneuve-Saint-Georges, Seine-et-Oise.
Detove (Jean), de Vred, à Orcet, Puy-de-Dôme.
Deuilly (Jules), d'Armentières, à Saint-Jodard, Loire.
Deyrœd (Henri), de Lille, à Lavignac, Haute-Vienne.
Dewattine (Alfred), de Lille, à Bersac, Haute-Vienne.
Devendeville (Arnould), de Lesquin, à Champagnac, Haute-Vienne.
Develdre (Edouard), de Lille, à Pensol, Haute-Vienne.
Dewille (Alphonse), de Lille, à Jabreilles, Haute-Vienne.
Deyenne (Stella) et fam., de Lille, à Neuvic-Entier, Haute-Vienne.
Devendeville (Jean-Baptiste), de Templemars, à Saint-Jouvent, Haute-Vienne.
Devolder (Achille), de Loos, à Ladignac, Haute-Vienne.
Dewattine (Émile), de Lille, à Bersac, Haute-Vienne.
Deveryns (Alphonse), d'Armentières, à Saint-Pol-de-Mons, Haute-Loire.
Dewachy (Eucharit), de Tergnier, à Illiers, Eure-et-Loir.
Deweer (Jules), de Roubaix, à Saint-Étienne, Loire.
Dewever (Victor) et fam., de Lille, à Saint-Jodard, Loire.
Dewachter (Émile), d'Armentières, à Barbezieux, Charente.
Dewaghemaker (Gaston), de Roubaix, à Barbezieux, Charente.
Dewulf (Auguste) et fam., d'Houplines, à Saint-Amant-Tallende, Puy-de-D.
Dewartes (Jules), d'Haubourdin, à Manglieux, Puy-de-Dôme.
Devaux (Gustave), de Beaucamps, à Manglieux, Puy-de-Dôme.
Deygers (Gaston), de Wasquehal, à Montsauche, Nièvre.
Dezitter (Jean), d'Armentières, à Oradour-Saint-Genest, Haute-Vienne.
Dezodt (Achille), de Lille, à Pompignan, Tarn-et-Garonne.
D'Hailuin (Edmond), de Lille, à Darnac, Haute-Vienne.
Dhave (Eloi), de Roubaix, à Flavignac, Haute-Vienne.
Dhaisne (Gustave), de Lille, à Saint-Paul-d'Eyjaux, Haute-Vienne.
Dhavere (Marcel) et enf., de Lille, à Rintord, Haute-Loire.
Dhainaut (Gaston) et fam., de Wattrelos, à Illiers, Eure-et-Loir.
D'Haveloose (Adolphe), de Lille, à Aulnay, Charente-Inférieure.
D'Haene (Paul), de Lille, à Barbezieux, Charente.
Dhainaut (Jules), de Louvroil, à Saint-Étienne, Loire.
Dhal (Florimond), de Seclin, à Tavaux, Jura.
D'Hellemme (Léo), d'Hallemar, à Saint-Michel, Charente.
Dhellemme (Modeste), de La Madeleine, à Saint-Jodard, Loire.
Dhenne (Édouard), de Lille, à Saint-Jodard, Loire.

Dheleman (Omobon) et fam., de Bois-Grenier, à Chambon-de-Tence, H.-L.
Dheorin (Émile), de Provin, à Dax, Landes.
Dhélemme (Fernand), de Lille, à Pensol, Haute-Vienne.
Dhennin (Pierre), de Wavrin, à Condat, Haute-Vienne.
D'Heygère (Maurice), de Roubaix, à Ladignac, Haute-Vienne.
Dhachecourt (Henri), de . . ., à Saint-Nicolas, Haute-Vienne.
D'hout (Gustave), de Canteleu, à Manglieux, Puy-de-Dôme.
Didier (Jérôme), de Flers-Bourg, à Saint-Sylvestre, Haute-Vienne.
Dietrich (Félix), et fam., de Ferrière-la-Grande, à Écouen, Seine-et-Oise.
Dilli (Hypoled), de Wambrechies, à Saint-Étienne, Loire.
Dimarcq (Henri) et fam., de Fournues, à Cormeilles-en-Vexin, Seine-et-Oise.
Denay (Maria) et enf., de Neuvilly, à Montgeron, Seine-et-Oise.
Birson (Eugénie) et enf., de Bertry, à Montmorency, Seine-et-Oise.
Diverchy (François) et enf., de Denain, à Montceau-les-Mines, Saône-et-L.
Dobbelare (Gustin) et fam., de Lille, à Bosmie, Haute-Vienne.
Dobelaere (Émile) et son épouse, de Lille, à Champsac, Haute-Vienne.
Dobies (Henri), de Lille, à Nantes, Loire-Inférieure.
Doddo (Jean), et fam., de Masny, à Saint-Étienne, Loire.
Dohan (Étienne), d'Aniche, à Trianon, Seine-et-Oise.
Deisne (Aimable), de Fromelles, à Saint-Jodard, Loire.
Donaint (Benoît), de Novelles-sur-Seil, à Saint-Jodard, Loire.
Doignon (Edouard), de . . ., à Cusset, Haute-Vienne.
Dollez (François), de Mouveau, à Carrières-sous-Poissy, Seine-et-Oise.
Boleyr (Adolphe), de Roubaix, à Saint-Étienne, Loire.
Domignies, d'Escaudain, à Peyrehorade, Landes.
Douce (Julian), de Lille, à Saint-Jean-des-Ollières, Puy-de-Dôme.
Douay (Berthe) et enf., de Neuvilly, à Montgeron, Seine-et-Oise.
Donte (Héloïse), de Lille, à Corbeil, Seine-et-Oise.
Dous (Laurent), de Lille, à Ladignac, Haute-Vienne.
Douenne (Appolinaire) et fam., de Loos, à Champsac, Haute-Vienne.
Dordain (Louis) et fam., de Santes, à Saint-Brice, Haute-Vienne.
Dordain (Louis) et enf., de Santes, à Saint-Brice, Haute-Vienne.
Dorme (Maurice), d'Armentières, à Saint-Didier-la-Séauve, Haute-Loire.
Doranles (Angélique), de Radinghem, à Tence, Haute-Loire.
Dorcimans (Lievin), de Lille, à Pamiers, Ariège.
Doidam (Georges), de Glary, à Illiers, Eure-et-Loir.
Dorache (Achille) et fam., d'Armentières, à Tavaux, Jura.
Dourmiaux (Clotilde), de Fourmies, à Lannion, Côtes-du-Nord.
Douchement (Henri), de . . ., à La Vieille-Loye, Jura.
Douay (Désiré) et fam., de Neuvilly, à Montgeron, Seine-et-Oise.
Douchet (Pierre), de Clary, à Meudon, Seine-et-Oise.
Douty (Julie), de Wasmuel, à Saintes, Charente-Inférieure.
Drache (Célestin), de Villers-Outréaux, à Arzembouy, Nièvre.
Drancourt (Romain), d'Armentières, à Saint-Didier-la-Séauve, Haute-Loire.
Dremaux (Georges), de Bouvrages, à Montlhéry, Seine-et-Oise.
Driesen (Joseph), d'Haubourdin, à Saint-Jodard, Loire.
Drolez (André), de Lille, à Saint-Étienne, Loire.
Dronsart (Gustave), de Douchy, à Saint-Étienne, Loire.
Droulet (Désiré), de Nieppe, à Sainte-Sigolène, Haute-Loire.
Droules (Louis), de Santes, au Vigen, Haute-Vienne.
Druon (Gabrielle), de Fourmies, à Groslay, Seine-et-Oise.
Druon (Cécilia), de Fourmies, à Groslay, Seine-et-Oise.
Drumont (Georges), de Jaumont, à Cormeilles-en-Vexin, Seine-et-Oise.
Druon (Blanche), de Catillon, à Poissy, Seine-et-Oise.
Druelle (Adolphe), de Lille, à Rive-de-Gier, Loire.
Druez (Louis), de Tourcoing, à Pamiers, Ariège.
Druelle (Louis), de Sin-le-Noble, à Saint-Auvent, Haute-Vienne.
Dua (Joseph), de Lille, à Moulin-Neuf, Ariège.
Dubar (Charles) et enf., d'Armentières, à Saint-Pol-de-Mons, Haute-Loire.
Dubucq (Alexandre), de Nieppe, à Sainte-Sigolène, Haute-Loire.
Dubois (Albert), de La Madeleine-lez-Lille, aux Essards, Jura.
Dubocage (Louise), de Glageon, à Dinan, Côtes-du-Nord.
Dubocage (Suzanne), de Glageon, à Dinan, Côtes-du-Nord.
Dubois (Alfred) et enf., de Roubaix, à Nieul, Haute-Vienne.
Dubois (Louis), de Lesquin, à Darnac, Haute-Vienne.
Dubois (Désiré) et enf., de Villers-en-Terre, à Bonnac, Haute-Vienne.
Dubmille (Ernest), d'Escaupont, à Bouy, Nièvre.
Dubier (Arthur), de . . ., à Saint-Hilaire-la-Treille, Haute-Vienne.
Dubreneq (Louis) et fam., de Seclin, à Eymoutiers, Haute-Vienne.
Dubuisson (Georges) et f., de Marcq-en-Barœul, à Rochechouart, Hte-Vienne.
Dubrenq (Louis), de Seclin, à Eymoutiers, Haute-Vienne.
Dubois (Alfred) et fam., de Lille, à Montauban, Tarn-et-Garonne.
Dubus (Adolphe) et fam., de Cambron, à Orsonnette, Puy-de-Dôme.
Dubuisson (Lucienne), de Ferrière-la-Grande, à Chatou, Seine-et-Oise.
Duboquet (Jean), de Lille, à Corbeil, Seine-et-Oise.
Dubus (Charles), de Guesnin-Gohon, à Grasy, Seine-et-Oise.
Dubacq (Georges), de Phalempin, à Saint-Étienne, Loire.
Dubar (Alfred) et fam., de Lille, à Saint-Étienne, Loire.
Dubois (Victor), et fam., de Douai, à Saint-Étienne, Loire.
Duchateau (Luce) et enf., de Ferrière-la-Grande, à Mazamet, Tarn.
Duchalal (Henri), de . . ., à Saint-Léger-Magnazeix, Haute-Vienne.

Nord.

Ducanchez (Gustave), de Lille, au Moulin-Neuf, Ariège.
Ducroquer (Paul), de Lille, à Barbezieux, Charente.
Ducroquet (Jean-Louis), de Roubaix, aux Églises-d'Argenteuil, Ch.-Infér.
Ducarne (Suzette), de Fourmies, à Montargis, Loiret.
Ducarne (Antoinette), de Fourmies, à Montargis, Loiret.
Ducolombier (Émile) et fam., de Tourcoing, à Eyjeaux, Haute-Vienne.
Duchâteau (Georges), de..., à Saint-Léger-Magnazeix, Haute-Vienne.
Ducatel (Lucien), de Lille, à Nedde, Haute-Vienne.
Duez (Augustin) et fam., de..., à La Roche-l'Abeille, Haute-Vienne.
Duez (Julien), de Lille, à Saint-Étienne, Loire.
Dufranne (Clari) et son épouse, de Neuf-Mesnil, à Blanc-Mesnil, S.-et-O.
Dufour (Stéphane), de Roubaix, à Saint-Michel, Charente.
Dufour (Virginie) et enf., de Thun, à Conflans-Sainte-Honorine, S.-et-O.
Dufour (Hélène), du Quesnoy, à Valmondois, Seine-et-Oise.
Dufrenne, de Saint-Amand-les-Eaux, à Reignat, Puy-de-Dôme.
Dufrenne (Louise), de Féron, à Appoigny, Yonne.
Dufour (Lœtitia) et fam., d'Aniche, à Saint-Quay-Portrieux, Côtes-d.-Nord.
Dufour (Léon), de Caudry, à La Jarrie, Charente-Inférieure.
Dufour (Ursule) et fam., de Fromelles, à Aumagne, Charente-Inférieure.
Dufresne (Ferdinand), de Thun, à Illiers, Eure-et-Loir.
Duforean (Victor), d'Armentières, à Saint-Junien, Haute-Vienne.
Dufour (Henri) et fam., de Loos, à Eyjeaux, Haute-Vienne.
Dufour (Jean-Baptiste), de Fives-Lille, à Champagnac, Haute-Vienne.
Dujardin (Georges), de Roubaix, au Vigen, Haute-Vienne.
Dufour (René), de Lille, à Nieul, Haute-Vienne.
Dufour (François), de Caudry, à Montauban, Tarn-et-Garonne.
Dufresne (Adolphe) et fam., de Lille, à Saint-Girons, Ariège.
Dufour (Georges), de Lille, à Mercus-Garrabet, Ariège.
Dufour (Henri) et fam., de..., à Eyjeaux, Haute-Vienne.
Dugogne (Émile), de..., à La Roche-l'Abeille, Haute-Vienne.
Duhaut (Édouard), de..., à Linard, Haute-Vienne.
Duhamel (Louise), de Wignehies, à Cézy, Yonne.
Duhelz (Charles), de Lille, à Saint-Étienne, Loire.
Duiolombier (Émile), de..., à Eyjeaux, Haute-Vienne.
Dujardin (Kléber) et fam., du..., à Saint-Léger-Magnazeix, Hte-Vienne.
Dujardin (Zéphir), de Lille, à Saint-Léger-Magnazeix, Haute-Vienne.
Dujardin (Théophile), de Roubaix, à Flavignac, Haute-Vienne.
Dujardin (Jules), de Fourmies, à Lannion, Côtes-du-Nord.
Dulieu (Clément), de Saint-Waast-le-Haut, à Rive-de-Gier, Loire.
Dumortier (Émile) et fam., de Croix, à Asnières, Seine.
Dumoulin (Moïse), de Croix, à Bords, Charente-Inférieure.
Dumas (Élise), de Féron, à Appoigny, Yonne.
Dumont (Joseph) et fam., de Lille, à Saint-Romain-Lachalm, Haute-Loire.
Dumolin (Camille), de Roubaix, à..., Haute-Loire.
Dumord (Léon) et fam., de Roubaix, à Tence, Haute-Loire.
Dumortier (Charles), d'Armentières, à Saint-Pol-de-Mons, Haute-Loire.
Dumortier (Gustave) et fam., de Lille, à Chaptelat, Haute-Vienne.
Dumez (Pierre), de Gondrecourt, à Rilhac-Rançon, Haute-Vienne.
Dumez (Jules), de Quesnoy-sur-Deule, à Cussac, Haute-Vienne.
Dumetz (Henri) et fam., de Wavrin, à Oradour-sur-Vayres, Haute-Vienne.
Dumont (Paul), de La Bassée, à Jabreilles, Haute-Vienne.
Dumont (Xavier), de Tourcoing, à Saint-Étienne, Loire.
Dumontez (Aimé), de Petit-Ronchin, à Saint-Jodard, Loire.
Dumortier (Paul), d'Haubourdin, à Saint-Jodard, Loire.
Dumont (Françoise), de Douvrin, à Saint-Étienne, Loire.
Dupont (Alfred), de Lomme-lez-Lille, à Rive-de-Gier, Loire.
Dupas (Philippe), d'Écurie-les-Arras, à Maisse, Seine-et-Oise.
Dupré (Georges), de Lille, à Saint-Étienne, Loire.
Duquesne (Albert), de Wattrelos, à Saint-Étienne, Loire.
Dupont (Victor), de La Sentinelle, à Saint-Sandoux, Puy-de-Dôme.
Dufour (Jules), de Bois-Grenier, à Manglieux, Puy-de-Dôme.
Dupuy (Jacques), d'Auby, à Billom, Puy-de-Dôme.
Dupont (Berthe) et fam., de Bouchain, à Saint-Malo, Ille-et-Vilaine.
Dupin (René), de Tourcoing, à Saint-Hippolyte, Charente-Inférieure.
Dupin (Yvonne), de Tourcoing, à Saint-Hippolyte, Charente-Inférieure.
Dupont (Pierre), d'Armentières, à La Brousse, Charente-Inférieure.
Dupont (Gustave) et fam., de Radinghem, à Tence, Haute-Loire.
Dupré (Pierre), d'Armentières, à Saint-Romain-Lachalm, Haute-Loire.
Duprey (Marceau), d'Armentières, à Saint-Sigolène, Haute-Loire.
Dupont (Charles), de Neuville-sur-Escaut, à Chaptelot, Haute-Vienne.
Duplatcaux (Gilbert), de Lille, à Pensol, Haute-Vienne.
Duquénoy (Remi) et fam., de Roubaix, à Champsac, Haute-Vienne.
Duquesnoy (Oswald), de Sin-le-Noble, à Castelsarrasin, Tarn-et-Garonne.
Duquesne (Carlos) et f., d'Ennetières-en-Weppes, à St-Pal-de-Mons, H.-Loire.
Duquenne (Albert), de Wattrelos, à Darnac, Haute-Vienne.
Duriez (Louis), de Lille, à Saint-Étienne, Loire.
Duriez (Louis), de Lille, à Saint-Étienne, Loire.
Durot (Maurice), de Lille, à Saint-Michel, Charente.
Duribreu (Paul), d'Houplines, à Barbezieux, Charente.
Durut (Irénée), de Denain, à Barbezieux, Charente.
Durdez (Émile), d'Armentières, à Saint-Michel, Charente.

Durot (Léon) et enf., de La Madeleine-lès-Lille, aux Essards, Jura.
Durlez (Désiré) et fam., d'Armentières, à St-Didier-la-Séauve, Hte-Loire.
Durain (Octave), d'Erquinghem-Lys, à Sainte-Sigolène, Haute-Loire.
Durot (Georges), d'Armentières, à Saint-Didier-la-Séauve, Haute-Loire.
Durot (Oscar), d'Armentières, à Châteauneuf, Haute-Vienne.
Duriez (Louis), de Pérenchies, à Corbigny, Nièvre.
Dureux (Charles), de Lille, à Cussac, Haute-Vienne.
Duroux (Charles), de Quarouble, à Saint-Amand-le-Petit, Haute-Vienne.
Duriez (Charles), du Mouvaux, à Ladignac, Haute-Vienne.
Deroo (Henri), de Pérenchies, à Châteauneuf, Haute-Vienne.
Durnez (Émile), de..., à La Chapelle-Saint-Laurent, Deux-Sèvres.
Dussart (Auguste), de..., à Cussac, Haute-Vienne.
Duschu (Philbert), d'Hautmont, à Gignat, Puy-de-Dôme.
Duthoit (Joseph) et fam., de..., à Peyrilhac, Haute-Vienne.
Dotillent (Berthel) et enf., de Wasquehal, à Oradour-s.-Vayres, Hte-Vienne.
Dutordoir (Alfred), de Lille, à Chaptelat, Haute-Vienne.
Duthoit (Jules), de Tourcoing, à Saint-Michel, Charente.
Duthilleul (André), de Lille, à Saint-Étienne, Loire.
Dutilleul (Amélia), d'Hautmont, à Breuil-sur-Couze, Puy-de-Dôme.
Dutilly (Gustave), de Lomme, à Authezat, Puy-de-Dôme.
Duthell (Gaston) et fam., de Lille, à Solignac, Haute-Vienne.
Duvermelle (Eugène), de..., à La Roche-l'Abeille, Haute-Vienne.
Duvocelle (Émile), de Lille, à Jabreilles, Haute-Vienne.
Duvin (Pierre), de Lille, au Chalard, Haute-Vienne.
Duvinage (Oscar), de Lille, à Veyre-Monton, Puy-de-Dôme.
Edmond (Émile), de Lille, à Pensol, Haute-Vienne.
Eeckhaute (Julien), de..., à Saint-Hilaire-la-Treille, Haute-Vienne.
Eeckman (Lucien), d'Armentières, à Saint-Didier-la-Séauve, Haute-Vienne.
Eicklout (Michel), de Stenwerck, à Isle, Haute-Vienne.
Éloire (Léa) et enf., de Raverdy, à Meudon, Seine-et-Oise.
Éléonnors (Louis), de Villers-Outréaux, à Arzembouy, Nièvre.
Engrand (Aug.), de Camphin-en-Carembault, à Chambon-de-Tence, Hte-L.
Englos (Alphonse) et fam., de Fives-lez-Lille, à Saint-Mathieu, Hte-Vienne.
Engrand (Arsène), de Lille, à Saint-Symphorien, Haute-Vienne.
Enyels (Francine), de Lille, à Saint-Quay-Portrieux, Côtes-du-Nord.
Espinouze (Louis), de Quesnoy-sur-Deule, à Conzeix, Haute-Vienne.
Esprit (Julien), de Roubaix, à Cussac, Haute-Vienne.
Esprit (Joseph), de Lille, à Solignac, Haute-Vienne.
Eugène (Henri), de Villers, à Montsauche, Nièvre.
Eugène (Eugène), de Lille, à Reignat, Puy-de-Dôme.
Evrard (Gustave), de Lille, à Nieulle-sur-Seudre, Charente-Inférieure.
Evrard (Armand), d'Erre, à La Genaytouse, Haute-Vienne.
Fâche (Henri), d'Orchies, à Verneuil-sur-Vienne, Haute-Vienne.
Facon (Henri), de Faches, à Montainville, Eure-et-Loir.
Façon (Jules), de Templemars, à Saint-Jodard, Loire.
Faëss (Zélia) et fam., de Denain, à Rambouillet, Seine-et-Oise.
Faelens (Maurice), de La Madeleine, à Dax, Landes.
Faille (François), de Beaumont, à Châtenet-en-Dognon, Haute-Vienne.
Faitiche (Henri), de Lille, à Sérilhac, Haute-Vienne.
Faleur (Paul) et fam., de Fourmies, à Annoire, Jura.
Falce (Germain), d'Anzin, à Monthléry, Seine-et-Oise.
Falce (Léonard), de Bruay-sur-Escaut, à Trois-Vèvres, Nièvre.
Fasquel (Aimé), de Lille, à Riotord, Haute-Loire.
Fassiaux (Eugène), de Lille, à Annoire, Jura.
Fauconnier (Gabrielle), de Fourmies, à Lannion, Côtes-du-Nord.
Faucompré (Arthur), d'Annœullin, à Parthenay, Deux-Sèvres.
Fauthon (Adrien), de Marcq-en-Barœul, à Estandeuil, Puy-de-Dôme.
Faucomprey (Georges) et fam., de Templemart, à Rye, Jura.
Faucquenny (Émile), de Lille, à Corbeil, Seine-et-Oise.
Faucquenoy (Louis), de Lille, à Corbeil, Seine-et-Oise.
Fauvard (Louis), de Lille, à La Jarne, Charente-Inférieure.
Favier (Pierre), du Quesnoy, à Dourdan, Seine-et-Oise.
Feliers (Alfred), de Lille, à Saint-Léger-Magnazeix, Haute-Vienne.
Fenart (Luca), de Radinghem, à Tence, Haute-Loire.
Féramus (Georges), de Lille, à La Jarne, Charente-Inférieure.
Ferreti (Victor), de Douai, à Orléans, Loiret.
Ferneaux (Maurice), de Wambrechies, à Illiers, Eure-et-Loir.
Feuvrez (Jules), de Roubaix, à Barbezieux, Charente.
Fever (Henri), de La Madeleine, à Mirepoix, Ariège.
Fichelle (Julien), de Pérenchies, à Ferrières, Charente-Inférieure.
Fiévet (Henri), du Nord, aux Linards, Haute-Vienne.
Fiévet (Benoît), de Waziers, à Saint-Quentin, Nièvre.
Fiévet (Mathilde), de Neuville-sur-Escaut, à Andrésy, Seine-et-Oise.
Fiévet (Nestor), de Denain, au Vésinet, Seine-et-Oise.
Filis (Henri) et enf., de Lille, à Condat, Haute-Vienne.
Filot (Victor), de Lille, à Nantes, Loire-Inférieure.
Firmin (Arthur), de Wavrin, à Saint-Vincent-de-Tyrosse, Landes.
Flamme (Henri), d'Hautmont, à Montrelais, Loire-Inférieure.
Flamont (Gustave), de Wasquehal, à Oradour-sur-Vayres, Haute-Vienne.
Flament (Benoît), d'Onnaing, à Azat-le-Riz, Haute-Vienne.
Flament (Séverine) et enf., du Quesnoy, à Dourdan, Seine-et-Oise.

Flamand (Edwige), de Gognies-Chaussée, à Dourdan, Seine-et-Oise.
Flamand (Marie), de Gognies-Chaussée, à Dourdan, Seine-et-Oise.
Fleury (Mme) et enf., de Beaumont, à Nantes, Loire-Inférieure.
Fleury (Robert), de Lille, à Illiers, Eure-et-Loir.
Fleury (Arthur), de Lille, à Illiers, Eure-et-Loir.
Flinois (Alphonse) et enf., d'Armentières, à St-Romain-Lachalm, Hte-Loire.
Flipo (Julien), de Tourcoing, à Saint-Amant-Tallende, Puy-de-Dôme.
Flipo (Arthur), de Lille, à Veyre-Mouton, Puy-de-Dôme.
Fontenelle (Émile), du Nord, à Thouron, Haute-Vienne.
Fontaine (Victor), de Lille, à Bonnac, Haute-Vienne.
Fontaine (Eugène) et fam., de Houtchy, à Marseille, Bouches-du-Rhône.
Fontaine (Prosper), de Lille, à Saint-Jodard, Loire.
Fontaine (Léopold), de Lille, à Verez-Mouton, Puy-de-Dôme.
Fort (Joseph), de Rœux, à Orcet, Puy-de-Dôme.
Foret (Louis), de Lille, à Saint-Etienne, Loire.
Forez (Paul), de Marquillien, à Ladignac, Haute-Vienne.
Foucard (Albert), de Lille, à Saint-Michel, Charente.
Foulon (Henri), de Lille, à Ladignac, Haute-Vienne.
Foulon (Léon), d'Aniche, à Celles-sur-Belle, Deux-Sèvres.
Fouquert (Ferdinand), de La Madeleine, à Saint-Mathieu, Haute-Vienne.
Fournay (Jules), de Lille, à Pompignan, Tarn-et-Garonne.
Fouque (Arthur), de Seclin, à Saint-Girons, Ariège.
Fourmont (Jean-Baptiste), de Douai, à Illiers, Eure-et-Loir.
Fourmentrau (Edmond), de Roubaix, à Pannecé, Loire-Inférieure.
Francelle (Désiré), de Lille, à Nantes, Loire-Inférieure.
Fraisse (Mathilde), de Leval, à Solignat, Puy-de-Dôme.
François (Émile), de Lille, à Cussac, Haute-Vienne.
François (Paul), de Lille, à Rochechouart, Haute-Vienne.
François (Henri), de Saint-Mont, à Saint-Etienne, Loire.
Franssens (Rémi), de Lille, à Châlus, Haute-Vienne.
Frapport (Edouard), du Nord, à Saint-Nicolas, Haute-Vienne.
Frappart (Cyprien), d'Onnaing, à Ouroux, Nièvre.
Fremaux (Henri) et enf., d'Armentières, à Saint-Pol-de-Mons, Haute-Loire.
Fremeaux (Marie), de Fromelles, à Aumagne, Charente-Inférieure.
Fremeaux (Paul), de Pérenchies, à Ladignac, Haute-Vienne.
Fremeaux (Robert), de Pérenchies, à Ladignac, Haute-Vienne.
Frémaux (Aimable), de Lille, à Olloix, Puy-de-Dôme.
Frémaux (Jules), d'Haubourdin, à Champagnac, Haute-Vienne.
Frelier (Alphonse), de La Madeleine, à Saint-Jodard, Loire.
Fremaux (Maurice), de Sequelin, à Champagnac, Haute-Vienne.
Frère (Arthur), de Sainghin-en-Weppes, à Glandon, Haute-Vienne.
Fretters (Guillaume), de Lille, à Castelsarrasin, Tarn-et-Garonne.
Frésique (Arthur), de Ronchin, à Soustons, Landes.
Frettin (Georges), de Lille, à Marnes-la-Coquette, Seine-et-Oise.
Fromiont (Stanislas), du Nord, à Peyrilhac, Haute-Vienne.
Fruchart (Auguste), du Nord, à Reilhac-Raucon, Haute-Vienne.
Fruit (Charles), de Vendeville, à Rye, Jura.
Fruleux (Jules), de Fromelles, à Saint-Jodard, Loire.
Furgerot (Albert), de Villers-Guillain, à Montsauche, Nièvre.
Gabet (Héléna), de Caudry, à Saint-Quay-Portrieux, Côtes-du-Nord.
Gabelle (Raphaël), d'Aveluy, à Illiers, Eure-et-Loir.
Gabelle (Paul) et enf., d'Armentières, à Saint-Pal-de-Mars, Haute-Loire.
Gabet (Charles), de Pérenchies, à Saint-Jodard, Loire.
Gabriels (Gaston) et fam., de Maubeuge, à Septfonds, Tarn-et-Garonne.
Gadroy (Gabrielle) et enf., de Tergnier, à Versailles, Seine-et-Oise.
Gadenne (Charles), de Roubaix, à Marnes-la-Coquette, Seine-et-Oise.
Gueremayn (Henri), du Nord, à Thouron, Haute-Vienne.
Gailliez (Hubert), d'Aniche, à Illiers, Eure-et-Loir.
Gailly (Marcel), de La Madeleine, à Saint-Jodard, Loire.
Galle (Joseph), d'Haubourdin, à Bonnac, Haute-Vienne.
Gallois (Léon), d'Hazebrouck, à Limbrassac, Ariège.
Gailliégue (Pierre), de Cambrai, à Orléans, Loiret.
Galand (Hector), de Lille, à Solignac, Haute-Vienne.
Gallant (François), de Lille, à Bonnac, Haute-Vienne.
Calland (Alfred), de Lille, à Asnières, Seine.
Galand (Honoré), de Nieppe, à Sainte-Sigolène, Haute-Loire.
Gambien (Raymond), de La Madeleine, à Bujaleuf, Haute-Vienne.
Gambier (Edouard), de Beauvin, à Billom, Puy-de-Dôme.
Gatt (Henri), de Roubaix, à Pannecé, Loire-Inférieure.
Gaudon (Germaine), de Seclin, à Meudon, Seine-et-Oise.
Geergat (Basile), de Roubaix, à Saint-Sardos, Tarn-et-Garonne.
Gendron (Achille) et fam., d'Armentières, à Montfaucon, Haute-Loire.
Génicot (Robert), de Lille, à Boisseuil, Haute-Vienne.
Gernez (François), de Lille, à Billom, Puy-de-Dôme.
Gérard (Joseph), de Provin, à Dax, Landes.
Gérard (Émile), de Cambrai, à Savigny-sur-Orge, Seine-et-Oise.
Germineau (Lucien), de Lille, à Salles-Lavauguyon, Haute-Vienne.
Gévaert (Edmond), de Roubaix, à Ladignac, Haute-Vienne.
Ghemart (Henri), de Fourmies, à Outarville, Loiret.
Ghemart (Eugène), de Fourmies, à Outarville, Loiret.
Gheysens (Edouard), de Fives-Lille, à Tence, Haute-Loire.

Gheerardijn (Octavie) et enf., de Pérenchies, au Pin, Deux-Sèvres.
Ghemar (Auguste), du Nord, à Saint-Hilaire-la-Treille, Haute-Vienne.
Ghesten (Jean), de Comines, à Peyrat-le-Château, Haute-Vienne.
Ghesquière (René) et fam., de Marq-en-Barœul, à Marly-sous-Issy, Saône-et-L.
Chienne (Mathilde) et enf., d'Avesnes-lez-Aubert, à Roissy-en-France, S.-et-O.
Ghislain (Blanche) et enf., d'Hautmont, à La Loupe, Eure-et-Loir.
Ghysbrecht (Émile) et enf., de Lille, à Saint-Denis-des-Murs, Haute-Vienne.
Ghys (Gustave), de Lille, à Barbezieux, Charente.
Gilot (Alfred), d'Aniche, à Asnières, Seine.
Gilot (Maurice), d'Aniche, à Asnières, Seine.
Gilbert (Henri), de Lille, à Salles-Lavauguyon, Haute-Vienne.
Gillet (Charles), de Loos, à Ladignac, Haute-Vienne.
Girard (Raymond), de Roubaix, à Saint-Michel, Charente.
Glasset (Joseph), de Saint-Waas, à Cendre, Puy-de-Dôme.
Glaudeune (Firmin), de Dinant, à La Charité, Nièvre.
Glineur (Aimé), de Raucourt, à Saint-Etienne, Loire.
Glorian (Anne-Marie), d'Illies, à Billom, Puy-de-Dôme.
Glorian (Rose), d'Illies, à Billom, Puy-de-Dôme.
Gobled (Blanche) et enf., de Sin-le-Noble, à Houdan, Seine-et-Oise.
Godart (Constant), de Maraitz-Cambrai, à Ploubezre, Côtes-du-Nord.
Godard (Henri), de Ligny-Cambrésis, à Champagnac, Haute-Vienne.
Godefroy (Marcel), de Nieppe, à Saint-Jodard, Loire.
Goémine (Charles), de Fives-Lille, à Champagnac, Haute-Vienne.
Goémine (Alexandre), de Lille, à Rye, Jura.
Goffa (Joseph) et enf., de Loos, à Eyjeaux, Haute-Vienne.
Goffor (Fernand), d'Armentières, à Saint-Didier-la-Séauve, Haute-Loire.
Gondry (Nelly), de Landrecies, à Meudon, Seine-et-Oise.
Gourden (François), de Lille, à Aumagne, Charente-Inférieure.
Gorin (Angèle), de Montigny-en-Gobelle, à Saint-Jodard, Loire.
Gorin (Sophie), de Montigny-en-Gohelle, à Saint-Jodard, Loire.
Gorisse (Gustave) et fam., du Cateau, à Meudon, Seine-et-Oise.
Gosse (Georges) et enf., de Roubaix, à Rochechouart, Haute-Vienne.
Gosset (Pierre), du Nord, à Salles-Lavauguyon, Haute-Vienne.
Goubet (Gédéon), de Lille, à Solignac, Haute-Vienne.
Gouchau (Émile), de Lille, à Cussac, Haute-Vienne.
Gouchau (Henri), de Lille, à Cussac, Haute-Vienne.
Goudesoone (Louis), du Nord, à Oradour-Saint-Genest, Haute-Vienne.
Gouse (Marcel), de Douai, à Nantes, Loire-Inférieure.
Goutin (Flore), de Maubeuge, à Meudon, Seine-et-Oise.
Grandmontagne, d'Hautmont, à Manou, Eure-et-Loir.
Grainetier (Louis), de Lille, à Sancheville, Eure-et-Loir.
Graye (Ernest) et enf., de Pérenchies, à La Geneytouse, Haute-Vienne.
Grard (Louis), de Beaumont, à Châtenet-en-Dognon, Haute-Vienne.
Grave (Gustave), de Lille, à Saint-Jouvent, Haute-Vienne.
Grahmann (Bertha), de Lille, à Lagarde, Ariège.
Graucant (Ildefonse), de Maretz, à Mériel, Seine-et-Oise.
Graffigne (Suzanne), de La Bassée, à Saint-Julien-de-Coppel, Puy-de-Dôme.
Grave (Marie-Louise), d'Armentières, à St-Amant-Tallende, Puy-de-Dôme.
Grégroire (Eugène), de Tourcoing, à Aureil, Haute-Vienne.
Grévin (Félix), de Salesches, à Lannion, Côtes-du-Nord.
Grivillers (Charles), d'Aniche, à Saint-Quay-Portrieux, Côtes-du-Nord.
Grison (André), de Lille, à Saint-Ciers-du-Taillon, Charente-Inférieure.
Grignon (Léon), de Lille, à Châlus, Haute-Vienne.
Grimonprez (Noël) et fam., de Tourcoing, à Bénaix, Ariège.
Grismomprez (Jules), de Lourme, à Authezat, Puy-de-Dôme.
Groote (Jean-Baptiste de), du Nord, à Linards, Haute-Vienne.
Grossi (Léonie), de Tourcoing, à Marseille, Bouches-du-Rhône.
Groux (Léa) et enf., de Rumilly, à Achères, Seine-et-Oise.
Groulez (Marcel), de Lille, à Fandoas, Tarn-et-Garonne.
Grouley (Eugène), de Lille, à Peyrat-le-Château, Haute-Vienne.
Gruson (Edmond), de Lille, à Herblay, Seine-et-Oise.
Gryson (Marie), d'Armentières, à Saint-Amant-Tallende, Puy-de-Dôme.
Gryson (Octave), de Lille, à Champagnac, Haute-Vienne.
Guénin (Fernand), de Somain, à Orcet, Puy-de-Dôme.
Guérin (Paul), de Lille, à Aulnay, Charente-Inférieure.
Guelton (Catherine), d'Anzin, à Saint-Hippolyte, Charente-Inférieure.
Guérnard (Jules) et fam., de Feignies, à Chartres, Eure-et-Loir.
Guesquière (Richard) et ép., d'Armentières, à Saint-Didier-la-Séauve, H.-L.
Guérin (Catherine), de Lille, à Versailles, Seine-et-Oise.
Guidez (Charles) et fam., d'Avesnes-les-Aubert, au Vésinet, Seine-et-Oise.
Guidez (Jean-Baptiste) et enf., de Roubaix, à Limoges, Haute-Vienne.
Guidez (Antoine), de Fives-Lille, à Chambon-de-Tence, Haute-Loire.
Guillaume (Arthur) et enf., d'Armentières, à Saint-Romain-Lachalm, H.-L.
Guillemot (Alexandre), d'Aniche, à Saint-Bonnet-Briance, Haute-Vienne.
Guilbert (Andrée), d'Ennetières, à Aumagne, Charente-Inférieure.
Gyssels (Ernest), d'Armentières, à Sainte-Sigolène, Haute-Loire.
Hazebrouk (Hector), d'Armentières, à Saint-Romain-Lachalm, H.-L.
Huge (Fernand), de Lambersart, à Meudon, Seine-et-Oise.
Hainaut (Paul), d'Avesnes-les-Aubert, à Morigny-Champigny, S.-et-O.
Hainaut (Emile), du Nord, à Cieux, Haute-Vienne.
Halters (Fernand), de Lille, à Peyrat-le-Château, Haute-Vienne.

Hallynch (Emile), de Lille, à Laroque-d'Olme, Ariège.
Hallez (Charles), de Lille, à Olloix, Puy-de-Dôme.
Hallez (Gustave), de Lille, à Olloix, Puy-de-Dôme.
Hamelin (Daniel), de Lille, à Saint-Michel, Charente.
Hanon (Clémence) et fille, de Fourmies, à Tavaux, Jura.
Hausenieus (Berthe), d'Avesnes-sur-Aisne, à Orléans, Loiret.
Hangest (Palmyre d'), de Maubeuge, à Versailles, Seine-et-Oise.
Hanquart (Agathe), du Nord, à Veyrac, Haute-Vienne.
Hannecart (Lucien) et enf., de Lille, à Bujaleuf, Haute-Vienne.
Hantson (Félix) et fille, de Croix, à Rochechouart, Haute-Vienne.
Haunoteau (Gustave), de Cousolre, à La Montagne, Loire-Inférieure.
Haquette (Jules), de Tourcoing, à Lavelanet, Ariège.
Harbin (Gaston), de Paillencourt, à Illiers, Eure-et-Loir.
Harry (Henri), d'Escaudœuvres, à Maisse, Seine-et-Oise.
Hautraete (Eugène), de Lille, à Saint-Pardoux, Haute-Vienne.
Hautecœur (Antoinette), de Lille, à Mainvilliers, Eure-et-Loir.
Haudegrand (Jean), d'Armentières, à Châteauneuf, Haute-Vienne.
Hauscœur (André), d'Avesne-le-Sec, à Saint-Etienne, Loire.
Havet (Paul), de Douchy, à Saint-Etienne, Loire.
Hay (Joseph), de Roubaix, à Saint-Etienne, Loire.
Hazebrouck (Albert), de Loos, à Saint-Auvent, Haute-Vienne.
Hedbaut (Gabrielle), de Radinghem, à Montfaucon, Haute-Loire.
Hégo (Désiré), du Cateau, à Orléans, Loiret.
Hélouis (Léon), de Valenciennes, à Versailles, Seine-et-Oise.
Hélin (Arthur), de Wignehies, à Guillerval, Seine-et-Oise.
Helliz (Jules), de Lille, à Saint-Michel, Charente.
Hélène (Vve), de La Bassée, à Villeneuve-Lembron, Puy-de-Dôme.
Helemen (Auguste), de Tourcoing, à Villeneuve-Lembron, Puy-de-Dôme.
Hem (Henri), de Bersée, à Condat, Haute-Vienne.
Henno (Louis), de Lezennes, à Montfaucon, Haute-Loire.
Hennebique (Joseph), de Lille, à Montfaucon, Haute-Loire.
Hennache (Jean), de Roubaix, à Champsac, Haute-Vienne.
Henry (Eloi), du Nord, à Flavignac, Haute-Vienne.
Hennebelle (Narcisse) et fam., de Fives-Lille, à Champsac, H.-Vienne.
Henderyck (Henri), d'Armentières, à Sainte-Sigolène, Haute-Loire.
Hendrick, de Lille, à Saint-Jean-de-Liversay, Charente-Inférieure.
Hennebelle (Jeanne) et fam., de La Bassée, à St-Julien-de-Coppel, P.-de-D.
Hennebaux (Alfred), de Bouchain, à Billom, Puy-de-Dôme.
Hénin (Constant), d'Armentières, à Tavaux, Jura.
Hennet (Joséphine), de La Madeleine-les-Lille, à Chaussin, Jura.
Henneros (Louis), d'Armentières, à Barbezieux, Charente.
Henaut (Ernest) et fam., de Coulsore, à Juvisy, Seine-et-Oise.
Hennesse (Louis), de Roubaix, à Illiers, Eure-et-Loir.
Her (Emile), de Flers-Lille, à Saint-Etienne, Loire.
Herbin (Rosa), d'Avesnes-les-Aubert, à Roissy-en-France, Seine-et-Oise.
Herman (Léon), de Roubaix, à Saint-Jodard, Loire.
Herbaut (Léon), de Raismes, à Plaisir, Seine-et-Oise.
Herbaut (Désiré), de Raismes, à Plaisir, Seine-et-Oise.
Herbaut (Désiré) et ép., de Raismes, à Plaisir, Seine-et-Oise.
Hérent (Alfred), de Lewarde, à Cormeilles-en-Vexin, Seine-et-Oise.
Héras (Gustave), du Nord, à Saint-Symphorien, Haute-Vienne.
Herbet (Alphonse), de Villers-Outréaux, à Arzembouy, Nièvre.
Herbet (Lucien), de Villers-Outréaux, à Arzembouy, Nièvre.
Herlem (Pierre), de Cléry, à Saint-Martin-du-Puy, Nièvre.
Herpoolt (Achille), de Neuville, à Pompignan, Tarn-et-Garonne.
Herpoolt (Paul), de Neuville, à Pompignan, Tarn-et-Garonne.
Heremans (Charles), de Lille, à Montauban, Tarn-et-Garonne.
Hermedouche (Louis), d'Haubourdin, à Ladignac, Haute-Vienne.
Herbeaux (Jean), de Tourcoing, à Darnac, Haute-Vienne.
Herbaut (Jules) et enf., de Lille, à Châlus, Haute-Vienne.
Herbaut (Charles), du Nord, à Saint-Hilaire-la-Treille, Haute-Vienne.
Herrengt (Georges), d'Haubourdin, à Ambazac, Haute-Vienne.
Herbout (Edouard), de Lille, à Sailat-Chassenon, Haute-Vienne.
Herzin (Adrien), de Lille, au Chalard, Haute-Vienne.
Herrengt (Georges), d'Haubourdin, à Ambazac, Haute-Vienne.
Herentald (Albert), de Roubaix, à Orléans, Loiret.
Herbin (Edmond) et fam., d'Avesnes-les-Aubert, à Lannion, Côtes-du-Nord.
Herreng (Georges), d'Armentières, à Saint-Didier-la-Séauve, Haute-Loire.
Hessens (Jean), de Lille, au Chalard, Haute-Vienne.
Hétuin (Auguste), de Cambrai, à Mirepoix, Ariège.
Heuls (Paul), de Tourcoing, à Aubergenville, Seine-et-Oise.
Hiémery (Léon), du Nord, à Linards, Haute-Vienne.
Kinckemaillée (Georges), d'Armentières, à Saint-Romain-Lachalm, H.-L.
Hocdé (Clément), d'Annœulin, à Vèbre, Ariège.
Hocdé (Désiré), d'Annœulin, à Vèbre, Ariège.
Hocdeo (Marie) et enf., d'Armentières, à Saint-Romain-Lachalm, H.-L.
Hochédez (Désiré), d'Annœulin, à La Jarrie, Charente-Inférieure.
Hochedez (Clément), d'Annœulin, à La Jarrie, Charente-Inférieure.
Hoet (Emile), de Lomme, à Illiers, Eure-et-Loir.
Hoet (Robert), de Lomme, à Illiers, Eure-et-Loir.
Hof (Jean), d'Armentières, à Ambazac, Haute-Vienne.

Holbart (Louis), de La Madeleine, à Solignac, Haute-Vienne.
Hollemaert (Paul), de Tourcoing, à Blond, Haute-Vienne.
Hollemart (Jules), d'Armentières, à Nedde, Haute-Vienne.
Holley (Henri), de Lille, à Châlus, Haute-Vienne.
Holvand (Moïse), de Tourcoing, à Chuillac, Haute-Vienne.
Honoré (Henri), du Nord, à Linards, Haute-Vienne.
Hoornaert (Alphonse), de Tourcoing, à Mirepoix, Ariège.
Hoquette (Michel) et enf., d'Armentières, à Saint-Romain-Lachalm, H.-L.
Horain (Alphonse), de Tourcoing, à Saint-Michel, Charente.
Horner (Charles), de Lille, à Barbezieux, Charente.
Horent-Dhamant et enf., de Roubaix, à Nantes, Loire-Inférieure.
Horval (Marie), de Cambrai, à Saint-Quay-Portrieux, Côtes-du-Nord.
Hosté (Charles) et filles, de Roubaix, à Bourg-de-Boisse, Haute-Vienne.
Hosselet (Alice), de Prisches, à Nogent-le-Rotrou, Eure-et-Loir.
Hosselet (Sophie), de Prisches, à Nogent-le-Rotrou, Eure-et-Loir.
Hourdeau (Berthe) et enf., de Douai, à Essonnes, Seine-et-Oise.
Hourez (Joseph), du Nord, à Cieux, Haute-Vienne.
Houzé (Juvénal), d'Helbesmes, à Neauphle-le-Château, Seine-et-Oise.
Houriaux (Joseph), de Neuvireuil, à l'Aidrac, Puy-de-Dôme.
Houret (Fernand) et enf., d'Armentières, à Saint-Amand-Tallende, P.-de-D.
Hoybens (Raymond), de Lille, à Nedde, Haute-Vienne.
Hubert (Alphonse), du Nord, à Saint-Nicolas, Haute-Vienne.
Huchette (Désiré), de Vendin-le-Vieil, à Flavignac, Haute-Vienne.
Huet (Céline), de Maubeuge, à Orléans, Loiret.
Huet (Catherine), de Louvroil, à Bouéron, Loire-Inférieure.
Huénoir (Léa), de Villers-Sire-Nicole, à Servel, Côtes-du-Nord.
Huénoir (Albert), de Villers-Sire-Nicole, à Servel, Côtes-du-Nord.
Huénoir (Germaine), de Villers-Sire-Nicole, à Servel, Côtes-du-Nord.
Huftier (Rosa), de Fourmies, à Lannion, Côtes-du-Nord.
Huin (Augustine), de Lille, à Sereilhac, Haute-Vienne.
Huinet (Jules), de Cambrai, à Varennes, Puy-de-Dôme.
Huot (Marthe) et enf., de Maubeuge, à Meudon, Seine-et-Oise.
Huyghe (Louis), de Lille, à Saint-Pardoux, Haute-Vienne.
Huyghe (Camille), d'Armentières, à Nedde, Haute-Vienne.
Ingelaere (Stéphanie), d'Esquinghem-Lys, à Saint-Amand-Tallende, P.-de-D.
Isbled (Edouard), de Seclin, à Ladignac, Haute-Vienne.
Isoré (Alfred) et fam., de Petit-Ronchin, à Saint-Victurnien, Haute-Vienne.
Jacob (Ferdinand) et fam., de Croix, à Saint-Sylvestre, Haute-Vienne.
Jacques (Geneviève) et fam., de Maubeuge, à Bressols, Tarn-et-Garonne.
Jacobs Giard (Claire) et enf., de Valenciennes, à Bessancourt, S.-et-O.
Jaeger (Arthur de) et fam., de Loos-les-Lille, à Saint-Etienne, Loire.
Jaeghard (Marcel de), de Lille, à Saint-Etienne, Loire.
Jacquart (Alfred), de Sequedin, à Saint-Hippolyte, Charente-Inférieure.
Janssens (Ferdinand) et fam., de Lille, à Verneuil-s.-Vienne, H.-Vienne.
Jausonne (Germain), de Roubaix, à Saint-Michel, Charente.
Jaspard (Jules) et fam., d'Auberchicourt, à Saint-Auvent, Haute-Vienne.
Jausonne (Fernand), de Roubaix, à Glandon, Haute-Vienne.
Jenard (Augustine), d'Anzin, à Versailles, Seine-et-Oise.
Jésus (Henri), de Michel, à Javerdat, Haute-Vienne.
Jacob (Marie) et fam., de Jeumont, à Juvisy, Seine-et-Oise.
Johan (Jules), de Lille, à Meudon, Seine-et-Oise.
Joimbard (Sophie), d'Ennetières-en-Weppes, à Mesvres, Saône-et-Loire.
Jonckhière (Jean de), de Lille, à Saint-Girons, Ariège.
Josset (Charles) et fam., de Solesmes, à Montgeron, Seine-et-Oise.
Josien (Jules), de Sequedin, à Saint-Hippolyte, Charente-Inférieure.
Joseph (Louis), de Lille, à Cognac, Haute-Vienne.
Josson (Georges), de Tourcoing, au Chalard, Haute-Vienne.
Jouglet (Berthe), de Louvroil, à Longvilliers, Seine-et-Oise.
Jourdan (Céline), de Maubeuge, à Lannion, Côtes-du-Nord.
Jouvenet (Arthur), d'Auberchicourt, à Larrazet, Tarn-et-Garonne.
Jouglet (Louis), du Nord, à Cieux, Haute-Vienne.
Jouvenet (Alfred), du Nord, aux Salles-Lavauguyon, Haute-Vienne.
Jouveneau (Henri), d'Armentières, à Saint-Didier-la-Séauve, Haute-Loire.
Joveneau (Louis), de Roubaix, à Montauban, Tarn-et-Garonne.
Joye (Paul), de Lille, à Eymoutiers, Haute-Vienne.
Judas (Elisée), de Lille, à Azat-le-Riz, Haute-Vienne.
Judicq (Charles), de Roubaix, à Illiers, Eure-et-Loir.
Juglard (Robert), d'Etrœungt, à Arnouville-lès-Gonesse, Seine-et-Oise.
Juillart (Albert), de Lille, à Bujaleuf, Haute-Vienne.
Keirlo (Marie) et fam., de Bois-Grenier, à Dunières, Haute-Loire.
Keirle (Napoléon) et fam., de Bois-Grenier, à Dunières, Haute-Loire.
Kesteloot (Albert), d'Armentières, à Tence, Haute-Loire.
Kiekev (Gaston), de Quiévy, à Versailles, Seine-et-Oise.
Knockert (Henri), de Marquette, à Saint-Jodard, Loire.
Kratz (Philippe), de Lille, à Ladignac, Haute-Vienne.
Koechlin (Louise), d'Anzin, au Vésinet, Seine-et-Oise.
Koziel (Jean), d'Ostricourt, à Saint-Etienne, Loire.
Labbé (Henri), de ....., à Asnans, Jura.
Labrosse (Georges), de Lille, à Saint-Jodard, Loire.
Labon (Cécile), de Wignehies, à Gézy, Yonne.
Labelle (Marie), de Bois-Grenier, à Montfaucon, Haute-Loire.

Labbé (Léon), de Seclin, à Illiers, Eure-et-Loir.
Laboureur (Adile), de Berlaimont, à Brive, Corrèze.
Ladrière (Charles) et fam., d'Aniche, à Asnières, Charente-Inférieure.
Ladrière (Adolphe), du Quesnoy, à Vaimondois, Seine-et-Oise.
Ladent (Alfred), de Douai, au Lit-et-Mixe, Landes.
Ladein (Léon), de Lille, à Pensol, Haute-Vienne.
Lagache (Alexandre), de Raimbeaucourt, à Pierrelaye, Seine-et-Oise.
Lagneaur (Émile), de la Sentinelle, à Saint-Sandoux, Puy-de-Dôme.
Lagache (Georges), de Mouveaux, à Bords, Charente-Inférieure.
Lagache (Albert), de Moncheaux, à Saint-Martin-du-Puy, Nièvre.
Lagay (Redolphe), de Lille, à Mirepoix, Ariège.
Lagneau (Raymond), de Lille, à Pamiers, Ariège.
Lagniez (Henri), de Tourcoing, à Glandon, Haute-Vienne.
Laignel (Henri) et fam., de Lille, à Riotord, Haute-Loire.
Laloux (Paul), de Seclin, à Saint-Laurent-sur-Gorre, Haute-Vienne.
Laleman (Émile), de Lille, à Decazeville, Aveyron.
Lalisse (Élisa), de Cambrai, à Morigny-Champigny, Seine-et-Oise.
Lamotte (Marie), d'Armentières, à Pérignat-ès-Allier, Puy-de-Dôme.
Lambucht (Ferdinand), d'Armentières, à Saint-Etienne, Loire.
Lamblin (Achille), de Tourcoing, à Barbezieux, Charente.
Lamourer (Maurice), de Tourcoing, à Saint-Michel, Charente.
Lambrecht (Alfred), de Tourcoing, à Chaton, Seine-et-Oise.
Lambert (Jules), de Wattrelos, à Dourdan, Seine-et-Oise.
Lammens (Isidore), de Lille, à Asnières, Seine.
Lamand (Marina), d'Avesnes, à Lannion, Côtes-du-Nord.
Lambert (Alfred) et fam., de Maubeuge, à Lannion, Côtes-du-Nord.
Lambert (Célestine), de Fourmies, à Corlay, Côtes-du-Nord.
Lambin (Henri) et fam., d'Armentières, à Dunières, Haute-Loire.
Lamaire (Léon) et fam., de Lille, à Champagnac, Haute-Vienne.
Lamont (Léon), de Roubaix, à Flavignac, Haute-Vienne.
Lammens (Louis) et fam., de Santes, à Condat, Haute-Vienne.
Lambenne (Achille), de ..., à Flavignac, Haute-Vienne.
Lamarque (Charles), de Roubaix, au Chalard, Haute-Vienne.
Lamaeys (Fernand), de Croix, à Saint-Auvent, Haute-Vienne.
Landrecies (Jeanne), de Villers-Sire-Nicole, à Orléans, Loiret.
Langlais (Alphonse), d'Hellemmes, à Javerdat, Haute-Vienne.
Landuyt (Léon), de Lille, à Barbezieux, Charente.
Langrenet (Louis), de Douai, à Busséol, Puy-de-Dôme.
Laroye (Émile), de Quesnoy-sur-Deule, à Glandon, Haute-Vienne.
Larose (Auguste) et fam., de Trélon, à Dreux, Eure-et-Loir.
Lardinoy (Henri) et fam., de Lille, à Tence, Haute-Loire.
Larivière (Raoul), de Ligny-le-Châtel, à Guillon, Yonne.
Lardenois (Joseph), de la Madeleine-lès-Lille, aux Essards, Jura.
Laslin (Héloïse) et fam., de Quiévy, à Corbeil, Seine-et-Oise.
Laurent (Grégoire), de Dechy, à Orsay, Seine-et-Oise.
Laurent (Albert), de Lille, à Pérignat-ès-Allier, Puy-de-Dôme.
Laurent (Adolphe), de Lille, à Barbezieux, Charente.
Laurent (Marc), de Lille, à Saint-Michel, Charente.
Lourme (Clémence), d'Ennetières, à Aumagne, Charente-Inférieure.
Laurent (Jules) et fam., de ..., à Veyrac, Haute-Vienne.
Laurenceau (Kléber), de ..., à Linards, Haute-Vienne.
Laveugle (Eugène), de Roubaix, à Saint-Auvent, Haute-Vienne.
Laveugle (Émile), de Tourcoing, à Mirepoix, Ariège.
Lebeau (Valentine) et fam., de Roubaix, à Rive-de-Gier, Loire.
Lebrau (Adrien), de Felleries, à Lannion, Côtes-du-Nord.
Leblanc (Augustin), de Tourcoing, à Saint-Amant-Tallende, Puy-de-Dôme.
Leblanc (Théodore), de Thumesnil-lès-Lille, à Saint-Jodard, Loire.
Lebrun (Lucie), de Jeumont, à Cormeilles-en-Vexin, Seine-et-Oise.
Lebon (Fernand), d'Aubry-lez-Douai, à Parthenay, Deux-Sèvres.
Lebrun (Victor) et fam., de Santes, à Condat, Haute-Vienne.
Lebrun (Paul), de Lille, à Pensol, Haute-Vienne.
Leblanc (Achille) et fam., de Tourcoing, à Ladignac, Haute-Vienne.
Lebon (Adolphe) et fam., d'Armentières, à St-Didier-la-Séauve, Haute-Loire.
Leclercq (Jules), de Flers-Lille, à Rive-de-Gier, Loire.
Lecoq (Marthe) et fam., de Maubeuge, à Tavaux, Jura.
Lechifflard (Jean), de Beuvrages, à Saint-Jodard, Loire.
Lecomte (Rémi) et fam., de Wallers, à Saint-Etienne, Loire.
Leclaire (Alice), d'Armentières, à Saint-Cyr-l'École, Seine-et-Oise.
Lecomte (Louise), de Valenciennes, à Versailles, Seine-et-Oise.
Lecat (Ernest) et fam., du Sars-Poteries, à Versailles, Seine-et-Oise.
Lecœuvre (Augustin), de Loos, à Linards, Haute-Vienne.
Lecutier (François), de ..., aux Roches-l'Abeille, Haute-Vienne.
Leclercq (Henri) et fam., de Loos, à Darnac, Haute-Vienne.
Leclerre (Augustin), de ..., à Cieux, Haute-Vienne.
Leclercq (Henri) et fam., de Roubaix, à Champagnac, Haute-Vienne.
Leclercq (Jules), de Tourcoing, à Saint-Léonard, Haute-Vienne.
Leclerc (Jules), de Wattrelos, au Chalard, Haute-Vienne.
Lecomte (Gustave) et fam., de Lille, à Champagnac, Haute-Vienne.
Lecot (Narcisse) et fam., de Lille, à Pensol, Haute-Vienne.
Lecoq (Adolphe), de Lille, à Ladignac, Haute-Vienne.
Leclercq (Edmond), de Lille, à Châlus, Haute-Vienne.

Lecoq (Léonce), de Sin-le-Noble, à Genebrières, Tarn-et-Garonne.
Lecat (Raymond), de Flers-Lille, à Saint-Sylvestre, Haute-Vienne.
Leclercq (Malvina) et fam., d'Houplines, à Dunières, Haute-Loire.
Lecour (Augustin), de Bois-Grenier, à Montfaucon, Haute-Loire.
Leclercq (Adolphe) et fam., de Lille, à Tence, Haute-Loire.
Leclercq (Désiré) et fam., d'Armentières, à St-Romain-Lachalm, Hte-Loire.
Leclerc (Abeline), d'Erquinghem-s-la-Lys, à Chambon-de-Tence, Hte-Loire.
Leclercq (Clémence) et fam., de Tourcoing, à Vitré, Ille-et-Vilaine.
Leclere (Renée) et fam., d'Avesnes, à Vaux, Yonne.
Leclecq (Amélie), d'Ennetières-en-Weppes, à Mesvres, Saône-et-Loire.
Leduc (Augustin) et fam., de Romeries, au Cendre, Puy-de-Dôme.
Ledent (Henri), de Valenciennes, à Billom, Puy-de-Dôme.
Leder (César), de Lille, à Wavres, Haute-Vienne.
Ledieu (Charles), de Leers, à Saint-Auvent, Haute-Vienne.
Ledez (Florimond), d'Armentières, à Saint-Paul-de-Mons, Haute-Loire.
Ledru, d'Annœullin, à Nantes, Loire-Inférieure.
Leduc (Marie), de Caudry, à Orléans, Loiret.
Ledœurre (Gustave), de Cambrai, à Saint-Quay-Portrieux, Côtes-du-Nord.
Lefèvre (Marcel), de Lambersart, à Saint-Michel, Charente.
Lefèvre (Édouard), de Wallers, à Lamontgie, Puy-de-Dôme.
Lefèvre (Lucien), de Lille, à Billom, Puy-de-Dôme.
Lefer (Pauline), de ..., à Champdivers, Jura.
Lefebvre (Mme), de Wignehies, à Bris-sous-Forges, Seine-et-Oise.
Lefebvre (Louise) et enf., d'Avesnes, à Corbeil, Seine-et-Oise.
Lefebvre (Octave), de Leers, à Marnes-la-Coquette, Seine-et-Oise.
Lefort (Marcel), de Lille, à Saint-Jodard, Loire.
Lefebvre (Jean-Baptiste), de Templeuve, à Saint-Jodard, Loire.
Lefebvre (Louis), de Lille, à Saint-Etienne, Loire.
Lefay (Léon), de Tourcoing, à Saint-Michel, Charente.
Lefrançois (Eugène), de Douai, à Givry-la-Forêt, Seine-et-Oise.
Lefèvre (François), de Valenciennes, à Versailles, Seine-et-Oise.
Letebvre (Henri), de Bauvin, à Laroque-d'Olmes, Ariège.
Lefist (Jean-Baptiste) et fam., de Stenwerck, à Isle, Haute-Vienne.
Lefour (Fernand), de Lille, à Ladignac, Haute-Vienne.
Lefebvre (Henri), de Marcq-en-Barœul, à ..., Haute-Vienne.
Lefèvre (Arthur), de la Madeleine, à Chaptelat, Haute-Vienne.
Lefebvre (Pierre) et fam., de Roubaix, à Châlus, Haute-Vienne.
Lefebvre (Léon) et fam., de Lomme, à Peyrilhac, Haute-Vienne.
Lefeuvre (Augustine), de Radinghem, à Montfaucon, Haute-Loire.
Lefebvre (Charles), de Lille, à Riotord, Haute-Loire.
Lefèvre (Louis), de Lille, à Asnières, Seine.
Lefèvre (Marie) et fam., d'Aniche, à Saint-Quay-Portrieux, Côtes-du-Nord.
Lefebvre (Hector), de Croix, à Bords, Charente-Inférieure.
Lefebre (Augustin) et fam., d'Annœullin, à La Jarrie, Charente-Inférieure.
Legrand (Charles) et fam., de Ronchin, à Saint-Jodard, Loire.
Legrand (Marie-Louise), de Flers-Lille, à Brunoy, Seine-et-Oise.
Legrand (Fernand), d'Hellemmes, à Saint-Michel, Charente.
Legrand (Arthur), de Rœulx, à Monilhery, Seine-et-Oise.
Legrand (Augustin), de Fretin, à Saint-Vincent-de-Paul, Landes.
Legrouse (Michel), de Lille, à Oradour-s-Glane, Haute-Vienne.
Legros (Marcel), de Lambersart, à Pierre-Buffière, Haute-Vienne.
Legrand (Paul), de ..., à la Roche-l'Abeille, Haute-Vienne.
Leglay (Arthur), de Tourcoing, au Chalard, Haute-Vienne.
Legras (Alphonse), de Lille, à Iliers, Eure-et-Loir.
Legley (Edmond), de Tourcoing, à Tence, Haute-Loire.
Legrand (Rosa), d'Avesnes-lez-Aubert, à Roissy-en-France, Seine-et-Oise.
Legrand (Clémentine), d'Avesnes-lez-Aubert, à Roissy-en-France, S.-et-Oise.
Lehut (Louis), de Waziers, à Versailles, Seine-et-Oise.
Lehairy (Fernand), de Péruelhes, à Limendous, Basses-Pyrénées.
Leignel (Hélène), de Frélinghien, à Montfaucon, Haute-Loire.
Leignel (Georges) et fam., de Lille, à Châlus, Haute-Vienne.
Lejeune (Maurice), d'Hellemmes, à Saint-Etienne, Loire.
Lejeune (Alexandre) et fam., de ..., à Cussac, Haute-Vienne.
Lejeune (Jules), de Wignehies, à Cézy, Yonne.
Lelièvre (Joseph) et fam., d'Armentières, à St-Didier-la-Séauve, Hte-Loire.
Lelong (Alfred), d'Erquinghem-Lys, à Sainte-Sigolène, Haute-Loire.
Lelong (François et Maurice), de St-Amand-l-Eaux, à Villiers-le-Bel, S.-et-O.
Lelièvre (Louis), d'Haubourdin, à St-Jean-des-Ollières, Puy-de-Dôme.
Lemoine (Gaston), de Saint-Python, à La Ricamarie, Loire.
Lempina (Sidonie), d'Hasnon, à Bergonne, Puy-de-Dôme.
Lemahien (Maria), de Lille, à Billom, Puy-de-Dôme.
Lemaire (Zénaïs), de Gognies-Chaussées, à Dourdan, Seine-et-Oise.
Lemaire (Paul), de Lille, à Saint-Jodard, Loire.
Lemaire (Elmire) et enf., de Douai, à Ecquevilly, Seine-et-Oise.
Lemesle (Louis), de Lille, à Barbezieux, Charente.
Lemaz (Albert), de Tourcoing, à Saint-Michel, Charente.
Lenne (Marguerite), de Waziers, à Ris-Orangis, Seine-et-Oise.
Lenne (Cécile), de Valenciennes, à Saint-Cloud, Seine-et-Oise.
Lemahieu (Laure), de Carnières, à Versailles, Seine-et-Oise.
Lemaire (Lucienne), de Beaurain, à Beaulieu, Nièvre.
Leman (Lucien), de Tourcoing, à Couzeix, Haute-Vienne.

Leman (Fernand), de Tourcoing, à Couzeix, Haute-Vienne.
Lemblain (Louis), de Lille, à Salles-Lavauguyon, Haute-Vienne.
Lemaire (Gustave) et fam., de . . ., à Linards, Haute-Vienne.
Lemoine (Jules), de . . ., à Rancon, Haute-Vienne.
Lemaire (Constant), de Cihry, à Illiers, Eure-et-Loir.
Lemahieu (Marcel), d'Armentières, à Montfaucon, Haute-Loire.
Lemaire (Julien), de Fives-Lille, à Montfaucon, Haute-Loire.
Lemaire (Ferdinand) et enf., de Nieppe, à Sainte-Sigolène, Haute-Loire.
Lemaire (Henri) et fam., de Lourches, à Montceau-les-Mines, Saône-et-L.
Lemaire (Denise), d'Ennetières, à Aumagne, Charente-Inférieure.
Lemaire (Ignace), de Seclin, à Matha, Charente-Inférieure.
Lemaire (Marie), de Fourmies, à Lannion, Côtes-du-Nord.
Lemaire (Marthe), de Fourmies, à Lannion, Côtes-du-Nord.
Lenoir (Gustave), de Malincourt, à Gatey, Jura.
Lengrand (Oscar) et fam., de Quiévy, à Corbeil, Seine-et-Oise.
Lenancher (Antonin), de Dunkerque, à Beaune, Haute-Vienne.
Lenancker (Antonin) et fam., de Lille, à Châlus, Haute-Vienne.
Lenne (Marie), de Vendegies-sur-Escaillon, à Maintenon, Eure-et-Loir.
Lennd (Joseph), de Vendegies-sur-Escaillon, à Maintenon, Eure-et-Loir.
Léonie (Mme), de La Bassée, à Villeneuve-Lembron, Puy-de-Dôme.
Lepagnot (Sophie) et fam., d'Avion, à Gignat, Puy-de-Dôme.
Leprette (Henri), d'Avesnes-lez-Aubert, à Morigny-Champigny, Seine-et-O.
Leporq (Alphonsine), d'Anor, à Morigny-Champigny, Seine-et-Oise.
Lephuyre (Julien), de Wattrelos, à Saint-Michel, Charente.
Lepez (Désiré) et fam., de Lille, à Champsac, Haute-Vienne.
Lepers (Hermont), de Nœuville, à Tence, Haute-Loire.
Lepers (Arthur) et fam., de Lille, à Tence, Haute-Loire.
Lepers (Hermant), de Wattrelos, à Aumagne, Charente-Inférieure.
Leprette (Aurore), d'Avesnes-lez-Aubert, à Lannion, Côtes-du-Nord.
Lequeux (Henri), de Beuvrages, à Saint-Jodard, Loire.
Lequim (Georges), de Lille, à Darnac, Haute-Vienne.
Lequeutre (Marie), d'Armentières, à Saint-Amant-Tallende, Puy-de-Dôme.
Lerat (Marie) et fam., de Valenciennes, à Montgeron, Seine-et-Oise.
Leriche (Augustine) et enf., de Rumilly, à Achères, Seine-et-Oise.
Leriche (Julien), de Lille, à Saint-Jean-des-Ollières, Puy-de-Dôme.
Larillieux (Alice) et fam., de Lille, à Saint-Quay-Portrieux, Côtes-du-Nord.
Lermuzeaux (Charles) et fam., de Wignehies, à Limours, Seine-et-Oise.
Lermond (Alphonse) et enf., de Valenciennes, à Versailles, Seine-et-Oise.
Lernout (Cyrille), de Lille, à Labastide-Saint-Pierre, Tarn-et-Garonne.
Lernoux (Paul) et fam., d'Ennetières-en-Weppes, à Mesvres, Saône-et-Loire.
Lerouge (Emile), de Wattrelos, à Dax, Landes.
Lerouge (Henri) et fam., de . . ., à Peyrilhac, Haute-Vienne.
Lerouge (Héléna) et fam., d'Ennetières-en-Weppes, à Mesvres, Saône-et-L.
Leroux (Alcide) et fam., de Lille, à Pérignat-ès-Allier, Puy-de-Dôme.
Leroy (Joseph), de Rœux, à Orcet, Puy-de-Dôme.
Leroy (Hélène) et enf., d'Anzin, à Versailles, Seine-et-Oise.
Leroy (Jean-Baptiste), de Ligny, à Saint-Martin-du-Puits, Nièvre.
Leroy (Pierre), de Nieppe, de Sainte-Sigolène, Haute-Loire.
Leroy (Ernest) et fam., d'Aubiers, à Montceau-les-Mines, Saône-et-Loire.
Leroy (Fidèle), de Lille, à La Jarne, Charente-Inférieure.
Lesaffre (Julien), de Lille, à Pensol, Haute-Vienne.
Lesaffre (Charles), de Loos-lès-Lille, à Manglieu, Puy-de-Dôme.
Lesaffre (Léonie) et fille, d'Ennetières-en-Weppes, à Chambon-de-Tence, H.
Lesaffre (Ferdinand), de Roubaix, à Niort, Deux-Sèvres.
Lesaffre (Moïse), de Wambrechies, à Chizé, Deux-Sèvres.
Lesage (Edouard) et fam., d'Ennetières-en-Weppes, à Manglieu, Puy-de-D.
Lesage (Sylvain), de Raismes, à Saint-Jodard, Loire.
Lesage (Alexandre) et fam., de Beauvois, à Saintes, Charente-Inférieure.
Lescot (Georges), de Lambersart, à Cognac, Haute-Vienne.
Lescutte (Désiré), d'Hellemmes-Lille, à Peyrilhac, Haute-Vienne.
Lesne (Joseph), de Somain, à Saint-Auvent, Haute-Vienne.
Lésur (Aline), d'Orchies, à Illiers, Eure-et-Loir.
Lestienne (Augustin) et fam., de Stenoverck, à Isle, Haute-Vienne.
Letoquart (Guislain), de Cambrai, à Corbeil, Seine-et-Oise.
Leterce (Emile), de Bois, à Deschaux, Jura.
Letien (Louis), de Fresnes, à Montauban, Tarn-et-Garonne.
Leturck (Félicien), de Lezennes, à La Geneytoux, Haute-Vienne.
Lenglart (Ferdinand), de Loos, à Glandon, Haute-Vienne.
Levasseur (Armand), d'Anzin, à Saint-Jodard, Loire.
Leveau (Paul), d'Esquerchin, à Chaptelat, Haute-Vienne.
Leveugle (Arthur), de Roubaix, à Rive-de-Gier, Loire.
Lévêque (Jean-Marie), de Lille, à Saint-Auvent, Haute-Vienne.
Lévêque (Gaston), d'Armentières, à Saint-Pal-de-Mur, Haute-Loire.
Leys (Achille), d'Armentières, à Sainte-Sigolène, Haute-Loire.
Lhernould (Jules) et enf., de Lesquin, à Séreilhac, Haute-Vienne.
Lheureux (Louis), d'Annœullin, à La Jarrie, Charente-Inférieure.
Lheureux (Léon), d'Aisne-la-Bassée, à Bort, Puy-de-Dôme.
Lheureux (Charles), de Fives, à Saint-Michel, Charente.
Liagre (Victor), d'Armentières, à Saint-Jodard, Loire.
Liagré (Robert), de Lille, à Châlus, Haute-Vienne.
Libéral (Charles), de . . ., à Cieux, à Haute-Vienne.

Libbrecht (Barbe), d'Houplines, à Saint-Amant-Tallende, Puy-de-Dôme.
Libbrecht (Charles), de Nieppe, à Sainte-Sigolène, Haute-Loire.
Lietvaet (Ile) et fam., de Chapelle-d'Armentières, à Chaillac-Saillat, H.-V.
Liénard (Yvonne), d'Haumont, à Ostandeuil, Puy-de-Dôme.
Liégeois (Emma), de Maubeuge, à Sannois, Seine-et-Oise.
Liétard (Louis) et fam., de Saint-Saulve, à Essonnes, Seine-et-Oise.
Liébar (Joseph), de Lille, à Champagnac, Haute-Vienne.
Liétaer (Gaston), de . . ., à Cussac, Haute-Vienne.
Liénard (Désiré), de . . ., à Flavignac, Haute-Vienne.
Liénard (Georges), de . . ., à Cussac, Haute-Vienne.
Liétard (Jean-Baptiste), de Tourcoing, à Le Chalard, Haute-Vienne.
Lizier (Alphonse), de . . ., à Veyrac, Haute-Vienne.
Locquet (Robert), de Tourcoing, à Glandon, Haute-Vienne.
Lohier (Marcel), de Seclin, à Tavaux, Jura.
Loiseleux (Joseph), de Lille, à Andilly, Seine-et-Oise.
Lombard (Alphonse), d'Armentières, à Tavaux, Jura.
Lomond (Jules) et enf., de Jeumont, à Saint-Gratien, Seine-et-Oise.
Lombard (Gaston), de Lille, à Riotord, Haute-Loire.
Lombart (Léon) et enf., de Lille, à Limoges, Haute-Vienne.
Longuépée (Marguerite), de Gaudry, à St-Quay-Portrieux, Côtes-du-Nord.
Longueville (Lucien), d'Herbémont, à Septfonds, Tarn-et-Garonne.
Lonche (Auguste) et fam., de Wattrelos, à Champsac, Haute-Vienne.
Longy (Jules), de Lille, à Anzat-sur-Allier, Puy-de-Dôme.
Loosfeld (Achille) et fam., de Roubaix, à Saint-Michel, Charente.
Loraine (Gustave) et fam., d'Armentières, à St-Romain-Lachalm, Hte-V.
Loridan (Jean-Baptiste), de Lille, à Azat-le-Riz, Haute-Vienne.
Loridon (Jean), de Loost-lès-Lille, à Manglieu, Puy-de-Dôme.
Lorquin (Auguste), de Lille, à Saint-Jodard, Loire.
Lortieux (Emile), de Caudry, à Villiers-le-Bel, Seine-et-Oise.
Lorthior (Jean-Baptiste), de Croix, à Pierrelaye, Seine-et-Oise.
Lomond (Marie), de Jeumont, à Saint-Gratien, Seine-et-Oise.
Louvrier (Jeanne) et fam., de Maubeuge, à Septfonds, Tarn-et-Garonne.
Loueux (Jules), de Verviers, à Pompignan, Tarn-et-Garonne.
Louys (Maurice) et fam., de Quesnoy-sur-Deule, à Limoges, Haute-Vienne.
Lourme (Georges), de Lille, à Aureil, Haute-Vienne.
Lorrage (Henri) et enf., de Stenwerck, à Isles, Haute-Vienne.
Louis (Madeleine), de Boulogne, à Niort, Deux-Sèvres.
Louvion (Jean-Baptiste) et fam., de Rieux, à Avignon, Vaucluse.
Loutre (Louis), de Beuvrages, à Montlhéry, Seine-et-Oise.
Loye (Alfred), de . . ., à Peyrilhac, Haute-Vienne.
Loye (Alfred), d'Erquinghem-Lys, à Peyrilhac, Haute-Vienne.
Luchart (Célinie) et fam., d'Armentières, à Saint-Jodard, Loire.
Luciez (Maurice), d'Onnaing, à Saint-Nicolas, Haute-Vienne.
Lugnel (Isidore), d'Armentières, à Montfaucon, Haute-Loire.
Lunion (Emile), de Lille, à Bonnac, Haute-Vienne.
Lunion (Emile), de Verlinghem, à Bonnac, Haute-Vienne.
Lustremeur (René), de Lille, à Saint-Michel, Charente.
Lutun (Daniel), de Lille, à Rochechouart, Haute-Vienne.
Lutun (Alfred), de Lille, à Rochechouart, Haute-Vienne.
Lyoen (Henri), de . . ., à Saint-Hilaire-la-Treille, Haute-Vienne.
Mácogne (Louis), de Maretz, à Illiers, Eure-et-Loir.
Maerischell (Georges de), d'Haubourdin, à Gorent, Puy-de-Dôme.
Maes (Gustave), de Lille, à Saint-Romain-Lachalm, Haute-Loire.
Maertens (Charles), de Nevelles, à Poyrat-le-Château, Haute-Vienne.
Maes (Arthur) et fam., de Lille, à Chaptelat, Haute-Vienne.
Maertelaert (Emile), de Canteleu-Lille, à Saint-Jodard, Loire.
Maertens (Charles), de Roubaix, à Saint-Jodard, Loire.
Magniez (Lucien), d'Armentières, à Saint-Didier-la-Séauve, Haute-Loire.
Magrez (Louis), de Vendcin-le-Viel, à Flaviguac, Haute-Vienne.
Magy (Louis) et fam., de Solre-de-Château, à Corlay, Côtes-du-Nord.
Magin (Aimée) et fam., de Signy-l'Abbaye, à Saint-Jodard, Loire.
Mahieu (Norbert), de Lille, à Matha, Charente-Inférieure.
Mairesse (Ovide), d'Avesnes, à Lannion, Côtes-du-Nord.
Maille (Edouard), de Lourches, à Ladignac, Haute-Vienne.
Maigret (Edouard), de Roubaix, à Aureil, Haute-Vienne.
Maillard (Julia), de Valenciennes, à Bessancourt, Seine-et-Oise.
Malengé (Alphonse), de Dechy, à Montlhéry, Seine-et-Oise.
Malaquin (Maurice), de Denain, à Authezat, Puy-de-Dôme.
Malonne (Octave), de Saint-Amand-les-Eaux, à Verneuil, Haute-Vienne.
Malo (Charles), de Lille, à Oradour-sur-Glane, Haute-Vienne.
Malfait (Henri), de Tourcoing, à Chartres, Eure-et-Loir.
Mallard (Louis), de Lille, à Montceau-les-Mines, Saône-et-Loire.
Manouvrier (Elie), de Saint-Amand, à Beignat, Puy-de-Dôme.
Mannecy (Pierre), de Lille, à Annoire, Jura.
Mange (Marie), de Neuvilly, à Montgeron, Seine-et-Oise.
Manier (Henri) et fam., de Fleurbaye, à Sainte-Sigolène, Haute-Loire.
Maningue (Elie), de Lille, à Ladignac, Haute-Vienne.
Martin (Jeanne), d'Ennetières-en-Weppes, à Chambon-de-Tence, H.-Loire.
Martougin (André), d'Armentières, à Saint-Pal-de-Mons, Haute-Loire.
Martinie (François) et fam., de Bois-Grenier, à Montfaucon, Saône-et-Loire.
Martin (Alexis), d'Ennetières-en-Weppes, à Chambon-de-Tence, H.-Loire.

Margat (Jules) et fam., d'Armentières, à Saint-Didier-la-Séauve, H. Loire.
Marquillée (Marie) et fam., de Bois-Grenier, à Chambon-de-Tence, H.-L.
Marescaute (Louis), de Nieppe, à Sainte-Sigolène, Haute-Loire.
Marquail (Elise), de Beaumont, à Nantes, Loire-Inférieure.
Maréchal (François), d'Haybes, à Nantes, Loire-Inférieure.
Mariez (Yvonne), de Felleries, à Lannion, Côtes-du-Nord.
Marheim (Gérard) et fam., d'Hellemmes-Lille, à Pérignat-ès-All., Puy-de-D.
Marcel (Louis), de Marcq-en-Barœul, à Reignat, Puy-de-Dôme.
Marcq (Henri), de Landes, à Orcet, Puy-de-Dôme.
Marquay (Auguste), de Saint-Aubert, à Boissy-Saint-Léger, Seine-et-Oise.
Marquay (Rémy), de Saint-Aubert, à Boissy-Saint-Léger, Seine-et-Oise.
Maroze (Auguste), Avesnes-lez-Aubert, à Morigny-Champigny, S.-et-Oise.
Maréchal (Marie) et enf., de Gognies-Chaussée, à Corgy, Seine-et-Oise.
Marchant (Paul), de Sains-du-Nord, à Morigny-Champigny, Seine-et-Oise.
Maréchal (Mathilde), de Wegnehies, à Saint-Étienne, Loire.
Martin (Marie), d'Anor, à Saint-Jodard, Loire.
Marchand (Alexandre) et fam., d'Avesnes, à Plessis-Bouchard, S.-et-Oise.
Marchand (Léon) et fam., de Villers-Outréaux, à Arzembourg, Nièvre.
Martinie (Alfred), d'Armentières, à Beaune, Haute-Vienne.
Marquellier (Marcelin), de Roubaix, à Rancon, Haute-Vienne.
Marquant (Jules), de Lille, à Saint-Paul-d'Eyjeaux, Haute-Vienne.
Marlier (Ernest) et fam., de Lille, à Saint-Amand-le-Petit, Haute-Vienne.
Marécaux (Alphonse), de Tourcoing, à Blond, Haute-Vienne.
Marissal (Louis) et fam., de...., à Flavignac, Haute-Vienne.
Marcq (Alfred) et fam., de Lille, à Javerdat, Haute-Vienne.
Marcout (Emile), de Denain, à Saint-Auvent, Haute-Vienne.
Marchand (Pierre), de...., à Cussac, Haute-Vienne.
Maseraz (Mérille), d'Orchies, à Chambon, Haute-Loire.
Masure (Thérèse), d'Illies-la-Bassée, à Poil, Nièvre.
Masurelle (Emile), de Lille, à Saint-Étienne, Loire.
Masselus (Alice), de Roubaix, à Billom, Puy-de-Dôme.
Mathias (Jules), de Maubeuge, à Versailles, Seine-et-Oise.
Mathon (Gustave), de Croisette, à Versailles, Seine-et-Oise.
Mathieu (Hyacinthe) et fam., de Beaurain, à Beaulieu, Nièvre.
Mathieu (Alfred) et enf., d'Armentières, à Champsac, Haute-Vienne.
Mathon (Clovis), de La Madeleine-lez-Lille, à Illiers, Eure-et-Loir.
Mathard (Paul), de Montigny-en-Gohelle, à Saint-Étienne, Loire.
Maucurier (Aglaé), de Trélon, à Dreux, Eure-et-Loir.
Maureau (Louis), de Noyelle-sur-Selle, à Saint-Jodard, Loire.
Mayeux (Louis), de Lourche, à Layit, Tarn-et-Garonne.
Mazinghien (Gabriel) et fam., de Lille, à Saint-Auvent, Haute-Vienne.
Mayer (Jacob), de...., à Veyrac, Haute-Vienne.
Meerbergen (Paul), de Wambrechies, à Saint-Priest, Haute-Vienne.
Méhuys (Louis), de...., à Saint-Léger-Magnazeix, Haute-Vienne.
Méganck (Marcelle) et fam., d'Hautmont, à Mainvilliers, Eure-et-Loir.
Menn (Louis) et enf., de Glageon, à Essonnes, Seine-et-Oise.
Mercy (Albert), d'Halluin, à Billom, Puy-de-Dôme.
Merville (Jean-Baptiste), de Masteing, à La Ricamarie, Loire.
Merchet (Victor), d'Escaupont, à Roucy, Nièvre.
Mercier (Amédée), de Lille, à Nieux, Haute-Vienne.
Mercier (Léopold) et fam., de Roubaix, à Pence, Haute-Loire.
Merchez (Irma), d'Avesnes-sur-Helpe, à Chartres, Eure-et-Loir.
Mercaille (Emérite) et fam., d'Avesnes-les-Aubert, à Lannion, Côtes-du-N.
Merlevede (Auguste), de Marcq-en-Barœul, à Matha, Charente-Inférieure.
Mesurelle (Emile) et fam., d'Armentières, à St-Didier-la-Séauve, H.-Loire.
Mesure (Emile), d'Armentières, à Saint-Romain-Lachalm, Haute-Loire.
Messings (Simon), de Lille, à Oradour-sur-Glane, Haute-Vienne.
Métra (Eugène), d'Armentières, à Saint-Didier-la-Séauve, Haute-Loire.
Meurice (Marcel) et fam., d'Armentières, à Saint-Amand, Puy-de-Dôme.
Meurant (Lucia) et fam., de Foignies, à Saint-Gratien, Seine-et-Oise.
Meunier (Marie) et fam., de Maubeuge, à Loupiac, Tarn.
Meurisse (Joseph), de...., à Veyrac, Haute-Vienne.
Meurice (Lucien) et enf., de Faches-Thumesnil, à Condat, Haute-Vienne.
Meunier (Henri), de Lille, à Azat-le-Riz, Haute-Vienne.
Meunier (Louis) et fam., d'Armentières, à St-Didier-la-Séauve, H.-Loire.
Meyer (Eugène), de Cambrai, à Longwy, Jura.
Michel (Charles), de Saint-Amand-les-Eaux, à Cussac, Haute-Vienne.
Midoz (Jules), de...., à Flavignac, Haute-Vienne.
Mignot (Jules), de Lille, à Auzat-sur-Allier, Puy-de-Dôme.
Milleville (Albert), de Sainghin-en-Weppes, à Mirepoix, Ariège.
Millescamps (Jules), de Houplines, à Saint-Cyr-l'École, Seine-et-Oise.
Mille (Georges) et enf., de Wambrechies, à Autun, Saône-et-Loire.
Mille (Vincent), de Saint-André, à Saint-Étienne, Loire.
Minot (Marie), de Maubeuge, à Orléans, Loiret.
Minié (Léon), Rumilly, à Achères, Seine-et-Oise.
Minne (Henri), d'Armentières, à Saint-Jodard, Loire.
Minault (Aline), de Quiévy, à Longvilliers, Seine-et-Oise.
Minault (Célina) et enf., de Quiévy, à Longvilliers, Seine-et-Oise.
Moniez (Georges), d'Avesnes-lez-Aubert, à Morigny-Champigny, Seine-et-O.
Minart (Albert), de Fives-Lille, à Rive-de-Gier, Loire.
Mirault (Georges) et fam., de Rumilly, à Achères, Seine-et-Oise.

Missiaen (Léon), de...., à Cussac, Haute-Vienne.
Mochez (Jules), de Lille, à Chaptelat, Haute-Vienne.
Mogue (Henri), de...., à La Ricamarie, Loire.
Mocretti (Monot), de Moretz, à Migennes, Yonne.
Moity (François), de Bévillers, à Illiers, Eure-et-Loir.
Mollet (Joseph) et fam., de Rumilly, à Achères, Seine-et-Oise.
Montury (Léonard), de Landes, à Orcet, Puy-de-Dôme.
Monvoisin (Lucien) et fam., de Fourmies, à Gevrolles, Côte-d'Or.
Monier (Jules), de Lille, à Saint-Jodard, Loire.
Monate (Simon) et fam., de Lille, à Viry-Châtillon, Seine-et-Oise.
Monmousseau (Céline), de Maubeuge, à Niort, Deux-Sèvres.
Monté (Alphonse) et fam., de Fives-Lille, à Champsac, Haute-Vienne.
Monnier (Alexandre), de Roubaix, à Illiers, Eure-et-Loir.
Monchicourt (Cordule), de Fourmies, à Lannion, Côtes-du-Nord.
Moreau (Alexandre), de St-Amand-les-Eaux, à Saint-Étienne, Loire.
Morel (Henri) et fam., de Beaucainct, à Mauglien, Puy-de-Dôme.
Moret (Alexandre), de Lille, à La Vieille-Loye, Jura.
Morelle (Emile), de Saumain, à Morainvilliers, Seine-et-Oise.
Morelle (Charlemagne) et enf., de Saumain, à Morainvilliers, Seine-et-Oise.
Morecuw (Emile), de Fives-Lille, à Draveil, Seine-et-Oise.
Morel (Léonard), d'Armentières, à Barbezieux, Charente.
Morant (Théophile), de Lille, à Saint-Michel, Charente.
Moreau (Virginie), d'Aumont, à Bouville, Seine-et-Oise.
Moreau (Lucie), de Rumilly, à Sannois, Seine-et-Oise.
Morage (Oscar) et fam., d'Aumont, à Bouville, Seine-et-Oise.
Morez (Evrard), de Seclin, à Montauban, Tarn-et-Garonne.
Mortreux (Joachim), de Bouchin, à Gourge, Deux-Sèvres.
Mortreux (Albert), de Lille, à Soligaux, Haute-Vienne.
Morel (Auguste) et fam., de Lille, à Glandoy, Haute-Vienne.
Morelle (Anatole), de Lille, à Pensol, Haute-Vienne.
Morlighem (Henri), de Tourcoing, à Saint-Léonard, Haute-Vienne.
Moreau (Jean), de Lille, à Riotord, Haute-Loire.
Moritz (Alphonse), d'Armentières, à Montfaucon, Haute-Loire.
Moreau (Célestine) et fam., d'Hautmont, à La Loupe, Eure-et-Loir.
Mortier (Jules), de Denain, aux Eglises-d'Argenteuil, Charente-Inférieure.
Moite (Paul), de Flers, à Marnes-la-Coquette, Seine-et-Oise.
Moulard (Désiré), d'Hellemmes, à Cérent, Puy-de-Dôme.
Moulin (Antoine), de...., à Aspais, Jura.
Mouray (Marcel), de Canteleu, à Marnes-la-Coquette, Seine-et-Oise.
Mouleron (Alfred), de La Madeleine-lez-Lille, à Saint-Jodard, Loire.
Mouret (Désiré), de Cartignies, à Houdan, Seine-et-Oise.
Mousère (Emile), de Lille, à Barbezieux, Charente.
Mouton (Alfred) et enf., de Lille, à Rochechouart, Haute-Vienne.
Moostier (Angèle de) et enf., de Sous-lez-bois-Maubeuge, à Lisle, Tarn.
Mourait (Henri) et fam., de Péruschies, à Saint-Jouvent, Haute-Vienne.
Moulin (Paul), de Valenciennes, à Tigy, Loiret.
Mulliez (Henri), de Roubaix, à Bords, Charente-Inférieure.
Mundiwilde (Emile) et enf., de Lille, à Nord, Haute-Vienne.
Murnaer (Victor), d'Armentières, à Sainte-Sigolène, Haute-Loire.
Musy (Fernand), d'Armentières, à Saint-Didier-la-Séauve, Haute-Loire.
Musy (Fernand), de Raismes, à Rive-de-Gier, Loire.
Muylle (Arthur), de Mouveaux, à Bords, Charente-Inférieure.
Mylle (Joseph), de Lille, Saint-Laurent-sur-Gorre, Haute-Vienne.
Muchez (Marie) et enf., de Maubeuge, à Tavaux, Jura.
Nadaud (Eugénie), de Cambrai, à Saint-Quay, Côtes-du-Nord.
Naessens (Jean Baptiste) et enf., de Lille, à Châlus, Haute-Vienne.
Nameaux (Jules), de Jeumont, à Perros-Guirec, Côtes-du-Nord.
Nameaux (Angélique), de Jeumont, à Perros-Guirec, Côtes-du-Nord.
Namur (Charles), de Ferrière-la-Grande, à Dreux, Eure-et-Loir.
Namur (Joseph), de Wattrelos, à Rive-de-Gier, Loire.
Néquille (Germaine), de Douai, à Brenot, Puy-de-Dôme.
Néresse (Marie) et enf., d'Avesnes-lez-Aubert, à Roissy-en-France, S.-et-O.
Neufcourt (Louise), de Fourmies, à Lannion, Côtes-du-Nord.
Neuville (Léonce), de Leers, à Saint-Auvent, Haute-Vienne.
Neyens (Gaston), de Lille, à Glandon, Haute-Vienne.
Nienport (Marceau), de Lille, à Chaptelat, Haute-Vienne.
Nicourt (Eugène), de Roubaix, à Ladignac, Haute-Vienne.
Niroux (Hélène), de Jeumont, à Perros-Guirec, Côtes-du-Nord.
Nissé (Etienne), de Lys-lès-Lannoy, à Cervon, Nièvre.
Noblécourt (Joseph) et son épouse, de Rumilly, à Achères, Seine-et-Oise.
Nojret (Henri), de La Madeleine, à Chaptelat, Haute-Vienne.
Nullet (Charles), de Lille, à Corbeil, Seine-et-Oise.
Nolf (Léon), de Hellemmes-Lille, à Authezat, Puy-de-Dôme.
Nolf (Pietre), de Hellemmes-Lille, à Authezat, Puy-de-Dôme.
Nolf (Adolphe) et fam., de Tourcoing, à Châlus, Haute-Vienne.
Nolf (Paul), de...., à Eyjeaux, Haute-Vienne.
Normand (Louise), de La Madeleine, à Saint-Gratien, Seine-et-Oise.
Normand (Marcel), de Walincourt, à Saint-Étienne, Loire.
Noulez (J.-B.) et épouse, d'Armentières, à St-Didier-la-Séauve, Haute-Loire.
Noulez (Jean-Baptiste), de Lille, à Saint-Étienne, Loire.
Nonon (Joseph), de Thumesnil, à La Meilleraye, Loire-Inférieure.

Noyelle (Florent), de Roubaix, à Saint-Sylvestre, Haute-Vienne.
Noyelle (Reymond), d'Armentières, à Saint-Didier-la-Séauve, Haute-Loire.
Nuttens (Pierre), de Lille, à Bures, Seine-et-Oise.
Nuttin (Louis) et fam., de Warneton, à Caussade, Tarn-et-Garonne.
Nuyttens (Joseph), d'Houplines, à Saint-Amant-Tallende, Puy-de-Dôme.
Nuyttens (Louise), d'Houplines, à Saint-Amant-Tallende, Puy-de-Dôme.
Nuyttens (Léon), de Tourcoing, à Chaillac, Haute-Vienne.
Obin (Charles), de Lille, à Chambon-de-Tence, Haute-Loire.
Ocdoux (Lucien), de Lille, à Montauban, Tarn-et-Garonne.
Ochin (Charles), de Lille, à Boisseuil, Haute-Vienne.
Odoux (Albert), de Roubaix, à Bujaleuf, Haute-Vienne.
Olivier (Désiré), de Wambrechies, à Gâtey, Jura.
Olivier (Gustave), de Tourcoing, à Chatou, Seine-et-Oise.
Olivier (Victor), d'Armentières, à Saint-Didier-la-Séauve, Haute-Loire.
Olivier (Alphonse), de Lille, à Glandon, Haute-Vienne.
Olivier (Louis), de Wasquehal, à Montsauche, Nièvre.
Ombrouck (Frédéric), de Lille, à Châlus, Haute-Vienne.
Orgaert (Adolphe), de Roubaix, au Vigen, Haute-Vienne.
Oudart (Georges), d'Hem, au Vigen, Haute-Vienne.
Orvas (Edouard) et fam., d'Ennetières, à La Brousse, Charente-Inférieure.
Osson (Jean), de Croix, à Flavignac, Haute-Vienne.
Ottelar (Louis), de Lille, à Saint-Paul-d'Eyjeaux, Haute-Vienne.
Oudart (Georges), d'Hem, au Vigen, Haute-Vienne.
Oudart (Jules), d'Armentières, à Sainte-Sigolène, Haute-Loire.
Ovelacq (Désiré), de Lille, à Barbezieux, Charente.
Paco (Emile), de Tourcoing, à Riotord, Haute-Loire.
Pallet (Fernand), de Lille, à Saint-Rogatien, Charente-Inférieure.
Palamed (Marcel), de Seclin, à Ladignac, Haute-Vienne.
Pamiels (Pierre), de Nieppe, à Sainte-Sigolène, Haute-Loire.
Paquet (Léandre), de ..., à Cieux, Haute-Vienne.
Parée (Germaine), de Maubeuge, à Larroque, Tarn.
Parent (Jules), de Lille, à Oradour-Saint-Genest, Haute-Vienne.
Parent (Marcel), de Lille, à Oradour-Saint-Genest, Haute-Vienne.
Parent (Mme), d'Etrœungt, à Arnouville-lès-Gonesse, Seine-et-Oise.
Parsy (Louis), de ..., à Thouron, Haute-Vienne.
Paris (Jules) et enf., de Tourcoing, à Eyjeaux, Haute-Vienne.
Paradis (Alcide), d'Honnecourt, à Gâtey, Jura.
Paradis (Georges), d'Honnecourt, à Gâtey, Jura.
Parsy (Léon) et fam., de Gognies-Chaussée, à Dourdan, Seine-et-Oise.
Parizet (Henri), de Roubaix, à Saint-Michel, Charente.
Parmentier (Marie) et enf., de Lille, à Juvisy-sur-Orge, Seine-et-Oise.
Parmentier (Henri), d'Arleux, à Ecouen, Seine-et-Oise.
Pasbecq (Désiré), de Lille, à Saint-Jouvent, Haute-Vienne.
Patte (Elisée), de Maretz, à Saint-Auvent, Haute-Vienne.
Pau (Gustave) et fam., de Steenwerck, à Montfaucon, Haute-Loire.
Pau (Charles), de Lille, à Beaune, Haute-Vienne.
Paulraiche (Raymond), de Lille, à Pensol, Haute-Vienne.
Paun (Armand de), de Lille, à Saint-Etienne, Loire.
Pavot (Joseph), de Fourmies, à Orléans, Loiret.
Pavot (Bertha), de Fourmies, à Orléans, Loiret.
Pecqueur (Emile), de Lille, à Saint-Hippolyte, Charente-Inférieure.
Pêcher (Joseph), d'Illy, à Illiers, Eure-et-Loir.
Pecqueur (Jules), de Lille, Montfaucon, Haute-Loire.
Pécheu (Roger), de La Madeleine-lès-Lille, à Chatissin, Jura.
Pelerin (Jean), d'Armentières, à Saint-Didier-la-Séauve, Haute-Loire.
Pelcener (Albert), de Loos, à Vayres, Haute-Vienne.
Peninger (Alphonse), de Lille, à Châlus, Haute-Vienne.
Pennequin (Adolphe), de Lille, à Peyrilhac, Haute-Vienne.
Penel (Charles), d'Armentières, à Saint-Didier-la-Séauve, Haute-Loire.
Perrain (Gaston) et enf., de ..., à Champdivers, Jura.
Pernes (Jules), de Lille, à Montmorin, Puy-de-Dôme.
Perykel (Charles), de Lille, à Saint-Léger-Magnazeix, Haute-Vienne.
Permane (Gabriel), d'Armentières, à Ladignac, Haute-Vienne.
Perche (Louis), de Boisgrenier, à Champagnac, Haute-Vienne.
Perre (Edmond), de Lille, à Arnac-la-Porte, Haute-Vienne.
Perrin (Henri), de Lille, à Caussade, Tarn-et-Garonne.
Pesez (Gustave) et fam., d'Erquinghem-Lys, à St-Amant-Tallende, P.-de-Dôme.
Pesez (François), d'Armentières, à Saint-Didier-la-Séauve, Haute-Loire.
Pesin (Charles), de Lille, à Champagnac, Haute-Vienne.
Petillon (Jules), de Nieppe, à Sainte-Sigolène, Haute-Loire.
Petilion (Georges), de Perenchies, à Ferrières, Charente-Inférieure.
Petit (François), de Lille, à Asnières, Charente.
Petit (Henri), de Villers-Outréau, à Arzembouy, Nièvre.
Petit (Edmond), de Tourcoing, à Azat-le-Riz, Haute-Vienne.
Petit (César) et enf., de Lille, à Saint-Denis-les-Murs, Haute-Vienne.
Petit (César), de Roubaix, à Saint-Etienne, Loire.
Petit (Henri), d'Orchies, à Billom, Puy-de-Dôme.
Pételot (Anna) et enf., de Prisches, à Itteville, Seine-et-Oise.
Peucelle (Hippolyte), d'Armentières, à Oradour-St-Genest, Haute-Vienne.
Philippo (Jules) et fam., d'Armentières, à St-Romain-la-Chalm, Hte-Loire.
Philias (Joseph), de Maubeuge, à Vayres, Haute-Vienne.

Picavet (Camille), d'Armentières, à Saint-Didier-la-Séauve, Haute-Loire.
Picavet (Louis), de Nieppe, à Sainte-Sigolène, Haute-Loire.
Picavet (Auguste) et son épouse, de Saint-Didier-la-Séauve, Haute-Loire.
Pichon (Alexandre) et fam., d'Armentières, à St-Didier-la-Séauve, H.-Loire.
Picque (Etienne), de Saint-Amand, à Issards, Ariège.
Picavet (Auguste), de Roubaix, à Saint-Etienne, Loire.
Pidou (Pierre) et enf., de Somain, à Ris-Orangis, Seine-et-Oise.
Peeris (Marceau), d'Armentières, à Saint-Didier-la-Séauve, Haute-Loire.
Pieters (Léon), de Lille, au Moulin-Neuf, Ariège.
Piette (René) et fam., de Clary, à Meudon, Seine-et-Oise.
Piens (Charles), de Lille, à Saint-Etienne, Loire.
Pillon (Louis) et fam., d'Abscon, à Montceau-les-Mines, Saône-et-Loire.
Pinson (Désirée), de Sains, à Appoigny, Yonne.
Pinart (Louis) et enf., de Lille, à Beynac, Haute-Vienne.
Pinte (Henri), d'Hambourdin, à Saint-Victurnien, Haute-Vienne.
Pinchon (Achille), de Lille, à Champagnac, Haute-Vienne.
Pia (Albert et enf., de Roubaix, à Corbeil, Seine-et-Oise.
Pinson (André), de Sains, à Appoigny, Yonne.
Piot (Georges), de Roubaix, à Rive-de-Gier, Loire.
Piot (Eugène), de Somain, à Ris-Orangis, Seine-et-Oise.
Piolle (Léon), de Loos, au Chalard, Haute-Vienne.
Pipart (Victor), de Lannoy, à Ambazac, Haute-Vienne.
Pipelart (Auguste), de Seclin, à Ladignac, Haute-Vienne.
Piron (Bernard), de ..., à Thouron, Haute-Vienne.
Piron (Emile), de Lille, à Azat-le-Riz, Haute-Vienne.
Pirlet, de Lille, à Pensol, Haute-Vienne.
Place (Henri), d'Armentières, à Montfaucon, Haute-Loire.
Planche (Marie), de Lille, à Illiers, Eure-et-Loir.
Plaisant (Louis), de ..., à Sailles-Lavauguyon, Haute-Vienne.
Plançon (Juliette) et enf., de Landrecies, au Vésinet, Seine-et-Oise.
Planquart (Aristide), de Lille, à Nedde, Haute-Vienne.
Planquart (Paul), de Seclin, à Saint-Denis-les-Murs, Haute-Vienne.
Planque (Eugène) et fam., de Sin-le-Noble, à Bonnac, Haute-Vienne.
Plancot (Antoinette) et fam., de Busigny, à Lannion, Côtes-du-Nord.
Platel (Oscar) et fam., d'Armentières, à St-Didier-la-Séauve, Haute-Loire.
Platel (Arthur), de Marc, à Saint-Hippolyte, Charente-Inférieure.
Plet (Alphonse), de Douai, à Corbeil, Seine-et-Oise.
Plets (Lucienne), d'Armentières, à Saint-Amant-Tallende, Puy-de-Dôme.
Plichon (Jean), de Lille, à Illiers, Eure-et-Loir.
Plutonnière (Pigot), d'Haumont, à Saint-Etienne, Loire.
Pluchard (Marie) et enf., du Cateau, à Ennery, Seine-et-Oise.
Péchet (Edmont), de Fives-Lille, à Tence, Haute-Loire.
Podevin (Gustave), de Saint-Georges, à Billom, Puy-de-Dôme.
Poissonnier (Alexandre), de Seclin, à Eymoutiers, Haute-Vienne.
Poisonnier (Mathilde), d'Erquinghem-sur-la-Lys, à Chambon-du-Nord, Hte-L.
Poissonnier (Auguste), de Seclin, à Matha, Charente-Inférieure.
Poivre (Eugène), de Fontaine, à Saint-Jean-des-Ollières, Puy-de-Dôme.
Poivre (Jules), de Saint-Amand, à Reignat, Puy-de-Dôme.
Poivre (Paul), de Saint-Amand, à Reignat, Puy-de-Dôme.
Pollet (Cyrille), de Roubaix, à Chaptelat, Haute-Vienne.
Polic (Charles), de Loos, à Darnac, Haute-Vienne.
Pomfort (Lucie), de Seclin, à Saint-Quay-Portrieux, Côtes-du-Nord.
Poncelet (Mme) et fam., d'Aibes, à Lamballe, Côtes-du-Nord.
Ponchaux (Victor), de Loos, à Azat-le-Riz, Haute-Vienne.
Ponchaux (Anna), de Landrecies, à Poissy, Seine-et-Oise.
Poquet (Ovide) et fam., de Bertry, à Groslay, Seine-et-Oise.
Porré (Victor), de Lille, à Varen, Tarn-et-Garonne.
Poret (Jules), de Lille, à Saint-Etienne, Loire.
Portier (Louis), de Lille, à Oradour-sur-Glane, Haute-Vienne.
Posier (Blanche), de Denain, à Caussade, Tarn-et-Garonne.
Potel (Alfred), de Somain, aux Trois-Vèvres, Nièvre.
Potiez (Jean-Baptiste), de Cambrai, au Vésinet, Seine-et-Oise.
Potié (Elise) et fam., de Sous-Bois-Maubeuge, à Espérausses, Tarn.
Potié (Emile), de Lille, à Saint-Auvent, Haute-Vienne.
Potié (Marceau), de ..., à Linards, Haute-Vienne.
Potis (Zélic), de Bousignies, à Bruyère-sur-Oise, Oise.
Pottier (Raymond), de Mons-en-Barœul, à Limoges, Haute-Vienne.
Pottier (Gustave), de Roubaix, à Darnac, Haute-Vienne.
Pottier (Jules), de Lille, à Pensol, Haute-Vienne.
Pouffin (Ricamet), de ..., à Saint-Nicolas, Haute-Vienne.
Pouille (François) et enf., de Fives-Lille, à Montauban, Tarn-et-Garonne.
Pouille (Auguste), de Nieppe, à Sainte-Sigolène, Haute-Loire.
Poulain (Edmond), d'Hellemmes-lez-Lille, à Saint-Etienne, Loire.
Poulain (Cyriaque), de Cambrai, à Maisse, Seine-et-Oise.
Poulain (Catherine), d'Aniche, Saint-Quay-Portrieux, Côtes-du-Nord.
Poupaert (Victor), de Flers, à Marnes-la-Coquette, Seine-et-Oise.
Prem. de Lille, à Saint-Michel, Charente.
Prétot (Eugène), de Valenciennes, à Tigy, Loiret.
Prévost (Alfred), d'Avesnes-les-Aubert, au Vésinet, Seine-et-Oise.
Prévost (Camille), d'Avesnes-les-Aubert, au Vésinet, Seine-et-Oise.
Prévot (Jules), de Lille, à Vayres, Haute-Vienne.

Prévot (Jules), de Fives-Lille, à Chaptelat, Haute-Vienne.
Prévost (Mme veuve), de Saint, à Chaptelat, Haute-Vienne.
Prévost (Léonie), de Saint, à Chaptelat, Haute-Vienne.
Prévost (Henri), de Wambrechies, à Saint-Priest-Taurion, Haute-Vienne.
Provost (Henri), de Lille, à Saint-Mathieu, Haute-Vienne.
Priem (Henri), de Lille, à Javerdat, Haute-Vienne.
Prin (Suzanne), de Bois-Grenier, à Saint-Amand-Tallende, Puy-de-Dôme.
Prin (Alphonse), de Bois-Grenier, à Saint-Amand-Tallende, Puy-de-Dôme.
Proix (Richard), de Lille, à Nedde, Haute-Vienne.
Proix (Moïse), de Lille, à Nedde, Haute-Vienne.
Prévost (Anselme), de Marius, à Villeneuve-Lembron, Puy-de-Dôme.
Quarré (Ferdinand), de Beuvrages, à Thiangue, Nièvre.
Quartier (Camille), de Tourcoing, à Vayres, Haute-Vienne.
Quétraux (Paul), de Lille, à Saint-Jodard, Loire.
Queva (Cyrille) et fam., de Sauvin, à Varennes, Puy-de-Dôme.
Quinet (Oscar) et fam., d'Armentières, à St-Didier-la-Seauve, Haute-Loire.
Quinard (Alfred), de Maisbourge, à Seyresse, Landes.
Quinard (Marie) et enf., de Maubeuge, à Seyresse, Landes.
Quivron (Florimont), de Neuville, à Pompignan, Tarn-et-Garonne.
Rackez (Louis), d'Attiches, à Montsauche, Nièvre.
Rackez (Émile), d'Attiches, à Montsauche, Nièvre.
Raeland (Alfred), de Lille, à Azuat-la-Poste, Haute-Vienne.
Raes (Camille), de Péronnières, à Saint-Jodard, Loire.
Raes (Émile), de Lille, à Olluis, Puy-de-Dôme.
Raendonck (Jean), de Lille, à Verez-Mouton, Puy-de-Dôme.
Raison (Joseph), de Flines, à Mathe, Charente-Inférieure.
Ramage (François), de Douai, à Saint-Etienne, Loire.
Ramage (Paul), de Douai, à Rive-de-Gier, Loire.
Ramel (Augustine), de Roubaix, à Rive-de-Gier, Loire.
Ramel (Suzanne), de Roubaix, à Saint-Etienne, Loire.
Ramette (Philippe), de Caudry, à Orléans, Loiret.
Raoult (Victor), de Neuville-sur-Escaut, à Ablis, Seine-et-Oise.
Rardurack (Victor), de Lille, à Caissey, Jura.
Rasson (Séraphin), de Lille, à Pensol, Haute-Vienne.
Rasson (Jules), de Roubaix, à Vayres, Haute-Vienne.
Rauche (Philippe), de Valenciennes, à Illiers, Eure-et-Loir.
Raux (Henri), de ..., à Flévignac, Haute-Vienne.
Rayez (Jules), de Vico, à Dax, Landes.
Ravigneaux (Henri), de Mouzon, à Saint-Jodard, Loire.
Raymond, de La Bassée, à Villeneuve-Lembrun, Puy-de-Dôme.
Réal (Edmond), de Lille, à Cussac, Haute-Vienne.
Rédier (Paul), de Templeuve, à Saint-Jodard, Loire.
Régnier (Victor), d'Aniche, à Asnières, Seine.
Regôle (Louis), de Lille, à Borxeuil, Haute-Vienne.
Rembry (Henri) et enf., de Lille, à Champagnac, Haute-Vienne.
Rémy (Jules), de Landas, à Flévignac, Haute-Vienne.
Remy (Ferdinand), de Somain, à Illiers, Eure-et-Loir.
Remy (Jules), de Wavrechain-sous-Denain, à Marnes-la-Coquette, S.-et-O.
Renard (Honorine), de Châlons-sur-Vesle, à Orléans, Loiret.
Renard (Jules), de Bethencourt, à Illiers, Eure-et-Loir.
Renard (Gustave), de Lille, à Binford, Haute-Loire.
Renard (Ernest), du Vieux-Condé, à Nevers, Nièvre.
Renard (Alphonse) et enf., de Lille, à Peyrilhac, Haute-Vienne.
Renard (Léon), de Roubaix, à Saint-Michel, Charente.
Renaud (Guy), de Lille, à Saint-Gien-du-Taillon, Charente-Inférieure.
Renu (André), d'Armentières, à Nedde, Haute-Vienne.
Rankin (Pierre) et fam., d'Armentières, à St-Didier-la-Seauve, Haute-Loire.
Restiau (Maurice), de Lille, à Longwy, Jura.
Reubroy (Alfred), d'Armentières, à Vayres, Haute-Vienne.
Reuse (Henri), de Wahagnies, à Baune, Haute-Vienne.
Revera (Arthur), de Péronnières, à Saint-Jodard, Loire.
Reyasset (Beura), d'Hallun, à Chambon-de-Tence, Haute-Loire.
Ribaucourt (Charles), de Quentin, à Gréslay, Seine-et-Oise.
Richard (Gaston), de Douai, à la Ricamarie, Loire.
Richard (Gaston), de Douai, à Orléans, Loiret.
Richer (Céleste), de Troisvilles, à Châteauneuf-sur-Loire, Loiret.
Richer (Victoire), de Villers-Outreau, à Clavy, Deux-Sèvres.
Richer (Germaine) et enf., de Villers-Outreau, à Clavy, Deux-Sèvres.
Richon (Jeanne) et fam., d'Iwuy, à Montgeron, Seine-et-Oise.
Rigaux (Adolphe), de Trith-Saint-Leger, à Rive-de-Gier, Loire.
Ringotte (Joseph), de Lille, à Asnières, Seine.
Ringot (Désiré), de Gondecourt, à Saint-Sardos, Tarn-et-Garonne.
Riquet (Albert) et enf., de Lille, à Bersac, Haute-Vienne.
Rivière (Jules), de Roubaix, à Bessines, Haute-Vienne.
Rivière (Lomanie), de Lille, à Pensol, Haute-Vienne.
Robert (Gustave) et fam., de Beau., à Montceau-les-Mines, Saône-et-Loire.
Robert (Eugène), de Landrecies, à Meudon, Seine-et-Oise.
Robert (Auguste) et fam., de Bethunes, à Juvisy-sur-Orge, Seine-et-Oise.
Robbi (Anna) et enf., de Maubeuge, à Gaillac, Tarn.
Robidas (Lucien), d'Hellemmes, à Rive-de-Gier, Loire.
Robillard (Beura), de Pont-de-la-Deule, à Olmet, Puy-de-Dôme.

Roble (Albert), de Fives-Lille, à Champagnac, Haute-Vienne.
Rochart (Ernest) et enf., de Lille, à Châlus, Haute-Vienne.
Rogeaux (Jules) et fam., d'Armentières, à St-Didier-la-Seauve, Haute-Loire.
Roger (Victor), de Lille, à Pensol, Haute-Vienne.
Rogée (Alfred) et fam., d'Hautmont, à Jaguépie, Tarn-et-Garonne.
Rogylla (Alfred), de ..., à Maisonnais, Haute-Vienne.
Rohault (Ferdinand), de Lille, à Champagnac, Haute-Vienne.
Roland (Louis) et fam., de Bouchain, à Versailles, Seine-et-Oise.
Roland (Jules), de Valenciennes, à Vayres, Haute-Vienne.
Rommelaere (Gaston), de Roubaix, à Castelsarrasin, Tarn-et-Garonne.
Rompteaux (Gaston) et enf., de Lille, à Champagnac, Haute-Vienne.
Ronce (Marcel), de Lille, à Saint-Jouvent, Haute-Vienne.
Ronchin (Henri), de Templemars, à Pierre-Bussière, Haute-Vienne.
Ronchin (Henri), de Templemars, à Saint-Jodard, Loire.
Roose (Germaine) et enf., de Bois-Grenier, à Montfaucon, Haute-Loire.
Roose (Henri), d'Armentières, à Cussac, Haute-Vienne.
Rooms (Oscar) et fam., de Lille, à Montauban, Tarn-et-Garonne.
Ropital (Arthur), de ..., à Peyrilhac, Haute-Vienne.
Rosse (Adolphe), de Roubaix, à Cieux, Haute-Vienne.
Roseleur (Désirée), de Cartignies, à Houdan, Seine-et-Oise.
Rossignon (Hélène) et enf., d'Ohain, à Juvisy-sur-Orge, Seine-et-Oise.
Rolry (Désiré), d'Haubourdin, à Saint-Victurnien, Haute-Vienne.
Rotsaert (Charles), de Roubaix, à Saint-Symphorien, Haute-Vienne.
Roubaud (Georges), de Lille, à Illiers, Eure-et-Loir.
Rousseau (Edouard), de Lille, à Rive-de-Gier, Loire.
Rousseau (Fernand), de ..., à Cussac, Haute-Vienne.
Rousseau (Christophe), de Ligny-en-Cambrésis, à Vitré, Ille-et-Vilaine.
Roussel (Robert), de Templemars, à Saint-Michel, Charente.
Roussel (Paul), de Tourcoing, au Chalard, Haute-Vienne.
Roussey (Henri) et enf., de Lille, à Châlus, Haute-Vienne.
Rousset (Léon), de La Madeleine, à Tenez, Haute-Loire.
Rouzé (Sylvain), de Lille, à Peyrilhac, Haute-Vienne.
Rouzé (Jules), de Sainghin-en-Mélantois, à Javerdat, Haute-Vienne.
Royaux (Joseph), de Lille, à Orléans, Loiret.
Roziers (Jean), de Lille, à Saint-Etienne, Loire.
Ruelle (Marcel), de Lille, à Nieul, Haute-Vienne.
Ruffin (Marguerite), d'Elincourt, à Chaville, Seine-et-Oise.
Ruffin (Germaine), d'Elincourt, à Chaville, Seine-et-Oise.
Ruphin (Adolphine), de Maretz-Cambrai, de Ploubezre, Côtes-du-Nord.
Ruyssebaert (Julien), de Lille, à Maisonnais, Haute-Vienne.
Ryckbosche (Henri), de ..., à Cussac, Haute-Vienne.
Ryckebusch (Auguste), de Dunkerque, à Saint-Junien, Haute-Vienne.
Rynders (Jules), de Valenciennes, à Cognac, Haute-Vienne.
Rys (Louis), de Roubaix, à Saint-Jodard, Loire.
Rys (Marcel), de Roubaix, à Saint-Jodard, Loire.
Saie (Charles), de Tourcoing, à Saint-Amand-Tallende, Puy-de-Dôme.
Sainsoaux (Eugène), de Seclin, à Damparis, Jura.
Saint-Venant (Jean), de Neuville, à Pompignan, Tarn-et-Garonne.
Sainger (Désiré) et fam., de Lille, à Séreilhac, Haute-Vienne.
Saint-Léger (Ferdinand), de Roubaix, à Eyjeaux, Haute-Vienne.
Saint-Léger (Louis), d'Asq, à Saint-Brice, Haute-Vienne.
Saint-Vaast (Romain), de Lille, à Montmorin, Puy-de-Dôme.
Saint-Waast (Romain) et enf., de Washes-au-Bac, à Peyrehorade, Landes.
Saint-Waast (Charles), d'Escaudain, à Peyrehorade, Landes.
Sagnier (Abel), de Lille, aux Eglises-d'Argenteuil, Charente-Inférieure.
Saladin (Maurice), de Lille, à Saint-Hippolyte, Charente-Inférieure.
Salin (Hortense), de Tourcoing, à Versailles, Seine-et-Oise.
Salember (Hector), de Watrelos, à Cussac, Haute-Vienne.
Salin (Célestin) et enf., de Tourcoing, à Versailles, Seine-et-Oise.
Salet (Jean-Baptiste), d'Iwuy, à Saint-Vrain, Seine-et-Oise.
Salet (Arthur), d'Iwuy, à Saint-Vrain, Seine-et-Oise.
Salambier (Gustave), de Denain, à Authezat, Puy-de-Dôme.
Sambacre (Raymond), de Lille, aux Eglises-d'Argenteuil, Charente-Infér.
Samyn (Henri), de Roubaix, à Orléans, Loiret.
Samyn (Louis), de Marcq-en-Barœul, à ..., Haute-Vienne.
Samyn (Edouard), de Tourcoing, à Aubergenville, Seine-et-Oise.
Samyn (Henri), de Tourcoing, à Aubergenville, Seine-et-Oise.
Sarrasin (Anatole), de Pérenchies, à Pierre-Buffière, Haute-Vienne.
Sartel (Charles), de Valenciennes, à Ecouen, Seine-et-Oise.
Satin (Antoine) et fam., de Fourmies, à Orange, Vaucluse.
Saudevoir (Maurice), de Roubaix, à Saint-Michel, Charente.
Saudremont (Fernand), de Meurchin, à La Jarrie, Charente-Inférieure.
Sautrau (Juliette), de Maubeuge, à Orléans, Loiret.
Sauvage (Georgette), de Fourmies, à Brive, Corrèze.
Sauvage (Juliette) et fam., de Laval, à Solignat, Puy-de-Dôme.
Sauvage (Marie), de Seclin, à Orléans, Loiret.
Saudremont (Jean-Baptiste), de Lille, à Champagnac, Haute-Vienne.
Savaeten (Louis), de Lille, à Cognac, Haute-Vienne.
Savoie (Mme), de Roubaix, à Saint-Michel, Charente.
Savary (François) et fam., de Wasir, à Busséol, Puy-de-Dôme.
Scache (Henri), de Roubaix, Saint-Etienne, Loire.

Scalbert (Émile), de Tourcoing, à Mirepoix, Ariège.
Scamps (Émile), de . . ., à Veyrac, Haute-Vienne.
Schombeere (Paul) et fam., de Lille, à Rive-de-Gier, Loire.
Schellens (Florian), de Lille, à Bonnac, Haute-Vienne.
Schabaillie (Alphonse), de Lille, à Barbezieux, Charente.
Schœtter (Victor), de Laugau, à Saint-Étienne, Loire.
Sclavon (Maurice), de Maubeuge, à Bressols, Tarn-et-Garonne.
Sengulen (Albert), de Lille, au Moulin-Neuf, Ariège.
Scohy (Henri) et fam., de Lille, à Bersac, Haute-Vienne.
Scoliga (Oscar), d'Orchies, à Barbezieux, Charente.
Sculier (Jules) et fam., de Lille, à Champrac, Haute-Vienne.
Sebille (Raymond), de Lille, à Cussac, Haute-Vienne.
Sedeyn (Joseph), de Lille, à Boisseuil, Haute-Vienne.
Segard (Edmond) et fam., de Lille, à Cognac, Haute-Vienne.
Segers (Charles), de . . ., à Cussac, Haute-Vienne.
Selosse (Jean-Baptiste), de Roubaix, aux Églises-d'Argenteuil, Charente-Inf.
Sélosse (Jean), de Tourcoing, à Vayres, Haute-Vienne.
Sellier (Jules), d'Escaudœuvre, à Maisse, Seine-et-Oise.
Semay (Florence) et fam., de Fives-Lille, à Nuaillé-sur-Boutonne, Char.-Inf.
Smet (Henri) et fam., de Lille, à Saint-Jouvenc, Haute-Vienne.
Sénélar (Fidèle), de Roubaix, à Saint-Jodard, Loire-Inférieure.
Senecaud (Noël) et fam., d'Hasnon, à Saint-Étienne, Loire.
Senechal (Marie) et enf., de Trélon, à Saint-Étienne, Loire.
Senechal (Léonard), de . . ., à La Roche-l'Abeille, Haute-Vienne.
Senechal (François), de . . ., à La Roche-l'Abeille, Haute-Vienne.
Sengulen (Alfred), de Lille, au Moulin-Neuf, Ariège.
Sénécant (Henri), d'Hasnon, à Issards, Ariège.
Senay (Henri) et fam., d'Abscon, à Montceau-les-Mines, Saône-et-Loire.
Sergeraert (Armand), d'Hellemmes, à Maisonnais, Haute-Vienne.
Scrive (Édouard), de Loos, à Bessines, Haute-Vienne.
Seys (Jean-Baptiste), de Lille, à Eymoutiers, Haute-Vienne.
Seynhave (Guillaume), de . . ., à Linards, Haute-Vienne.
Seynaive (Laure), de Lille, à Billom, Puy-de-Dôme.
Siatte (Albertine), de Douai, à Montfermeil, Seine-et-Oise.
Siérens (Camille) et enf., de Lille, à Javerdat, Haute-Vienne.
Sion (Rosa) et fam., d'Houplines, à Taron, Basses-Pyrénées.
Sirick (Charles), de . . ., à Flavignac, Haute-Vienne.
Sisé (Ezilda) et fam., de Warneton, à Caussade, Tarn-et-Garonne.
Six (Charles) et fam., de . . ., à Cussac, Haute-Vienne.
Snête (Honoré), de Roubaix, à Cussac, Haute-Vienne.
Sunnedille (Alfred) et fam., de Bois-Grenier, à Chambon-de-Tence, Hte-L.
Sorriaux (Émile) et fam., de Crespin, à Septeuil, Seine-et-Oise.
Sorez (Louis), de Lille, à Saint-Jodard, Loire.
Sottens (Henri), de Radinghem, à Chambon-de-Tence, Haute-Loire.
Soufflet (Auguste) et fam., d'Ennevelin, à Rochechouart, Haute-Vienne.
Soudoyer (Robert), d'Esquermes-Lille, à Javerdat, Haute-Vienne.
Stadelman (Théophile), de . . ., à Saint-Nicolas, Haute-Vienne.
Staes (Georges), de Lille, à Pensol, Haute-Vienne.
Sterbecq (Félicie), d'Avesnes-sur-Helpe, à Chartres, Eure-et-Loir.
Stevens (Ernest), de Lille, à Rochechouart, Haute-Vienne.
Steves (Achille), de Biache-Saint-Waast, à Jarnac, Charente.
Steu (Charles) et enf., de Rumbeaucourt, à Pierrelaye, Seine-et-Oise.
Stermans (Alphonse), de Lille, à Saint-Jodard, Loire.
Stieivenard (Louis), de Denain, à Chas, Puy-de-Dôme.
Stienne (Jules), d'Erquinghem-Lys, à Sainte-Sigolène, Haute-Loire.
Stroobants (Isidore), de . . ., à Glandon, Haute-Vienne.
Strobbe (Georges), de Fives-Lille, à St-Laurent-sur-Gorre, Haute-Vienne.
Sirieanne (Alexandre), du Canteleu-Lille, à Saint-Jodard, Loire.
Stroh (Paul), de St-Saulve-les-Valenciennes, à Guyancourt, Seine-et-Oise.
Stordeur (Edmond) et enf., de Colleret, à Cormeilles-en-Vexin, Seine-et-O.
Stordeur (Marie), de Colleret, à Cormeilles-en-Vexin, Seine-et-Oise.
Sturbaut (Henri), de Roubaix, à Mirepoix, Ariège.
Smalheen (Julien), de Lille, à Pensol, Haute-Vienne.
Smagghe (Charles), de Lomme, à Chambon-de-Tence, Haute-Loire.
Spielebout (Jean), d'Armentières, à Saint-Michel, Charente.
Spreux (Victor), de Tourcoing, à Authezat, Puy-de-Dôme.
Speybrocq (Achille), de Lille, à Pensol, Haute-Vienne.
Squedin (Louis), de Roubaix, à Azat-le-Riz, Haute-Vienne.
Sueur (Adolphe), de Roubaix, à Cussac, Haute-Vienne.
Suin (Gustave), de . . ., à Maisonnais, Haute-Vienne.
Surdon (César), de . . ., à Cieux, Haute-Vienne.
Surmont (Gustave), de Lille, à Mieul, Haute-Vienne.
Svitalski (Jean) et fam., d'Aremsberg, à Saint-Étienne, Loire.
Syse (Henri), d'Armentières, à Authezat, Puy-de-Dôme.
Szotkovski (François), d'Ostricourt, à Saint-Étienne, Loire.
Taffin (Albert), de Lille, à Oradour-Saint-Genest, Haute-Vienne.
Tabon (Maurice) et enf., de Lille, à Neuvic-Entier, Haute-Vienne.
Tainmon (Blanche), de Ferrière-la-Grande, à Ouroux, Nièvre.
Tallian (Marcel), de Lille, à Saint-Étienne, Loire.
Talemand (Jules), de St-Amand-les-Eaux, à Villiers-le-Bel, Seine-et-Oise.
Tanéa (Albert), de Roubaix, à Saint-Nicolas, Haute-Vienne.

Tangre (Jules) et fam., de Fourmies, à Villechétive, Yonne.
Tauchou (Jean-Baptiste), de Tourcoing, à St-Amant-Talleude, Puy-de-Dôme.
Taulemann (Charles), de Bruay-sur-Escaut, à Trois-Vèvres, Nièvre.
Tavernier (Arthur), de Roubaix, à Flavignac, Haute-Vienne.
Taviau (Georges) et fam., de Sains-du-Nord, à Lannion, Côtes-du-Nord.
Taverne (Palmyre), d'Avesnes, à Orléans, Loiret.
Tavernier (Joseph), de Malincourt, à Gatey, Jura.
Thieffry (Marcellin), de Lille, à Saint-Girons, Ariège.
Telliez (Jules), de Cambrai, à Nevers, Nièvre.
Telder (Joseph de) et enf., de La Madeleine, à Beaune, Haute-Vienne.
Ténéa (Albert), de . . ., à Saint-Nicolas, Haute-Vienne.
Thorez (Hubert), d'Escobecques, à Eyjeaux, Haute-Vienne.
Tétart (Robert), de Croix, à Vayres, Haute-Vienne.
Thauvoye (Hélène) et fam., de Maubeuge, à Laguépie, Tarn-et-Garonne.
Théron (Jean-Baptiste), de La Madeleine, à Aumagne, Charente-Inférieure.
Théret (Germaine), de Lille, à Saint-Jodard, Loire.
Thœniaud (Solange), de Reims, à Saint-Étienne, Loire.
Thellier (Émile), de Banteux, à Gatey, Jura.
Thève (Charles), de Marcq-en-Barœul, à Manglieu, Puy-de-Dôme.
Théry (Jean-Baptiste), de Douai, à Rive-de-Gier, Loire.
Thiéry (Jules), d'Armentières, à Saint-Georges-sur-Allier, Puy-de-Dôme.
Thibaux (Louis) et fam., d'Illies, à Billom, Puy-de-Dôme.
Thiéry (Adolphe), de Rœulx, à Maisse, Seine-et-Oise.
Thierens (Pierre), de . . ., à Peyrilhac, Haute-Vienne.
Thieffy (Albert), de Lille, à Saint-Mathieu, Haute-Vienne.
Thierens (Pierre), de . . ., à Peyrilhac, Haute-Vienne.
Thiery (Henri), de Rœulx, à Ladignac, Haute-Vienne.
Thilot (Mathilde) et fam., de Maubeuge, à Cadalen, Tarn.
Thiébaut (Eugène), de Remmevievine, à Gond-Pontouvre, Charente.
Thiébaut (Louis), d'Avesnes, à Villefargeau, Yonne.
Tirmarche (Laure), de Denain, à Vermenton, Yonne.
Thiroux (Paul) et fam., de Fourmies, à Lannion, Côtes-du-Nord.
Thiroux (Henriette), de Fourmies, à Lannion, Côtes-du-Nord.
Thomas (Gabriel), de Fourmies, à Perros-Guirec, Côtes-du-Nord.
Thorelle (Léon), de Valenciennes, à Rouy, Nièvre.
Thuru (Clément), d'Anzin, à Saint-Jumien, Haute-Vienne.
Thurotte (Eugène), de Lille, à Bonnac, Haute-Vienne.
Tiberghien (Henri), de Wattrelos, à Dax, Landes.
Tibodo (Victor), de Tourcoing, à Crissey, Jura.
Tiberghien (Léon), de Tourcoing, à Maisonnais, Haute-Vienne.
Tiberghien (César), de Croix, à Ouroux, Nièvre.
Tietard (Henri), de Lille, à Pensol, Haute-Vienne.
Tilleu (Joseph), de Lille, à Blond, Haute-Vienne.
Tison (Philippe), de Lourches, à Chaptelat, Haute-Vienne.
Tizon (Philippe) et fam., de Douchy, à Montceau-les-Mines, Saône-et-Loire.
Toebat (Georges), de Roubaix, à Saint-Auvent, Haute-Vienne.
Tollenoire (Alphonse), de Douai, à Billom, Puy-de-Dôme.
Tondeur (Blanche) et enf., de Maubeuge, à Mouclar, Tarn-et-Garonne.
Torck (Gaston), de Lille, à Pensol, Haute-Vienne.
Toussaint (Marcel) et fam., de Lille, à Jabreilles, Haute-Vienne.
Tournemaine (René), de Lille, à Vayres, Haute-Vienne.
Tonneau (Augustin), de . . ., à La Roche-l'Abeille, Haute-Vienne.
Toucari (Auguste), de Tourcoing, à Saint-Michel, Charente.
Toulouse (Ernest) et son épouse, d'Armentières, à Saint-Jodard, Loire.
Tourbez (Henri), de Lille, à Marnes-la-Coquette, Seine-et-Oise.
Tournemaine (Henri), de Fives-Lille, à Rive-de-Gier, Loire.
Touneau (Paul), de Dechy, à Montceau-les-Mines, Saône-et-Loire.
Tourbez (Léon), d'Annœullin, à Azat-le-Riz, Haute-Vienne.
Tranché (Honoré), d'Armentières, à Sainte-Sigoline, Haute-Loire.
Tronchant (Robert), de Waziers, à Pinbac, Tarn-et-Garonne.
Trenson (Charles), de Lille, à Chaptelat, Haute-Vienne.
Tréhout (Edwige), de La Chapelle-d'Armentières, à Olloise, Puy-de-Dôme.
Tricoit (Gustave) et fam., d'Armentières, à St-Didier-la-Sauve, Haute-Loire.
Troinié (Louis), de Valenciennes, à Illiers, Eure-et-Loir.
Trognée (Célina) et enf., de Ferrière-la-Grande, à Grazac, Tarn.
Trost (Clémence) et fam., de Pont-à-Vedin, à La Vieille-Loye, Jura.
Trottein (Eugénie), de Chapelle, à Cendre, Puy-de-Dôme.
Troyaux (Caliste), de Maubeuge, à Tréhenrden, Côtes-du-Nord.
Turbiez (Arthur), de Lille, à Salles-Lavauguyon, Haute-Vienne.
Turpin (Léon), de Lille, à Ladignac, Haute-Vienne.
Turpin (Victor), d'Haubourdin, à Oradour-sur-Glane, Haute-Vienne.
Thybens (Félix), de Lille, à Darnac, Haute-Vienne.
Tuytschaes (Henri) et enf., de Lille, à Châlus, Haute-Vienne.
Tytgnt (Edouard), de Lille, à Villeneuve-du-Préage, Ariège.
Usai-Pésar (Désiré), d'Hellemmes, à Auzat-sur-Allier, Puy-de-Dôme.
Vanassche (Camille), d'Armentières, à Sainte-Sigolène, Haute-Vienne.
Vanaverbecq (Victor), de Wattrelos, à Le Cholard, Haute-Vienne.
Vanacker (Édouard), de Lille, à Cognac, Haute-Vienne.
Vandevelde (Jules), de Lille, à Juvisy-sur-Orge, Seine-et-Oise.
Vandewad (Jules), de Lomme-lez-Lille, à Olloise, Puy-de-Dôme.
Vandewael (Henri), de Lomme-lez-Lille, à Olloise, Puy-de-Dôme.

Vandenbroucke (Marie), d'Armentières, à Authezat, Puy-de-Dôme.
Vanderbroecke (René), de Lille, à Billom, Puy-de-Dôme.
Vandenabelle (Léopold), de Lille, à Verez-Mouton, Puy-de-Dôme.
Vandecostecle (Victor), de Lille, à Montmouis, Puy-de-Dôme.
Vanderswaer (René), de Fives-Lille, à Saint-Etienne, Loire.
Vandevelde (Gustave), de Lille, à Saint-Etienne, Loire.
Vandecastecle (Henri), de Lille, à Corbeil, Seine-et-Oise.
Vandamme (Edmond), d'Erquinghem-Lys, à Saint-Jodard, Loire.
Vanderstraten (Victor), de La Madeleine-les-Lille, à Saint-Jodard, Loire.
Vandenbulcke (Raoul), de Fives-Lille, à Saint-Jodard, Loire.
Vandenplas (Florent), de Lille, à Saint-Jodard, Loire.
Vandale (Jean-Baptiste), de Tourcoing, à Barbezieux, Charente.
Vandenbroecke (Georges), de Lille, à Barbezieux, Charente.
Vanbostal (Arthur), de Roubaix, à Ladignac, Haute-Vienne.
Vanbetien (Emile), de Lille, à Saint-Paul-d'Eyjeaux, Haute-Vienne.
Vandecastel (Charles), de Tourcoing, à Oradour-sur-Glane, Haute-Vienne.
Vanberlur (François), de Lille, à Moulin-Neuf, Ariège.
Vandekerkhove (Désiré) et fam., de Fives-Lille, à Maillé-sur-Boutonne, Cher.
Vandenbussche (Léon), de Lille, à Asnières, Cher.
Vanderghinst (Emile) et fam., d'Armentières, à St-Didier-la-Séauve, Hte-L.
Vandermeersch (Jules), d'Armentières, à St-Didier-la-Séauve, Haute-Loire.
Vanden-Braeck (Eugène), d'Armentières, à St-Didier-la-Séauve, Haute-Loire.
Vandekerchove (Edouard), d'Armentières, à Montfaucon, Haute-Loire.
Vandevoorde (Robert), de Nieppe, à Sainte-Sigolène, Haute-Loire.
Vanden-Dorpe (Jean-Baptiste), d'Armentières, à Sainte-Sigolène, Hte-Loire.
Vanderbaeghe (Victor), de Roubaix, à Eyjeaux, Haute-Vienne.
Vandekerkeve (Edouard), du Nord, à Cussac, Haute-Vienne.
Vandevyvère (Henri), de Lille, à Saint-Léger-Magnazein, Haute-Vienne.
Vandewalle (Alphonse), de Lille, à Saint-Léger-Magnazein, Haute-Vienne.
Vandekerkoye (Henri), du Nord, à Eyjeaux, Haute-Vienne.
Vanderschelden (Léon), de Houplines, à Darnac, Haute-Vienne.
Vandekerkoye (Henri), et enf., de Tourcoing, à Eyjeaux, Haute-Vienne.
Vandelputte (Polydore), de Lille, à Vayres, Haute-Vienne.
Vandevelde (Célestin), de Roubaix, à Glandon, Haute-Vienne.
Vaudendriesche (Pierre), de Roubaix, à Chaptelat, Haute-Vienne.
Vanderbrigghe (Alphonse), de Lille, à Cussac, Haute-Vienne.
Vandorpe (Léon), de Fives-Lille, à Champagnac, Haute-Vienne.
Vandekerkove (Marcel), de Roubaix, à Flavignac, Haute-Vienne.
Vanderberghe (Charles), de Lille, à Champagnac, Haute-Vienne.
Vandenbecq (Robert), de Roubaix, à Flavignac, Haute-Vienne.
Vande-Velde (Emile), de Lille, à Cognac, Haute-Vienne.
Vandenberghe (Clovis), d'Armentières, à Cognac, Haute-Vienne.
Vandersoupel (Henri), de Roubaix, à Cognac, Haute-Vienne.
Vandersoupel (Jules), de Roubaix, à Cognac, Haute-Vienne.
Vanderkelem (Joseph), de Lille, à Cognac, Haute-Vienne.
Vaudromme (Emile) et enf., de Seclin, à Châlus, Haute-Vienne.
Vanderplanche (Julien) et fam., de Roubaix, à Séreilhac, Haute-Vienne.
Vandecaver (Emile) et enf., de Roubaix, à Châlus, Haute-Vienne.
Vandenbocke (Emile), de Seclin, à Beynac, Haute-Vienne.
Vanden-Bossche (Léon), de Lille, à Moisonnais, Haute-Vienne.
Vaudckerkoye (Henri) et fam., de Tourcoing, à Eyjeaux, Haute-Vienne.
Vandamme (Jules), de Haubourdin, à Bouchy, Nièvre.
Vandekapelle (Michel), de Quesnoy-sur-Deule, à Cussac, Haute-Vienne.
Vandeputte (Gaston), de Mouvaux, à Ladignac, Haute-Vienne.
Vanderwoorde (Alfred) et fam., de Lambersart, à Champsac, Hte-Vienne.
Vandenoue (Charles), de Tourcoing, à Mirepoix, Ariège.
Vandenbruggen (Charles), de Lille, à Moulin-Neuf, Ariège.
Vandenweghe (Jules), de Tourcoing, à Châtou, Seine-et-Oise.
Vancostenoble (Paul), de Marcq-en-Barœul, à Saint-Jodard, Loire.
Vanché (Albert) et fam., de Douai, à Conflans-Ste-Honorine, Seine-et-Oise.
Vancaeneghem (Henri), de Roubaix, à Maisonnais, Haute-Vienne.
Vanesse (Désiré) et enf., de Beaurepaire, à Vaux, Yonne.
Vanecke (Auguste), de Lille, à Saint-Junien, Haute-Vienne.
Vanckarisse (Georges), de Wattrelos, à Maisonnais, Haute-Vienne.
Vaneslauder (Jean-Baptiste), de Tourcoing, à Duthezat, Puy-de-Dôme.
VanBeteren (Julien) et enf., de Mons-en-Barœul, à Limoges, Haute-Vienne.
Vanghelder (Victor), de Lille, à Cognac, Haute-Vienne.
Vangehuchten (Arthur), de Lille, à Pensol, Haute-Vienne.
Vangersdache (Camille), Tourcoing, à Meudon, Seine-et-Oise.
Vanhulle (Emile), de Lille, à Bessines, Haute-Vienne.
Vanhulle (Alexandre), de Roubaix, à Chaptelat, Haute-Vienne.
Vanhems (Désiré), de Loos-les-Lille, à Manglieux, Puy-de-Dôme.
Vanhuppel (Pierre), de Lille, à Maisonnais, Haute-Vienne.
Vanbée (Maurice), de Pérenchies, à Châteauneuf, Haute-Vienne.
Vanhocke (Théophile) et fam., de Lille, à Châlus, Haute-Vienne.
Vanhuppel (Alfred), de Lille, à Maisonnais, Haute-Vienne.
Vanheche (François), de Lille, à Maisonnais, Haute-Vienne.
Vanhooland (Daniel), de Wattrelos, aux Chalards, Haute-Vienne.
Vanhocke (Louis), d'Armentières, à Saint-Didier-la-Séauve, Haute-Loire.
Vanhove (Lucien), de Larrazet, Tarn-et-Garonne.
Vaniscotte (Victor), de Loos-lez-Lille, à Champsac, Haute-Vienne.

Nord.

Vankerkhove (Richard), du Nord, à Maisonnais, Haute-Vienne.
Vanloynsecle (Emile), de Hellemmes, à Bords, Charente-Inférieure.
Vanmeenen (Jean-Baptiste), de Roubaix, à Lacourt, Ariège.
Vanmobnen (Julien), de Tourcoing, à Lacourt, Ariège.
Vanmieghem (Jean), de Roubaix, à Flavignac, Haute-Vienne.
Vaumarque (Arthur), de Wattrelos, à Cognac, Haute-Vienne.
Vanmalder (Guillaume), de Lille, à Montmorin, Puy-de-Dôme.
Vanwaterloo (Gaston), de Lille, à Medde, Haute-Vienne.
Vannobel (Marcel), de Lille, à Azat-le-Riz, Haute-Vienne.
Vannesté (Albert), de Roubaix, à Cognac, Haute-Vienne.
Vannauderbeck (Alfred), de Lille, à Peyrat-le-Château, Haute-Vienne.
Vanoost (Félix), de Roubaix, à Cussac, Haute-Vienne.
Vanoyinerch (Jules), de Bonduos, à Maisonnais, Haute-Vienne.
Vammueslaghe (Constant), de Roubaix, à Saint-Etienne, Loire.
Vanoverberghe (Sophie), d'Armentières, à Pérignat-ès-Cellies, Puy-de-Dôme.
Vanpeteghem (Augustin), de Roubaix, à Barbezieux, Charente.
Vanquatem (Camille), d'Armentières, à St-Didier-la-Séauve, Haute-Loire.
Vanquatem (Camille), de Lille, à Saint-Etienne, Loire.
Vanruymbeche (Frédéric), de Houplines, à Maisonnais, Haute-Vienne.
Vanitaevel (Arsène) et fam., de Lille, à Champrac, Haute-Vienne.
Vanspraughe (Paul), d'Erquinghem-sur-Lys, aux Chalards, Haute-Vienne.
Vansteelandt (Louis), de Fasches-Thumesnil, à Saint-Michel, Charente.
Vantroyer (Edouard), de Lille, à Cognac, Haute-Vienne.
Vanthouret (Jules) et fam., d'Armentières, à St-Didier-la-Séauve, Hte-Loire.
Vanweddingeu (Léonard), de Lille, à Aulnay, Charente-Inférieure.
Vanyseghem (Pierre), de Lille, à Tance, Haute-Loire.
Vanzut (Emile), de Lille, à Barbezieux, Charente.
Vaidor (Alexandre), de Lille, à Cognac, Haute-Vienne.
Valescamps (Léon), de Mons-en-Barœul, à Ladignac, Haute-Vienne.
Valencelle (Henri), d'Esquerchin, à Peyrehorade, Landes.
Valendue (Hyppolite), d'Anzin, à Larrazet, Tarn-et-Garonne.
Vallée (Marie-Louise), de Lille, à Poissy, Seine-et-Oise.
Val (Edouard), de La Madeleine-les-Lille, à Saint-Jodard, Loire.
Vuillant (Charles), de Seclin, à Eymoutiers, Haute-Vienne.
Vaillant (Antoine) et fam., de Lille, à Chaptelat, Haute-Vienne.
Vambelle (Jules), de Roubaix, à Flavignac, Haute-Vienne.
Vampouck (Jean), de La Croix, à Vayres, Haute-Vienne.
Valin (Alphonse), de Lille, à Aujac, Charente-Inférieure.
Valroff (Charles), de Tourcoing, à Orléans, Loiret.
Vanas (Georges), de Lille, à Flavignac, Haute-Vienne.
Vandamme (René), de Roulers, à Sanguinet, Landes.
Vaiens (Gustave), de Wavrin, à Mirepoix, Ariège.
Varou (Isaac-Henri), de Seclin, à Maillé-sur-Boutonne, Cher.
Vasseur (Eugène), de Fives-Lille, à Chaptelat, Haute-Vienne.
Vaso (Eugène), de Lille, à Maisonnais, Haute-Vienne.
Vasseur (Maurice), de Denain, à Dornes, Nièvre.
Vanfleteren (Arthur), de Tourcoing, à Vayres, Haute-Vienne.
Van Bieroliet (Arthur) et fam., de Lille, à Saint-Cyr-l'Ecole, Seine-et-Oise.
Van de Voorde (Auguste), de Loison-sur-Loos, à Azat-le-Riz, Hte-Vienne.
Van Der Straeten (François), de Lille, à Châlus, Haute-Vienne.
Vandekerkhove (Jules), de Tourcoing, à Lavelanet, Ariège.
Van Derdonckt (Léon), de Roubaix, à Marseille, Bouches-du-Rhône.
Van Caneghem, de Lille, à Ferrières, Charente-Inférieure.
Van Caeneghem (Emile), d'Armentières, à Montfaucon, Haute-Loire.
Van Caillée (Victor), de Nieppe, à Sainte-Sigolène, Haute-Loire.
Van Espem (Charles), de Lille, à Saint-Etienne, Loire.
Van Espem (Jean-Baptiste), de Lille, à Saint-Etienne, Loire.
Van Houtte (Louis), d'Armentières, de Sainte-Sigolène, Haute-Loire.
Van Hecke (Désiré), de Lille, à Maisonnais, Haute-Vienne.
Van Hoorebeck (Fernand), de Lille, à Saint-Georges-ès-Cellies, Puy-de-Dôme.
Van Mulem (Louis), de Lille, à Azat-le-Riz, Haute-Vienne.
Van Moer (Jean), de Lille, à Saint-Léger-Magnazein, Haute-Vienne.
Van Nieuyenhove (Emile), de Marcy-en-Barœul, à Lagnépie, Tarn-et-Gar.
Van Socn (Maria) et fam., de Maubeuge, à Castelnau-Magnoac, Htes-Pyr.
Van Wydmensacle (Zoé), de Ferrière-la-Grande, à Dreux, Eure-et-Loir.
Van Zèle (Ambroise) et fam., de Lille, à Eyjeaux, Haute-Vienne.
Van Zèle (Emile), de Lille, à Cognac, Haute-Vienne.
Verbeken (Alfred), de Lille, à Riotord, Haute-Loire.
Verburgt (Paul), de Fives, à Montchaude, Charente.
Verbist (Léopold), de Lille, à Saint-Etienne, Loire.
Vercoutter (René), de Lille, à Saint-Jodard, Loire.
Verdière (Emile), d'Arcq, à Maisonnais, Haute-Vienne.
Verdonck (Aloïs), de La Croix, à Vayres, Han-e-Vienne.
Verdoncq (Arthur), de Lille, à Bords, Charente-Inférieure.
Verfaillie (Charles), d'Houplines, à Saint-Jodard, Loire.
Vergucht (Jean-Baptiste), de Lille, à Champsac, Haute-Vienne.
Verheven (Martin) et fam., de Lille, à Javerdat, Haute-Vienne.
Verhelle (Henri), de Tourcoing, à Ladignac, Haute-Vienne.
Verlinet (Georges), de Tourcoing, à La Jarrie, Charente-Inférieure.
Verlae (Gaston), de Lille, à La Genoytouse, Haute-Vienne.
Vermeersch (Marcel), de Lille, à Solignac, Haute-Vienne.

Vermeursch (Albert), de Watrelos, à Cognac, Haute-Vienne.
Vermeille (Louise), d'Arras, à Fougères, Ille-et-Vilaine.
Vermeersch (Henri), de Tourcoing, à Bourg-de-Bersac, Haute-Vienne.
Vermeuler (Adolphe) et fam., de Lille, à Arnac-la-Poste, Haute-Vienne.
Vermeille (Henri), de La Madeleine, à Saint-Jodard, Loire.
Vernessen (Albert), de Lille, à Javerdat, Haute-Vienne.
Verplanck (Kléber) et fam., de Loos, au Palais, Haute-Vienne.
Verplangne (Victor), de Loos, au Palais, Haute-Vienne.
Verplanke (Albert), de Roubaix, à Salles-Lavauguyon, Haute-Vienne.
Verpraet (Louis) et enf., de Cambrai, à Pierrelaye, Seine-et-Oise.
Verriest (Henri), de Tourcoing, à Rancon, Haute-Vienne.
Verrier (Elisée), de ....., à La Roche-l'Abeille, Haute-Vienne.
Verspeelt (Louis), de Roubaix, à Montfaucon, Haute-Loire.
Verspaeete (Pierre), de Lille, à Finhan, Tarn-et-Garonne.
Versmessen (Théodore), de Lille, à Châlus, Haute-Vienne.
Verscheure (Edouard), de Ruelle-de-la-Blanche, à Cognac, Haute-Vienne.
Verschoore (Achille), de Lille, à Saint-Jodard, Loire.
Verschooten (Antoine), de Lille, à Rye, Jura.
Verlinde (Joseph) et enf., de Lille, à Nieul, Haute-Vienne.
Vertray (Louis), de Sin-le-Noble, à Saint-Jodard, Loire.
Vervenne (Désiré), de Fives-lez-Lille, à Nouaillé-sur-Boutonne, Charente-Inf.
Véry (Paul), de Roubaix, à Saint-Mirbel, Charente.
Vandenberghe (Guillaume) et fam., de Lille, à Champagnac, Haute-Vienne.
Venin (Marie), de Bois-Grenier, à Saint-Arnaut-Taillend, Puy-de-Dôme.
Véry (Arthur), d'Aumont, à Bergonne, Puy-de-Dôme.
Veusarp (Rémi de), de Mons-en-Barœul, à St-Léger-Magnazeix, Hte-Vienne.
Veudeville (Auguste) et fam., de Watignies, à Saint-Jouvent, Haute-Loire.
Veys (Emile), de Lille, à Verck-Mouton, Puy-de-Dôme.
Vicogne (Amédée), de Tourcoing, à Rive-de-Gier, Loire.
Vieze (Adolphe de), de Valenciennes, à Saint-Etienne, Loire.
Vieulx (Marcel), de Lille, à Feytiac, Haute-Vienne.
Vieublod (Maurice), de Lille, à Javerdat, Haute-Vienne.
Vienne (Joseph), de Tourcoing, à Cussac, Haute-Vienne.
Vienne (Edmond), de Loos-lez-Lille, à Saint-Jean-de-Verges, Ariège.
Vienne (Angèle), d'Hauplines, à Orcet, Puy-de-Dôme.
Villette (Henri) et fam., d'Avesnes-les-Aubert, à Lannion, Côtes-du-Nord.
Villette (Roger) et fam., de ....., à Breuil-sur-Couze, Puy-de-Dôme.
Villain (Léon), de Somain, à Saint-Etienne, Loire.
Villoz (Henriette), de Château-l'Abbaye, à Conflans-Ste-Honorine, S.-et-O.
Vilez (Auguste) et fam., de Roubaix, à Saint-Cyr-l'École, Seine-et-Oise.
Villefert (Léopold), d'Aniche, à Dax, Landes.
Vilcot (Eugénie) et fam., de Maubeuge, à Gaillac, Tarn.
Villems (Alexandre), d'Emmerin, à Oradour-Saint-Genest, Haute-Vienne.
Vilain (Henri), de Leparcq, à Saint-Auvent, Haute-Vienne.
Vilain (Sébastien), de Denain, à Cieux, Haute-Vienne.
Villette (Gaston), de Lille, à Vayres, Haute-Vienne.
Vilain (Emile), de Lallaing, à Illiers, Eure-et-Loir.
Vinchaut (Louis), de Lille, à Ladignac, Haute-Vienne.
Vivarc (Olivier), de Valenciennes, à Billom, Puy-de-Dôme.
Vlaminckx (Adolphe), de Lille, à Saint-Paul-d'Eyjeaux, Haute-Vienne.
Vlaminckx (Jules), d'Armentières, à Saint-Didier-la-Séauve, Haute-Loire.
Vlemynck (Cyrille), de Mouvaux, à Ladignac, Haute-Vienne.
Vlieghe (Charles), de Lille, à Saint-Jodard, Loire.
Vogt (Xavier), de Lille, au Palais, Haute-Vienne.
Voituron (Cécile) et fam., de Ferrière-la-Grande, à Dreux, Eure-et-Loir.
Volkaert (Charles), de Lys-lez-Lannoy, à Azat-le-Riz, Haute-Vienne.
Vonvon Beck, de ....., à Linards, Haute-Vienne.
Vou Laucher (Gustave), de Lille, à Ladignac, Haute-Vienne.
Voss (Florimond), de Lille, à Saint-Aubin, Jura.
Vreuly (Marcel), de Lille, à Pensol, Haute-Vienne.
Vriese (Edouard de), de Raches, à Illiers, Eure-et-Loir.

Vuyherhaeghe (Adolphe), de Lille, à Vayres, Haute-Vienne.
Vuylstcke (Charles), de Lille, au Vigen, Haute-Vienne.
Vyncke (Julien), de Lille, à Cognac, Haute-Vienne.
Wackens (Adolphe), de Lille, à Châlus, Haute-Vienne.
Wackens (Emile), de Lille, à Gatey, Jura.
Wagon (Paul), du Forest, à Saint-Etienne, Loire.
Walbrecq (Jeanne) et enf., de Maubeuge, à Montens, Tarn.
Wallanz (Jean), de Roubaix, à Saint-Brice, Haute-Vienne.
Walon (Henri) et enf., de Lille, à Saint-Laurent-sur-Gorre, Haute-Vienne.
Wallard (Arthur), de Lille, à Champagnac, Haute-Vienne.
Wallerand (Oscar) et fam., de Feignies, à Saint-Gratien, Seine-et-Oise.
Wallerand (Nicolas) et fam., de Feignies, à Saint-Gratien, Seine-et-Oise.
Wallart (Pierre), de La Bassée, à Annoire, Jura.
Wanche (Albert), d'Armentières, à Saint-Romain-Lachalm, Haute-Loire.
Wambre (Léon), d'Armentières, aux Chalards, Haute-Vienne.
Wanaverbecq (Philippe), de ....., à Cussac, Haute-Vienne.
Wanaverbecq (Marcel), de Roubaix à Cussac, Haute-Vienne.
Warembourg (Léon) et enf., de Loos, à Saint-Bonnet-Briance, Hte-Vienne.
Warembourg (Victor), de Lille, à Riotord, Haute-Loire.
Warié (Auguste) et fam., de Lille, à Verneuil-sur-Vienne, Haute-Vienne.
Warin (Mme) et enf., de Lille, à Arnouville-lès-Gonesse, Seine-et-Oise.
Warin (Victor), de Lille, à Saint-Jodard, Loire.
Warin (Arthur) et fam., d'Armentières, à Poissy, Seine-et-Oise.
Warnier (Louis), de Lille, à Aulnay, Charente-Inférieure.
Waroquiez (Auguste), de Lille, à Cognac, Haute-Vienne.
Waslyn (Jules), de Tourcoing, à Lavelanet, Ariège.
Watterloo (Léon) et fam., d'Annœullin, à Perthenay, Deux-Sèvres.
Watrelos (Désiré), de Verlinghem, à Authezat, Puy-de-Dôme.
Watrelos (Gaston), de Verlinghem, à Authezat, Puy-de-Dôme.
Watrelos (Edmond), de Verlinghem, à Authezat, Puy-de-Dôme.
Watel (Charles), d'Aniches, à Saint-Auvent, Haute-Vienne.
Wattaux (Emile), d'Orchies, à Chambon, Charente-Inférieure.
Watteau (Adolphe), de Libvin, à Orléans, Loiret.
Watyn (Cyrille), de Tourcoing, à Jabreilles, Haute-Vienne.
Wauters (Henri), de Lille, à Boynac, Haute-Vienne.
Wauthier (Mme) et fam., de Gognies-Chaussée, à Campbon, Loire-Inférieure.
Waymel (François), de Wavrin, à Oradour-sur-Vayres, Haute-Vienne.
Werquin (Louis), de Péronchies, au Pin, Deux-Sèvres.
Weytens (Arthur), de ....., à Saint-Symphorien, Haute-Vienne.
Wgoux (Sophie) et enf., de Steevork, au Chambon-de-Tence, Haute-Loire.
Wibaux (Louis), de Tourcoing, à Vayres, Haute-Vienne.
Widdeshoven (Adèle) et enf., de Fourmies, à Corbeil, Seine-et-Oise.
Williatte (Charles) et fam., de Somain, à Ris-Orangis, Seine-et-Oise.
Willaert (Emile), de Roubaix, à Rive-de-Gier, Loire.
Wilmart (Emile), du Catrau, à Versailles, Seine-et-Oise.
Wilmart (Lucie), du Cateau, à Versailles, Seine-et-Oise.
Wilms (Henri), de Lille, à Verneuil-sur-Vienne, Haute-Vienne.
Wils (Louis), de Roubaix, à Cognac, Haute-Vienne.
Willems (Jean-Baptiste), de Loos, à Ladignac, Haute-Vienne.
Wicart (Louise) et enf., de Maubeuge, à Mantans, Tarn.
Windey (Pierre), de Tourcoing, à Maisonnais, Haute-Vienne.
Withieu (Gaston), de ....., à Cussac, Haute-Vienne.
Wluéminck (Georges) et enf., de Lille, à Saint-Amand-le-Petit, Hte-Vienne.
Wogau (François), de Lewarde, à Cormeilles-en-Vexin, Seine-et-Oise.
Wogau (Constant), de Lewarde, à Cormeilles-en-Vexin, Seine-et-Oise.
Waschier (Auguste), de Lille, à Saint-Jean-des-Ollières, Puy-de-Dôme.
Wuairy (Marcel), de Lille, à Saint-Jodard, Loire.
Wugeux (Henri), de Fromelles, à Saint-Jodard, Loire.
Wuilmotte (Alphonse), de ....., à Peyrilhac, Haute-Vienne.
Wyffeb (Germain), de Quesnoy-sur-Deule, à Gatey, Jura.
Yung (Marcel), de Lille, aux Chalards, Haute-Vienne.

17e LISTE.

Adam (Nicolas), de Maubeuge, à Canet, Hérault.
Aelbrecht (Albert) et fam., de Watrelos, à Torcy, Saône-et-Loire.
Alonso (Zapico), de Flers-en-Escrebieux, à Saint-Eloy, Puy-de-Dôme.
Ameriinck (Jules), de Lille, à Lunas, Hérault.
Andris (Maurice), de Bruay-sur-Escaut, à Saint-Etienne, Loire.
Andrieux (Médard), de Roubaix, à Clermont-Ferrand, Puy-de-Dôme.
Anne (Georges), de Lille, à Vicussan, Hérault.
Antoine (Henri), d'Aniche, à Lunas, Hérault.
Arkkels (Luvinus van), de Lille, à Puisserguier, Hérault.
Assdignon (Désiré), de Lille, à Cruzy, Hérault.
Aunès (Gabriel), de Lille, à Puissalicon, Hérault.
Avet (Albert), de Denain, à Tressan, Hérault.
Backeljan (Joseph), de Tourcoing, à Torcy, Saône-et-Loire.
Baisez (César), de Roubaix, à Puisserguier, Hérault.
Bajeux (Marie) et fam., de Lille, à Clermont-Ferrand, Puy-de-Dôme.

Barron (Emile) et fam., de Seclin, à Bausat, Puy-de-Dôme.
Barbieux (Célestin), de Douchy, à Saint-Florent-des-Bois, Vendée.
Barbez (Gustave), de Lille, à Puisserguier, Hérault.
Basquin (Olympe) et fam., de Beauvais, à Clermont, Puy-de-Dôme.
Hastoen (Marie), de Lille, à Clermont, Puy-de-Dôme.
Baux (Aimable), de Lesquin, à Cessenon, Hérault.
Baux (Charles), de Lesquin, à Cessenon, Hérault.
Bouvens (Victor), de Lille, à Saint-André-de-Sangonis, Hérault.
Baudery (Valentine), de Neuve-Église, à Montpellier, Hérault.
Baury (Henri), de Lille, à Trélys, Hérault.
Bayon (Aimé), de Lewarde, à Saint-Bauzille-de-Putois, Hérault.
Beauvallet (Albert), de Denain, à Peyrehorade, Landes.
Bécu (Victor), de Loos-les-Lille, à La Roche-sur-Yon, Vendée.
Bécourt (Arsène), de Lille, à Ganges, Hérault.
Bénet (Marie), de Fourmies, à Chalon-s.-Saône, Saône-et-Loire.

Bertin (Jules), de Douchy, à Saint-Florent-des-Bois, Vendée.
Bevernage (Arthur), de Lille, à Luvelanet, Ariège.
Biesbrauck (Henri), de Tourcoing, à Ganges, Hérault.
Biot (Charles), de Lille, à Saint-André-de-Sangonis, Hérault.
Blanchard (Oscar) et fam., de Maubeuge, à Ambert, Puy-de-Dôme.
Blauwart (Charles), de Roubaix, à Saint-Pons, Hérault.
Blanward (Émile), d'Haubourdin, à Campagnan, Hérault.
Blandel (Charles), d'Armentières, à Ganges, Hérault.
Blondeau (Eugène), de Lille, à Puissalicon, Hérault.
Blotteau (Léomide), de Douai, à Clermont, Puy-de-Dôme.
Bocquillon (Constant), de Somain, à Peyrehorade, Landes.
Bocquet (Henri), de Douai, à Montpellier, Hérault.
Bodson (Amélie), de Maubeuge, à Canet, Hérault.
Boisseaux (Alphonse), de Valenciennes, à Lunas, Hérault.
Borrey (Charles), de Quesnay-s-Deule, à Vendémian, Hérault.
Borence (Henri), d'Armentières, à Nébian, Hérault.
Borence (Georges), d'Armentières, à Nébian, Hérault.
Bossut (Jules), de Roubaix, à Puisserguier, Hérault.
Bourguignon (Laure), de Recquignies, à Clermont, Puy-de-Dôme.
Bourghelle (Edouard), de Dorignies, à Saint-Eloy, Puy-de-Dôme.
Bouvry (Léon), de Lille, à Mareuil-s-Lay, Vendée.
Bourguignon (Zéphyr), de Recquignies, à Clermont, Puy-de-Dôme.
Boudaille (Emile) et fam., de Fourmies, à Clermont, Puy-de-Dôme.
Bourquet (Léon), d'Armentières, à Saint-Yan, Saône-et-Loire.
Bouquet (Raymonde), d'Armentières, à Saint-Yan, Saône-et-Loire.
Bouquet (Julia), d'Armentières, à Saint-Yan, Saône-et-Loire.
Bouisseaux (Jules), de Lille, à Ganges, Hérault.
Brancourt (Eugène) et père, de Lille, à Clermont, Puy-de-Dôme.
Braucourt (Eugène), de Lille, à Clermont, Puy-de-Dôme.
Brassard (Alfred), d'Armentières, à Vic-le-Comte, Puy-de-Dôme.
Braein (Pierre), de Tourcoing, à Saint-Pons-de-Mauchiens, Hérault.
Brignat (Ursule), de Lille, à Clermont, Puy-de-Dôme.
Brichy (Henri), de Lille, à Nébian, Hérault.
Brilleman (Emile), de Lille, à Cruzy, Hérault.
Brilleman (Pierre), de Lille, à Cruzy, Hérault.
Bribaut (Henri), de Roubaix, à Neffiés, Hérault.
Bricoul (Charles), d'Armentières, à Nébian, Hérault.
Brochart (Alphonse), de Saint-Amand-les-Eaux, à La Sauvetat, Puy-de-Dôme.
Bruyn (François de), de Neuf-Mesnil, à Saint-Etienne, Loire.
Bruyckère (Laurent de), de Lille, à Neffiés, Hérault.
Bugenne (Fernand), d'Armentières, à Saint-Vincent-d'Olargue, Hérault.
Bulbeau (Gustave) et fam., de Roubaix, à Clermont, Puy-de-Dôme.
Burietz (Uranie), de Fromelles, à Montagny, Saône-et-Loire.
Burette (Lucie), de Fournes, à Issy-l'Evêque, Saône-et-Loire.
Burette (Marie), de Fournes, à Issy-l'Evêque, Saône-et-Loire.
Cagnet (François), d'Haubourdin, à Campagnan, Hérault.
Camberlin (Paul), de Lille, à Ganges, Hérault.
Canfin (Léon), de Roeulx, à Clermont, Puy-de-Dôme.
Canonne (Jean-Baptiste), d'Armentières, à Vic-le-Comte, Puy-de-Dôme.
Canonne (Lucienne), d'Armentières, à Vic-le-Comte, Puy-de-Dôme.
Capelle (Louise), d'Armentières, à Saint-Yan, Saône-et-Loire.
Carpentier (Henri), de Roubaix, à Mareuil-s-Lay, Vendée.
Carpentier (Jules), de Templeuve, à Saint-Yan, Saône-et-Loire.
Cartan (Michel), d'Armentières, à Aspirant, Hérault.
Cartan (André), de Lille, à Saint-Pons-de-Mauchiens, Hérault.
Carette (Edmond), de Lille, à Lespignan, Hérault.
Carpentier (Charles), de Lille, à Saint-Pons-de-Mauchiens, Hérault.
Carpentier (Léon), de Lille, à Cruzy, Hérault.
Carlier (Paul), de Roubaix, à Saint-Pons-de-Mauchiens, Hérault.
Castelain (Léopold), de Tourcoing, à Riom, Puy-de-Dôme.
Castelain (Arthur), de Tourcoing, à Lunas, Hérault.
Castelain (Auguste), de Lille, à Vieussan, Hérault.
Castrisse (Louis), de Lille, à Puisserguier, Hérault.
Catteau (Gustave), de Lille, à Aspirant, Hérault.
Cautteau (Hubert), de Denain, à Saint-André-de-Sangonis, Hérault.
Cavier (Hélène) et fam., de Lille, à Clermont-Ferrand, Puy-de-Dôme.
Cavels (Victor), de Tourcoing, à Vieussan, Hérault.
Canonne (Léonie), d'Armentières, à Vic-le-Comte, Puy-de-Dôme.
Chauvin (Irma), de Lille, à Clermont-Ferraud, Puy-de-Dôme.
Chauvin (Alexandre), de Lille, à Clermont-Ferrand, Puy-de-Dôme.
Chambart (Jules), de Loos, à Saint-André-de-Sangonis, Hérault.
Charlet (Henri), d'Haubourdin, à Neffiés, Hérault.
Chasseriaud (Edouard), de Lille, à Puisserguier, Hérault.
Chambart (Emile), d'Haubourdin, à Montpellier, Hérault.
Chesnier-Duchesne (Albert), de Lille, à Mareuil-s-Lay, Vendée.
Christiaens (Edouard), de Loos, à Mareuil-s-Lay, Vendée.
Clais (Victor), de Sin-le-Noble, aux Mines de Trélys, Hérault.
Clacys (Emile), de Comines, aux Mines de Trélys, Hérault.
Cocheteux (Georges), de Croix, à Puissalicon, Hérault.
Cochez (Jean-Baptiste), de Donai, à Tressan, Hérault.
Colin (Marcel), de Marcquet-Darœuf, à Clermont, Puy-de-Dôme.

Nord.

Colette (Augustine), d'Haubourdin, à Campagnan, Hérault.
Colbaut (Charles), de Tourcoing, à Montpellier, Hérault.
Colbaut (Charles), de Tourcoing, à Lunel, Hérault.
Combez (Constant), d'Armentières, à Saint-André-de-Sangonis, Hérault.
Consil (Auguste), d'Aniche, à Saint-Eloy, Puy-de-Dôme.
Coppernolle (Gentil Van), de Roubaix, à.... Hérault.
Coppens (Pierre), de Lille, à Puisserguier, Hérault.
Cornu (Georges), de Lille, à Lespignan, Hérault.
Corbelle (Jules), de Lille, à La Sauvetat, Puy-de-Dôme.
Costenoble (Louis), de Herlies, à Montagny, Saône-et-Loire.
Cossement (Remy), de Fouquié, à Saint-Bauzille-du-Putois, Hérault.
Coton (Louis), de Guesmain, à Boudes, Puy-de-Dôme.
Couvreur (Henri), d'Haubourdin, à Clermont-Ferrand, Puy-de-Dôme.
Coustenoble (Charles), de Promelles, à Montigny, Saône-et-Loire.
Coudenys (Frédéric), d'Armentières, à Roquebrun, Hérault.
Cox (Jacques), de Lille, à Tressan, Hérault.
Crambez (Edouard), de Lille, à Nébian, Hérault.
Daite (Arsène), de Tourcoing, à Saint-Vincent-d'Olargue, Hérault.
Danglot (Eugène), de Fenain, à Saint-Etienne, Loire.
Danglot (Eugène), de Fenain, à Saint-Etienne, Loire.
Darras (Jules), de Lille, à Cruzy, Hérault.
Dastricourt (Robert), de Lille, à Campagnan, Hérault.
Davril (Edouard), de Phalempin, à Saint-Bauzille-du-Putois, Hérault.
Debaisieux (François), de Roubaix, à Montpellier, Hérault.
Dehoo (Charles), de Lille, à Clermont-Ferrand, Puy-de-Dôme.
Debacker (François), de Roubaix, aux Mines de Trélys, Hérault.
Deblemant (Charles), de Lille, à Tieussan, Hérault.
Débruille (Louis), de Lille, à Nébian, Hérault.
Decarnin (Raoul), de Nieppe, à Saint-Yan, Saône-et-Loire.
Decalasse (Séraphine) et fam., d'Armentières, à Saint-Yan, Saône-et-Loire.
Decœne (Jules) et fam., de La Madeleine, à Torcy, Saône-et-Loire.
Decloedt (Edgard), de Roubaix, à Tieussan, Hérault.
Decolne (Paul), de La Madeleine, aux Mines de Trélys, Hérault.
Deconinck (Jules), de Lambersart, à Pauzolles, Hérault.
Decok (Marceau), de Tourcoing, à Aspirant, Hérault.
Decotteguies (Gervais), de Roubaix, à Saint-Pons, Hérault.
Deconinck (Henri), de Lambersart, à Pauzolles, Hérault.
Defonge (Louis), de Lille, à Lespignan, Hérault.
Drfieux (Charles), de Perenchies, à Ganges, Hérault.
Degrave (Emile), d'Armentières, aux Mines de Trélys, Hérault.
Degrave (Alphonse), d'Armentières, aux Mines de Trélys, Hérault.
Delmeulle (Arthur), d'Annappes, à Pauzolles, Hérault.
Dehague (Charles), de Lille, à Lunas, Hérault.
Deharis (Ernest), de St-Laurent-Blangy, à St-André-de-Sangonis, Hérault.
Debont (Pierre), de Valenciennes, à Cruzy, Hérault.
Dekens (Edmond), de Lille, à Ganges, Hérault.
Dekokere (Victor), de La Madeleine, à Mareuil-s-Lay, Vendée.
Dekens (Théophile), d'Hellemmes, à Puisserguier, Hérault.
Deleur (Marie) et enf., de Wervicq, à Ceyras, Hérault.
Delsaut (Caroline), de Dorignies, à Saint-Eloy, Puy-de-Dôme.
Delsaut (Laurent), de Dorignies, à Saint-Eloy, Puy-de-Dôme.
Delobel (Jean-Baptiste), de Coteleu-Lomme, à La Sauvetat, Puy-de-Dôme.
Delcroise (Virginie), de Dochy, à Montaigut-le-Blanc, Puy-de-Dôme.
Delaunoy (Augustin), de Saint-André-lez-Lille, à La Sauvetat, Puy-de-Dôme.
Deleneuville (Antoine), de Fournes, à Issy-l'Evêque, Saône-et-Loire.
Delecourt (Arthur), de Rauchin, à Cessenon, Hérault.
Deleneuville (Rosalie), de Fromelles, à Issy-l'Evêque, Saône-et-Loire.
Delecluse (Edouard), de Roubaix, à Lunas, Hérault.
Dehueste (Gustave), de Lille, à Montpellier, Hérault.
Delhaye (Louis), de Roubaix, à Montpellier, Hérault.
Delaunoy (Léon), de Lille, à Lespignan, Hérault.
Delattre (Alfred), de Lille, à Puisserguier, Hérault.
Delcourt (Edouard), de Lille, à Montpellier, Hérault.
Delos (Eugène), de Lille, à Aspirant, Hérault.
Delos (Henri), de Lille, à Trélys, Hérault.
Delos (Charles), de Lille, à Nébian, Hérault.
Delobelle (Paul), de Lille, à Nébian, Hérault.
Delespaux (Georges), de Tourcoing, à Vieussan, Hérault.
Delebarre (Edouard), de Roubaix, à Vendémian, Hérault.
Delefosse (Louis), de Lille, à Saint-Pons, Hérault.
Deletombe (Moise), d'Armentières, à Vieussan, Hérault.
Delos (Marie), de Radinghem, à Barnay, Saône-et-Loire.
Delaye (Marie), de Valenciennes, à Senozan, Saône-et-Loire.
Delaye (Sabine), de Valenciennes, à Senozan, Saône-et-Loire.
Delcambre (Michel), de Valenciennes, à l'Ile-d'Elle, Vendée.
Delecluze (Henri), de Lille, à Poiré-sur-Velluire, Vendée.
Démarlier (Jules), de Fenain, à Saint-Etienne, Loire.
Démarlier (Emile), de Fenain, à Saint-Etienne, Loire.
Demau (Ernest), d'Armentières, à Neffiés, Hérault.
Demion (Emile), de Lille, à Vieussan, Hérault.
Déquirez (Eugène), de Perenchies, à Trélys, Hérault.

Derval (Mathilde), d'Honnecourt, à Nogent-sur-Seine, Aube.
Derval-Flavignie (Maria), d'Honnecourt, à Nogent-sur-Seine, Aube.
Derval (Marguerite), d'Honnecourt, à Nogent-sur-Seine, Aube.
Derval (Léon), d'Honnecourt, à Nogent-sur-Seine, Aube.
Derval (Gaston), d'Honnecourt, à Nogent-sur-Seine, Aube.
Derval (Ernest), d'Honnecourt, à Nogent-sur-Seine, Aube.
Derval (Aline), d'Honnecourt, à Nogent-sur-Seine, Aube.
Deroubaix (Eugène), de Lille, à Reignat, Puy-de-Dôme.
Déroo (Gérémie), d'Hazebrouck, à Luzillat, Puy-de-Dôme.
Dererf (Arthur), de Lille, à Bondes, Puy-de-Dôme.
Derbaix (Henriette) et fam., de Boussois, à Riom, Puy-de-Dôme.
Derider (Richard), de Roubaix, à Mareuil-sur-Lay, Vendée.
Derache (Eloi), de Lille, à Lespignan, Hérault.
Deroubaix (François), de Roubaix, à Vieussan, Hérault.
Deregnancourt (Jules), de Lille, à Campagnan, Hérault.
Dereddor (Charles), de Faches-Thumesnil, à Cessenon, Hérault.
Dervaux (Paul), de Ronq, à Saint-André-de-Sangonis, Hérault.
Despierres (Louise) et enf., d'Ennetières-en-Weppes, à Bizot, Saône-et-Loire.
Dessin (Rosalie), de La Chapelle-d'Armentières, à Vic-le-Comte, Puy-de-D.
Dessin (Charles) et fam., d'Armentières, à Vic-le-Comte, Puy-de-Dôme.
Desrousseaux (Georges), de Marquette, à la Sauvetat, Puy-de-Dôme.
Desmons (Narcisse), de Dorignies, à Saint-Eloi, Puy-de-Dôme.
Descamps (Louis), d'Houplines, à Courmon, Puy-de-Dôme.
Destrez (Claudine), d'Orsié-Douai, à Clermont, Puy-de-Dôme.
Dessat (Jean-Baptiste) et fam., de la Madeleine, à Clermont, Puy-de-Dôme.
Deseillé (Henri), de Lille, à Saint-Maurice, Hérault.
Desauve (Georges), de Roubaix, à St-Pons-de-Mauchiens, Hérault.
Desmarchelier (Baptiste), de Lille, à Saint-Pons, Hérault.
Desmadryl (Léon), de Roubaix, à Tressan, Hérault.
Desaint (Alfred), de Lille, à Montpellier, Hérault.
Desaine (Georges), de Roubaix, à Tressan, Hérault.
Descamps (Paul), de Quesnoy-sur-Deule, à Vendemian, Hérault.
Descamps (Georges), de St-Amand-des-Eaux, à Trélys, Hérault.
Descarpentrier (Jean), de Lille, à Tressan, Hérault.
Desfontaine (Achille), de Roubaix, à Neffiès, Hérault.
Descamp (Léonie), de Wervicq, à Ceyras, Hérault.
Desrumeaux (Baptiste), de Linselles, à Ganges, Hérault.
Detrez (Léon), de Waziers, à Clermont, Puy-de-Dôme.
Devriendt (Henri), de Lille, aux Bizots, Saône-et-Loire.
Devroute (Marie) et fam., de Fromelles, à Montagny, Saône-et-Loire.
Devriès (Jules), du Quesnoy-sur-Deule, à Vendemian, Hérault.
Devoilde (Alphonse), de Lille, à Cruzy, Hérault.
Devers (Hector), d'Armentières, à Montpellier, Hérault.
Dévenot (Gustave), de Douai, à Ganges, Hérault.
Dewast (Daniel), de Tourcoing, à Ganges, Hérault.
Dewarumer (Joseph), de Fenain, à St-Julien-en-Born, Landes.
Dewarumez (Léonie), de Douai, à Dax, Landes.
Dewarumez (Jules), de Fenain, de Douai, à St-Julien-en-Born, Landes.
Dhuist (Paul), de Roubaix, à Puisserguier, Hérault.
Dieu (Nicolas), de Roubaix, à Clermont, Puy-de-Dôme.
Diot (Marie), de Lille, à Clermont, Puy-de-Dôme.
Dobbelaere (Julia) et fam., de Maubeuge, à Clermont, Puy-de-Dôme.
Donkeroolke (Jules), d'Haubourdin, à Neffiès, Hérault.
Dooze (Léon), de Lille, à Ganges, Hérault.
Dooze (Emile) et fam., d'Armentières, à La Sauvetat, Puy-de-Dôme.
Duvillor (Jean-Baptiste), d'Aniche, à Saint-Eloi, Hérault.
Doye (Victor), de Valenciennes, à Tressan, Hérault.
Drecq (Georges) et fam., de Verchain, à Clermont-Ferrand, Puy-de-Dôme.
Drossart (Baptiste), de Maubeuge, à Canet, Hérault.
Droulez (Georges), de Tourcoing, à Torcy, Saône-et-Loire.
Dua (Joseph), de Lille, à Cruzy, Hérault.
Dubois (Hippolyte), d'Aniche, à Olliergues, Puy-de-Dôme.
Dubois (Désiré), de Lille, à Lespignan, Hérault.
Ducatillon (Charles), de Seclin, à Ganges, Hérault.
Ducatillon (Alfred), de Seclin, à Ganges, Hérault.
Ducroq (Paul), de Roubaix, à Lasbros, Lozère.
Ducroq (Edouard), de Roubaix, à Lasbros, Lozère.
Dufour (François), de Remy, à Saint-Pons-de-Mauchiens, Hérault.
Dufermont (Henri), de Lys-lez-Lannoy, à Mareuil-sur-Lay, Vendée.
Duflot (Andréa), de Waziers, à Clermont-Ferrand, Puy-de-Dôme.
Dujardin (Victor), de St-André-les-Lille, à Ganges, Hérault.
Dumont (Delphin) et enf., de La Madeleine, à Torcy, Saône-et-Loire.
Dumortier (Albert), de Roubaix, à Saint-Vincent d'Olargue, Hérault.
Dumortier (Auguste), de Loos, à Saint-André-de-Sangonis, Hérault.
Dumont (Jules), d'Hem, à Tressan, Hérault.
Dumont (Jules), de Lille, à Ganges, Hérault.
Dumont (Ernest), de Lille, à Ganges, Hérault.
Dumez (Louis), de Lomme, à Neffiès, Hérault.
Dupont (Charles), de Lille, à Lunas, Hérault.
Dupont (Claude), de Lille, à Aspirant, Hérault.
Dupriez (Pierre), de Denain, à Saint-Etienne, Loire.

Duquesne (Henri), de Marcq-en-Barœul, à Montpellier, Hérault.
Duquesnoy (Paul), de Tourcoing, à Aspirant, Hérault.
Duquesné (Oscar), de Roubaix, à Clermont-l'Hérault, Hérault.
Dusseau (Prosper), de Denain, à Puissalicon, Hérault.
Dussart (Henri), de Lille, à Saint-Beauzire, Puy-de-Dôme.
Dussart (Laure), de Maubeuge, à Canet, Hérault.
Dutilleux (Désiré), de Lille, à Nébian, Hérault.
Dutilleul (Jean), de Tourcoing, à Aspirant, Hérault.
Facq (Albert), de Lille, à Clermont, Puy-de-Dôme.
Fache (Maria), de Fromelles, à Bornay, Saône-et-Loire.
Farvacque (Henri), de Croix, à Brantôme, Dordogne.
Fourdraine (François), de Douai, à Montady, Hérault.
Favier (Joseph), de Loos, à Ligueux, Dordogne.
Fidelle (Charles), de Lille, à Pouzolles, Hérault.
Filleux (Louise) et fam., de Recquignies, à Clermont-Ferr., Puy-de-Dôme.
Fleutetot (Mathilde), de Maubeuge, à Montheyroux, Hérault.
Flippo (Paul), de Wambrechies, à Agonac, Dordogne.
Floraux (Louis), de La Madeleine, à Pouzolles, Hérault.
Florent (Achille), de Roubaix, à Vieussan, Hérault.
Florin (Albert), de Tourcoing, à Fossemagne, Dordogne.
Fort (Joseph), de Reulles, à Clermont-Ferrand, Puy-de-Dôme.
Foucart (Henri), de Monvaux, à Saint-Orse, Dordogne.
Foucard (Alfred), d'Anzin, à Mareuil-sur-Lay, Vendée.
François (Emile), de Lille, à Mareuil-sur-Lay, Vendée.
Franchomme (Alfred), de Roubaix, à Neffiès, Hérault.
Frenaux (Jules), de Lille, à Vandemian, Hérault.
Frotin (Désiré), du Quesnoy, à Cressensac, Dordogne.
Fruy (Auguste), de Roubaix, à Puisserguier, Hérault.
Fontaine (Jules), d'Armentières, à Roquebrun, Hérault.
Fortrie (Emile), du Quesnoy-sur-Deule, à Pouzolles, Hérault.
Fruit (Joseph), de Marcq-en-Barœul, à Lunas, Hérault.
Fruleux (Charles), de Fournes-en-Weppes, à St-Germain-d-Pr., Dordogne.
Fuscune (Jean-Baptiste), d'Allennes-les-Marais, à Clermont, Puy-de-Dôme.
Gacquer (Fortuné), de La Madeleine, à Ligneux, Dordogne.
Gadenne (Jules), de Roubaix, à La Sauvetat, Puy-de-Dôme.
Galvani (Luigi), de Saint-Pol, à Saint-Etienne, Loire.
Gallet (Jane), de Douai, à Royat, Puy-de-Dôme.
Gamelin (Philomène), d'Armentières, à La Sauvetat, Puy-de-Dôme.
Gardez (Hector), de Thumesnil, à Saint-Paul-de-Serre, Dordogne.
Gaspard (Baptiste), d'Orchy, à Vendemian, Hérault.
Gaudry (Louis) et fam., d'Avesnes-le-Sec, à Nogent-sur-Seine, Aube.
Gaudry-Dupuis (Catherine), d'Avesnes-le-Sec, à Nogent-sur-Seine, Aube.
Gendron (Gaston), de Lille, à St-Crépin-d'Ambert, Dordogne.
Germain (Julien), de Wattrelos, à Cressensac, Dordogne.
Germeyns (Paul), de Lille, à La Sauvetat, Puy-de-Dôme.
Ghyselinck (Paul), de Lille, à St-André-de-Sangonis, Hérault.
Glandier (Hortense) et fam., de Trelon, à Clermont-Fer., Puy-de-Dôme.
Glineur (Félix), de Valenciennes, à Saint-Trié, Dordogne.
Glorieux (Jules), de Toufflers, à St-Germain-des-Prés, Dordogne.
Glorieux (Achille), de Roubaix, à La Sauvetat, Puy-de-Dôme.
Gobert (Georges), de Lille, à Mareuil-sur-Lay, Vendée.
Gobert (Henri), de Lille, à Mareuil-sur-Lay, Vendée.
Gousse (Charles), de Lille, à Lunas, Hérault.
Gorgé (Georges), de Marcq-en-Barœul, à Mayac, Dordogne.
Cosset (Julia) et enf., de Neuf-Mesnil, à Mozac, Puy-de-Dôme.
Graveline (Louis), de Lille, à Montady, Hérault.
Greff (Robert), de Saint-Amand, à Trélys, Hérault.
Greff (Pierre), de Saint-Amand, à Trélys, Hérault.
Grenier (Antoine), de Montigny, à Saint-Etienne, Loire.
Croux (Léopold) et enf., de Salomé, à St-Jean-de-Trézy, Saône-et-Loire.
Groux (Léopold) et fam., de Salomé, à St-Jean-de-Trézy, Saône-et-Loire.
Guilluy (Aline) et enf. recueilli, de Maubeuge, à Canet, Hérault.
Guison (Albert), de Rœul, à Exideuil, Dordogne.
Guitton (Jules), de Denain, à Trélys, Hérault.
Haerninck (Albert), de Mouvaux, à Exideuil, Dordogne.
Hage (Robert), de Saint-André-les-Lille, à Aspirant, Hérault.
Hageman (Henri), de Lille, à Nébian, Hérault.
Halloy (Auguste), de Lille, à Lunas, Hérault.
Halluin (Jules), de La Chapelle-d'Armentières, à Sorges, Dordogne.
Handegond (Eloi), de Lille, à Exideuil, Dordogne.
Hanon (Joseph), de Lille, à Ganges, Hérault.
Haroux (Jean), de Roubaix, à Monthellin, Hérault.
Haroux (Jean), de Croix, à Monthellin, Hérault.
Husquin (Marcel), de Lannoy, à Preyssac-d'Exideuil, Dordogne.
Hellain (Pierre), de Wattrelos, à Puisserguier, Hérault.
Helbeceque (Henri), de Guesnain, à Saugnacq-et-Cambran, Landes.
Hénart (Eugène), de Camphin-en-Carembault, à Chourniac-d'Ans, Dordogne.
Hennebert (Elisa), d'Hautinart, à Clermont-Ferrand, Puy-de-Dôme.
Hequette (Alphonse), de Tourcoing, à Monthellin, Hérault.
Hery (Henri), d'Anzin, à Saint-Orse, Dordogne.
Heuré (Félix), de Lille, à Clermont-Ferrand, Puy-de-Dôme.

Heuré (Eugénie), de Lille, à Clermont-Ferrand, Puy-de-Dôme.
Hobbé (Paul), de Lille, à Aspirant, Hérault.
Hoffman (Maurice), de La Madeleine, à Brantôme, Dordogne.
Hoogstœl (Henri), de Loos, à Ligueux, Dordogne.
Hory (Charles), de Lille, à Montpellier, Hérault.
Huilliers (Charles), de Séranvillers, à Giat, Puy-de-Dôme.
Hulord (Jean), de Lomme, à Cessenon, Hérault.
Hurez (Léon), de Lille, à Lunas, Hérault.
Hypolite (Robert), de Lille, à Clermont-Ferrand, Puy-de-Dôme.
Jacquemain (Alexis), de Roubaix, à Clermont-l'Hérault, Hérault.
Jadem (Maurice), de La Madeleine, à Saint-Pierre-de-Chignac, Dordogne.
Janssens (Adolphe), de Croix, à Granges-d'Ans, Dordogne.
Jouret (Antoine), de Lhomme, à Vendemian, Hérault.
Jax (Gustave), de Lille, à Claret, Hérault.
Jax (Gustave), de Lille, à Restinclières, Hérault.
Jorieux (Louis), de Lille, à Cressensac, Dordogne.
Julio (Marie), de Bousbecques, à Vic-le-Comte, Puy-de-Dôme.
Kelder (Jean), de Lille, à Vendemian, Hérault.
Keyster (Charles), de Lille, à Nébian, Hérault.
Labÿt (Maria), d'Armentières, à Saint-Yan, Saône-et-Loire.
Laethem (Jean-Baptiste), de Tourcoing, à Torcy, Saône-et-Loire.
Lafont (Irène), de La Chapelle-d'Armentières, à Vic-le-Comte, Puy-de-Dôme.
Lagache (Paul), de Lille, à Aspirant, Hérault.
Lalande (Edouard), de Dorignies, aux Mines de Trélys, Hérault.
Lamboley (Michel), de Lille, à Nébian, Hérault.
Lampret (Cyrille), de Fenain, à Saint-Etienne, Loire.
Lamblin (Charles), de Lesquin, à Cessenon, Hérault.
Lambin (René), de Haubourdin, à Tressan, Hérault.
Lambaert (Auguste), d'Armentières, à Vieussan, Hérault.
Lamiroy (Joseph), de Hautmont, aux Mines de Trélys, Hérault.
Largillier (Alexandre), de Roubaix, à Montpellier, Hérault.
Laude (Alphonse) et fam., de Cambrai, à Clermont-Ferrand, Puy-de-Dôme.
Leblanc (Charles), de Lesquin, à Saint-Etienne, Loire.
Leblanc (Paul), de Fromelles, à Autun, Saône-et-Loire.
Leblond (Louis), d'Armentières, aux Mines de Trélys, Hérault.
Le Cherf (Jean), de La Madeleine, à Pouzolles, Hérault.
Leclercq (Ernest), de Roubaix, à Tressan, Hérault.
Leconte (Anatole), de Somain, à Saint-Etienne, Loire.
Lécu (Achille), de Valenciennes, à Mareuil-sur-Lay, Vendée.
Lécomte (Clovis), de Lille, à Mareuil-sur-Lay, Vendée.
Lécocq (Rosalie), de Marcq-en-Barœul, à Riom, Puy-de-Dôme.
Lefebvre (Alfred) et fam., de La Madeleine-lez-Lille, à La Sauvetat, Puy-de-D.
Lefèvre (Marie), de Hautmont, à Cermont-Ferrand, Puy-de-Dôme.
Lefebvre (Augustin), de Roubaix, à Montpellier, Hérault.
Lefranc (Louis), de Lille, à Nébian, Hérault.
Lefrancq (Aimé), de Wattrelos, à Vendemian, Hérault.
Légrand (Jules), de Douai, à Boudes, Puy-de-Dôme.
Lepetit (Hector), de Lille, à Puisserguier, Hérault.
Lepez (François), de Lille, aux Mines de Trélys, Hérault.
Lepory (Henri), de Roubaix, à Saint-Pons, Hérault.
Leignel (Emilie), de Lille, à Lespignan, Hérault.
Lejeune (Céline), de Jeumont, à Clermont-Ferrand, Puy-de-Dôme.
Lejeune (Emile), de Jeumont, à Clermont-Ferrand, Puy-de-Dôme.
Lejeune (François) et fam., d'Armentières, à Saint-Sever, Landes.
Le Jardé (Jeanne), de Lille, à Clermont-Ferrand, Puy-de-Dôme.
Lelièvre (Désiré), de Woizier, à Saint-Eloy, Puy-de-Dôme.
Lemestre (Alphide), de Lille, à Mareuil-sur-Lay, Vendée.
Lemaitre (Henri), de Lille, à Mareuil-sur-Lay, Vendée.
Lemabieu (Charles), de Lille, à Poiré-sur-Velluin, Vendée.
Lemaire (Arthur), de Lille, à Saint-Pons, Hérault.
Lemaine (Jules), de Flers-Lille, aux Mines de Trélys, Hérault.
Lemaire (Léon), de Lille, à Campagnan, Hérault.
Lemahieu (Louis), de Tourcoing, à Pouzolles, Hérault.
Lemaire (Henri), de Fromelles, à Issy-l'Evêque, Saône-et-Loire.
Lemaire (Marie), de Fromelles, à Issy-l'Evêque, Saône-et-Loire.
Lemaire (Charles) et fam., de Chapelle-d'Armentières, à Vic-le-Comte, P.-de-D.
Léonard (Joseph), de Roubaix, à Ganges, Hérault.
Leplat (Alfred), de Tourcoing, à Torcy, Saône-et-Loire.
Lepers (Alexandre), de Roubaix, à Clermont-l'Hérault, Hérault.
Leplat (Pierre), d'Armentières, à Vieussan, Hérault.
Leplat (Charles), à Saint-Vincent-d'Arlargue, Hérault.
Lepcix (Gilbert), de Fresnes-sur-Escaut, à Saint-Eloy, Puy-de-Dôme.
Leroy (Henri), de Wambrechies, à Pouzolles, Hérault.
Leroy (Auguste), d'Armentières, à Aspicant, Hérault.
Leroy (Emile), de Croix, à Nébian, Hérault.
Leschaeve (Angèle), d'Henvorde, à Pont-du-Château, Puy-de-Dôme.
Lespilet (Elise), de Maubeuge, à Canet, Hérault.
Levas (Jules), de Lille, à Vendemian, Hérault.
Leveaux (Arthur), de Roubaix, à Montpellier, Hérault.
Levillon (Eugène), de Roubaix, à Puissalicon, Hérault.
Liévens (Pierre), de Wattrelos, à Saint-Pons, Hérault.

Nord.

Liégeois (Paul), de Douai, à Saint-Bauzille-de-Putois, Hérault.
Linne (Hubert), d'Armentières, à Lunas, Hérault.
Lohausse (Victor), de Quesnoy-sur-Deule, à Vendemian, Hérault.
Lompret (Cyrille), de Fenain, à Saint-Etienne, Loire.
Lorthiois (Louis), de Roubaix, à Mareuil-sur-Lay, Vendée.
Lorthioir (Marcel), de Lille, à Soustons, Landes.
Loridan (Léon), de Comines, à Mareuil-sur-Lay, Vendée.
Lorthioir (Alfred), de Saint-Amand-les-Eaux, à Saint-Pons, Hérault.
Lorthioir (Charles), de Saint-Amans, de Saint-Pons, Hérault.
Luridant (Louis), de Roubaix, à Vic-Mireval, Hérault.
Loridant (Jean), de Croix, à Saint-Yan, Saône-et-Loire.
Marher (Théophile), de Lille, à Pouzolles, Hérault.
Mahieu (Jules), de Salomé, à Saint-Eloy, Puy-de-Dôme.
Marsy (Arthur), de Denain, à Saint-Etienne, Loire.
Maillet (Alexandre), d'Aniche, à Ganges, Hérault.
Mallet (Léandre), de Lille, à Puisserguier, Hérault.
Malvillakol (Mme) et enf., de Wervicq, à Ceyras, Hérault.
Marguillies (Jules) et fr. et sœurs, d'Ennetières-en-Veppes, aux Bizots, Saône-et-L.
Martel (Henri), d'Haubourdin, à Sainte-Marie-de-Chignac, Dordogne.
Martin (Jules), de Lille, à Saint-André-de-Sangonis, Hérault.
Martin (Eloi), de Lille, à Saint-Bauzille-du-Putois, Hérault.
Marits (Théophile), de Lille, à Campagnan, Hérault.
Maury (Léon), de Roubaix, à Reignat, Puy-de-Dôme.
Mercier (Marcel), de Marpent, à Saint-Remy-de-Chargnat, Puy-de-Dôme.
Meurisse (Jules), de Roubaix, à Mareuil-sur-Lay, Vendée.
Meunier (Juliette) et enf., de Maubeuge, à Montpeyroux, Hérault.
Meunier (Jean), de Roubaix, à Saint-Bauzille-du-Putois, Hérault.
Miro (Magloire), de Wattignies-les-Lille, à Ganges, Hérault.
Missy (Paul), de Saint-André-les-Lille, à Cessenon, Hérault.
Morq (Léon), de Douai, à Saint-Julien-en-Born, Landes.
Mollement (Louis), de Lille, à Cessenon, Hérault.
Montemy (Léon), d'Hellemmes-Lille, à Ganges, Hérault.
Mosci (Léon), de Lille, à Nébian, Hérault.
Moreau (Jean), de Lille, à Saint-Etienne, Loire.
Morits (Baptiste), de Lille, à Campagnan, Hérault.
Mulliez (Désiré), de Forest, à Mareuil-sur-Lay, Vendée.
Mulebecq (Charles), de Roubaix, à Puissalicon, Hérault.
Nachez (Auguste), de Somain, à Saint-Etienne, Loire.
Narlet (Jean), de Lille, à Saint-Remy-sur-Durolle, Puy-de-Dôme.
Natalis (Stéphanie), de La Madeleine, à Nogent-sur-Seine, Aube.
Neveux (Victor), de Lille, à Ganges, Hérault.
Neyrinck (Henri), de Mouveaux, à Saint-Etienne, Loire.
Nicol (Jean) et fam., de La Chapelle-d'Armentières, à Vic-le-Comte, Puy-de-D.
Nicole (Alphonse), de Lille, à Saint-Etienne, Loire.
Noel (Pierre) et fam., de Bruille-les-Marchiennes, à St-Amand-les-Eaux, P.-de-D.
Nuttin (Lucien), de Lille, à Ganges, Hérault.
Odebesse (Désiré), de Denain, à Saint-André-de-Sangonis, Hérault.
Olivier (Paul) et fam., de Chapelle-d'Armentières, à Vic-le-Comte, Puy-de-D.
Ollard (Arthur), de Lille, à Saint-André-de-Sangonis, Hérault.
Orelie (Gaston), de Lille, à Saint-André-de-Sangonis, Hérault.
Oudart (Henri), de Wambrechies, à Pouzolles, Hérault.
Pacq (Eugène), de Lille, à Campagnan, Hérault.
Pamart (Albert), d'Avesnes-le-Sec, à Nogent-sur-Seine, Aube.
Pamart-Delwarde (Armance), d'Avesnes-le-Sec, à Nogent-sur-Seine, Aube.
Pamart (Joseph), d'Avesnes-le-Sec, à Nogent-sur-Seine, Aube.
Parent (Paul), de Tourcoing, à Nébian, Hérault.
Passemiers (Edmond), de Roubaix, à Saint-Pons-de-Mauchiens, Hérault.
Pecqueur (Anselme), de Radinghen, à Barnay, Saône-et-Loire.
Pennequin (Paul), de Wandignies, à Saint-Etienne, Loire.
Perche (Marie) et fam., de La Chapelle-d'Armentières, à Vic-le-Comte, Puy-de-D.
Perche (Suzanne) et fam., de La Chap. d'Armentières, à Vic-le-Comte, Puy-de-D.
Petit (Ferdinand) et fam., de Maubeuge, à Montpeyroux, Hérault.
Philomele (Victor), de Raismes, à Saint-Pons, Hérault.
Philippe (Emile), de Lille, à Montady, Hérault.
Picque (Casimir), de Denain, aux Mines de Trélys, Hérault.
Picquette (Henri) et fam., de Masny, à St-Gervais-d'Auvergne, Puy-de-Dôme.
Pilliez (Louis), de Lille, à Saint-Vincent-d'Olargue, Hérault.
Pins (Fernand), de Lille, à Ganges, Hérault.
Planys (Gustave), de Wambrechies, à Pouzolles, Hérault.
Plouvier (Charles), de Marcq-en-Barœul, à Ganges, Hérault.
Plumecoq (Isidore), de La Madeleine, à Lunas, Hérault.
Pollet (Henri), de Somain, à Lunas, Hérault.
Portail (Louise), de Valenciennes, à Clermont-Ferrand, Puy-de-Dôme.
Pottier (Léon), de Lille, à Vieussan, Hérault.
Pottier (Henri), de Haubourdin, à Campagnan, Hérault.
Poulain (Jules), de Somain, à Saint-Eloy, Puy-de-Dôme.
Prenier (Jules), de Lille, à Lespinan, Hérault.
Proot (Gustave), de Marcq-en-Barœul, à Montady, Hérault.
Procureur (Gustave), de Lille, à Peyrehorade, Landes.
Pype (Camille), de Saint-André-des-Lille, à Ganges, Hérault.
Quéant (Joseph), de Guesnain, à Dax, Landes.

Queynou (Maria), de La Neuville-Saint-Rémy, à Lapeyreux, Puy-de-Dôme.
Quéniart (Fernande) et fam., de Marcq-en-Barœul, à Riom, Puy-de-Dôme.
Quidoz (Joseph), de Thun-Saint-Martin, à Mareuil-sur-Lay, Vendée.
Ravaut (Pharailde), de Lille, à Vic-le-Comte, Puy-de-Dôme.
Retlin (Jules), de Roubaix, à Vieussan, Hérault.
Reubreht (Charles), de Lille, à Aspirant, Hérault.
Ridart (Louis), de Rouchin, à Saint-Pons, Hérault.
Robert (Baptiste), de Denain, à Saint-André-de-Sangonis, Hérault.
Roose (Benoît de), d'Armentières, à Saint-Chinian, Hérault.
Rombaut (Charles), de Saint-Amand, à Saint-Pons, Hérault.
Roudèle (Antoine), de Lille, à Ganges, Hérault.
Rosseenn (Achille), de Roubaix, à Vieussan, Hérault.
Rossel (Rémi), de Marquette, à La Sauvetat, Puy-de-Dôme.
Rosselé (Louis), de Lille, à Vic-le-Comte, Puy-de-Dôme.
Rosiers (Jean-Baptiste), de Lille, à Ganges, Hérault.
Ruelle (Jules), de Lille, à Gosent, Puy-de-Dôme.
Saingier (Henri), de Péranchies, à Pouzolles, Hérault.
Samain (Iséonard), de Roubaix, à Ganges, Hérault.
Sauvage (Léonie), de Caudry, à Clermont-Ferrand, Puy-de-Dôme.
Schatteman (François), de Lille, à Cournon, Puy-de-Dôme.
Schellart (Jules) et fam., de Lille, à Nessés, Hérault.
Schoerperceel (Arthur), de Roubaix, à Vendemian, Hérault.
Sénéchal (Maurice), de Saint-Amand, à Trélv, Hérault.
Sergent (Noël), de Lille, à Ganges, Hérault.
Scriven (Henri), du Quesnoy-s.-Deule, à Vendemian, Hérault.
Serure (Jules), de Lille, à Cruzy, Hérault.
Seymhaeve (Sara), de ...., à Saint-Yan, Saône-et-Loire.
Six (Léon), de Lille, à Puisserguier, Hérault.
Six (Désiré), d'Armentières, à Nébian, Hérault.
Six (Henri), d'Armentières, à Nébian, Hérault.
Sleyndrich (Albert), de Roubaix, à Ganges, Hérault.
Sobryin (Albert), de Lille, à Aspirant, Hérault.
Steffens (Gustave), de Lille, à Tressan, Hérault.
Stélandre (Henri), de Roubaix, à Montpellier, Hérault.
Stequeshout (Jules), de Lille, à Aspirant, Hérault.
Streck (Maria) et enf., de Salomé, à Saint-Jean-de-Trécy, Saône-et-Loire.
Tant (Louis), de Roubaix, à Ganges, Hérault.
Théodore (Henri) et fam., de Recquignies, à Clermont-Ferrand, Puy-de-D.
Timmerman (Jules), de Loos-les-Lille, à Ganges, Hérault.
Tourolle (Robert), de Watrelos, à Saint-Florent-des-Bois, Vendée.
Toussaint (Marie), de Maubeuilles, à Riom, Puy-de-Dôme.
Toulouse (Ferdinand) et fam., de Wimy, à Chagny, Saône-et-Loire.
Tronnoy (Eugène), d'Auberchicourt, à Douves, Puy-de-Dôme.
Trochu (Gaston), de Lille, à Ganges, Hérault.
Trassart (Henry), de Lille, à Nébian, Hérault.
Trèves (Victor), de Lhomme, à Pouzolles, Hérault.
Turpin (Hector) et fam., de Broukerke, à Clermond-Ferrand, Puy-de-Dôme.
Turbe (Pierre), d'Armentières, à Lunas, Hérault.
Uytterboeghe (Henri), de Cauteleu-Lombenard, à La Sauvetat, Puy-de-D.
Vandenbussche (Edmond), de Seclin, à Saint-Florent-des-Bois, Vendée.

Vanaverbecque (Julien), de Lille, à Ganges, Hérault.
Vandenbouche (Eustache), d'Armentières, à Puissalicon, Hérault.
Vandermeulen (Charles), de Lille, à Saint-Pons-de-Mauchiens, Hérault.
Vandenbranke (Pierre), de Lille, à Montady, Hérault.
Vandekerkove (Albert), de Lille, à Aspirant, Hérault.
Vanderberghe (Jean-Baptiste), de Lille, à Nessés, Hérault.
Vandesteene (Henri), de Lille, à Aspirant, Hérault.
Vaneuil (Emile), de Lille, à Clermont-Ferrand, Puy-de-Dôme.
Vanhamme (Julien), d'Armentières, à Aspirant, Hérault.
Vanlaere (Florde), de Tourcoing, à Vic-le-Comte, Puy-de-Dôme.
Vanspeybrock (Dominique), d'Haubourdin, à Ganges, Hérault.
Van Semmingen (André), de Lille, à Nessés, Hérault.
Van Semmingen (Jean), de Tumonil, à Nessés, Hérault.
Vareyaeque (Joseph), de Croix, à Montady, Hérault.
Vasseur (François), de Lille, à Lespignan, Hérault.
Vastra (Henri), d'Haveluy, à Saint-André-de-Sangonis, Hérault.
Venthuyse (Maria), d'Armentières, à Saint-Yan, Saône-et-Loire.
Vercheval (Lucie) et fam., de Jeumont, à Saint-Étienne, Loire.
Vesthooris (Georges), de Lille, à Vic-le-Comte, Puy-de-Dôme.
Vergeylen (Pierre), de Roubaix, à Nébian, Hérault.
Vermaine (Charles), de Lille, à Lespignan, Hérault.
Verbrese (Léon), d'Harnéton, à Saint-Chinian, Hérault.
Vermast (Enézia), d'Armentières, à Saint-Yan, Saône-et-Loire.
Vermast (Émile), d'Armentières, à Saint-Yan, Saône-et-Loire.
Verdouck (Henri), de Fromelles, à Montagny, Saône-et-Loire.
Verdouck (Marie), de Harlies, à Montagny, Saône-et-Loire.
Verotracte (Gustave), de Valenciennes, à Saint-Pons, Hérault.
Verbecke (Théophile), de Mouveau, à Puisserguier, Hérault.
Villin (Pauline) et fam., de Douai, à Châteauneuf, Puy-de-Dôme.
Noets (Victor), de Lille, à Montpellier, Hérault.
Voisin (Florimond), de Lille, à Mareuil-s.-Lay, Vendée.
Vreinaux (Henri), d'Haubourdin, à Campagnan, Hérault.
Vramau (Jean), de Tourcoing, à Trélys, Hérault.
Vuelynick (Médard), de Lille, à Nessés, Hérault.
Wambre (Marie), d'Armentières, à Saint-Chinian, Hérault.
Wambre (Henri), de Lille, à Nébian, Hérault.
Wambre (Angèle) et son frère, d'Armentières, à Saint-Chinian, Hérault.
Wanson (Marie), de Cambrai, à Clermont-Ferrand, Puy-de-Dôme.
Warlet (Henri) et son fils, de Lille, à Saint-Rémy-s.-Durolle, Puy-de-D.
Warguier (Ferdinand), de Lille, à Tressan, Hérault.
Warin (Edmond), de Roeuil, à Saint-André-de-Sangonis, Hérault.
Wasello (Henri), d'Anzin, à Ganges, Hérault.
Waterblez (Louis), de Warneton, à Tressan, Hérault.
Willem (Henri), de Croix, à La Sauvetat, Puy-de-Dôme.
Wugeux (Charles), de Loos-les-Lille, à Saint-Yan, Saône-et-Loire.
Wyckaert (Adolphe), de Wambrechies, à Pouzolles, Hérault.
Wyckaert (Henri), de Wambrechies, à Pouzolles, Hérault.
Ytebrouck (Auguste), de Lille, à Saint-Yan, Saône-et-Loire.
Zennevort (Cyrille), de Roubaix, à Ganges, Hérault.
Zennevort (Edouard), de Roubaix, à Ganges, Hérault.

18ᵉ LISTE.

Alvin (Marie), de Maubeuge, à Champs, Cantal.
Alvin (Ferdinand), de Maubeuge, à Champs, Cantal.
Alliot (Héloïse), de Fourmies, à Tours, Indre-et-Loire.
Andrieux (Charles), de Fives-Lille, à Virelade, Gironde.
Arnoult (Émile), de Lille, à Tulle, Corrèze.
Ardoise (Jules), de Fourmies, au Creusot, Saône-et-Loire.
Athimon (Marie-Louise), de Cambrai, à Tours, Indre-et-Loire.
Athieu (Charles), de Saulzoir, à Tulle, Corrèze.
Aubry (Marie) et fam., du Quesnoy, à Veretz, Indre-et-Loire.
Audin (Émile) et fam., du Quesnoy, à Veretz, Indre-et-Loire.
Aurceret (Flore) et fam., de Jeumont, à Maurs, Cantal.
Bacart (Raymond) et fam., de Lille, à Saint-Martin, Cantal.
Baes (Pierre), de Lille, à Hommes, Indre-et-Loire.
Baigne (Laurent) et fam., de Lille, à Tulle, Corrèze.
Barret (Lucien), de Maubeuge, à Tremouille, Cantal.
Barret (Marie), de Maubeuge, à Trémouille, Cantal.
Bariselle (Charles), de Maubeuge, à Salens, Cantal.
Bazier (Jean), de Lille, à Tulle, Corrèze.
Beaurent (Émile), de Maubeuge, à Antignac, Cantal.
Beaurent (Yvonne), de Maubeuge, à Antignac, Cantal.
Beaurent (Juliette), de Maubeuge, à Antignac, Cantal.
Bénoit (Arthur), d'Err, à Tulle, Corrèze.
Bernard (Jean-Baptiste) et fam., d'Annœulin, à Hommes, Indre-et-Loire.
Bernard (Louis), de Douai, à Tulle, Corrèze.
Berno (Laure), de Maubeuge, à Bourg-de-Bigorre, Hautes-Pyrénées.
Berriot (Julia) et fam., d'Hautmont, à Lourdes, Hautes-Pyrénées.

Berland (Gustave), de Marcq-en-Barœul, à Lourdes, Hautes-Pyrénées.
Berlemont (Hélène) et fam., de Feignies, à Langon, Gironde.
Bougnez (Pierre), de Raimbeaucourt, à Lourdes, Hautes-Pyrénées.
Billaud (Rosine), de Fromelles, à Perronil, Saône-et-Loire.
Bessiaux (Mme) et fam., de Maubeuge, à Mauriac, Cantal.
Blary (Marie-Louise), de Wargnies-le-Grand, au Triaulon, Cantal.
Bierwacque (Augustin), de Bouvry-les-Orchies, à Tulle, Corrèze.
Blin (Charles) et fam., de Fellories, à Villemoiron, Aube.
Boduain (Laurent), d'Escaudain, à Tulle, Corrèze.
Boite (Gaston), de Watrelos, à Tulle, Corrèze.
Bos (Henri) et fam., d'Houplines, à St-Julien-d'Henne, Saône-et-Loire.
Both (Paul de), de Lille, à Tulle, Corrèze.
Bouteman (Jules) et fam., de Lille, à Aurillac, Cantal.
Bourseaux (Jules), de Lille, aux Ternas, Cantal.
Bouillet (Octave), d'Emmerey, à Lascelles, Cantal.
Bourgeois (Eglée), de Cambrai, à Touas, Indre-et-Loire.
Boucher (Émile), de Lille, à Tulle, Corrèze.
Boufflers (Louis), de Monchecourt, à Tulle, Corrèze.
Bouilliez (Auguste), de Lourche, à Tulle, Corrèze.
Bourez (Joseph), de Douai, à Tulle, Corrèze.
Boutel (François), de Lourches, à Tulle, Corrèze.
Bouvet (Léon), de Loos-en-Gohelle, à Lourdes, Hautes-Pyrénées.
Brams (Julien) et fam., de La Madeleine-lez-Lille, à Tulle, Corrèze.
Brassard (Aimée) et fam., du Quesnoy, à Allassac, Corrèze.
Bridelance (Amédée), de Lille, à Tours, Indre-et-Loire.
Broguet (Marie), de Saint-Souplet, à Aurillac, Cantal.

Bronckaert (Victor), de Tourcoing, à Tulle, Corrèze.
Bressis (Adolphine), de Maubeuge, à Bourg, Hautes-Pyrénées.
Brueys (Marie) et fam., de Sains, à Saint-Bonnet-de-S., Cantal.
Bruyère (André), de Lille, à Tulle, Corrèze.
Buyle (Aline) et fam., de Maubeuge, à Drugeac, Cantal.
Cadet (Maria), de Lille, à Tours, Indre-et-Loire.
Cadet (César), d'Orchies, à Tulle, Corrèze.
Cail (Isidore), de Maubeuge, à Drugeac, Cantal.
Caillaux (Jean-Baptiste), de Roubaix, à Tulle, Corrèze.
Callevaert (Victor) et fam., de Tourcoing, à Brive, Corrèze.
Calers (Maria) et fam., d'Hautmont, à Lourdes, Hautes-Pyrénées.
Caminade (Marguerite) et fam., de Maubeuge, à Champagnac, Cantal.
Camblans (Angèle), d'Armentières, à Mauriac, Cantal.
Canelle (Clémence) et fam., du Quesnoy, à Allassac, Corrèze.
Cantraine (Joséphine), d'Haumont, à Lourdes, Hautes-Pyrénées.
Capier (Robert), de Maubeuge, à Trémouille, Cantal.
Capied (Maurice), de Maubeuge, à Trémouille, Cantal.
Carion (Malvina) et fam., de Maubeuge, à Salins, Cantal.
Carette (Laure), de Maubeuge, à Drugeac, Cantal.
Carette (Paul), de Maubeuge, à Drugeac, Cantal.
Cardou (Marie), de Valenciennes, à Tours, Indre-et-Loire.
Caron (Georges), de Lille, à Tulle, Corrèze.
Catrix (Edmond), de Marc-en-Barœul, à Préchac, Gironde.
Cauchy (Aline) et fam., de Maubeuge, au Rouget-Saint-Manuel, Cantal.
Caulier (Alice), d'Hautmont, à Lourdes, Hautes-Pyrénées.
Cauver (Augusta) et fam., d'Hautmont, à Lourdes, Hautes-Pyrénées.
Céline (Jules) et fam., de Fenin, à Tulle, Corrèze.
Chaudelier (Marie) et fam., de Maubeuge, à Champs, Cantal.
Champagne (Mme), de Maubeuge, à Drugeac, Cantal.
Chadieu (Mme), d'Armentières, au Vigean, Cantal.
Chambert (Lucienne) et fam., de Marpent, à Langon, Gironde.
Cheymol (Paul), de Lille, à Chaussenac, Cantal.
Cheymol (Émile), de Lille, à Chaussenac, Cantal.
Chevenard (Gilberte), de Wargnies-le-Grand, au Trioulou, Cantal.
Chombeau (Henry), de Tourcoing, à Tulle, Corrèze.
Chuffart (Henry), de Lille, à Tulle, Corrèze.
Clous (Jules), de Loos-en-Gohelle, à Lourdes, Hautes-Pyrénées.
Cogez (Désiré) et fam., de Douai, à Tulle, Corrèze.
Colard (Hubert), de Fontaine-au-Pire, à Massiac, Cantal.
Colette (Adrienne), de Maubeuge, à Massiac, Cantal.
Colpaert (Henri) et fam., de Lille, à Hommes, Indre-et-Loire.
Colpart (Henri) et fam., de Lille, à Tours, Indre-et-Loire.
Coluyer (Hélène), de Cambrai, à Tours, Indre-et-Loire.
Colman (Charles), de Saint-Amand, à Tulle, Corrèze.
Condez (Louis), de Tourcoing, à Tulle, Corrèze.
Corniile (Blanche) et fam., de Wargnies-le-Grand, à Palut-Saulin, Cantal.
Cordonnier (Henri), d'Armentières, à Mauriac, Cantal.
Cornil (Adolphine) et fam., de Roubaix, à Tours, Indre-et-Loire.
Cornu (Arthur), de Trith-Saint-Léger, à Tulle, Corrèze.
Cordier (Alexandre) et fam., de Feignies, à Langon, Gironde.
Cosaert (Adolphe), de Roubaix, à Tulle, Corrèze.
Courbet (Louise), de Louvroil, à Mauriac, Cantal.
Couvreur (Auguste), de Tourcoing, à Saint-Flour, Cantal.
Courbet (Joseph), de Maubeuge, à Mauriac, Cantal.
Coussement (Émile), de Neuville-en-Ferrain, à Tulle, Corrèze.
Crépieux (Adolphe), de Lille, à Tours, Indre-et-Loire.
Crépieux (Adolphe), de Lille, à Hommes, Indre-et-Loire.
Crépin (Georges), d'Orchies, à Tulle, Corrèze.
Creusé (Victor), de Lille, à Virelade, Gironde.
Crohaert (Henri), de Lille, à Tours, Indre-et-Loire.
Cubat (Honorine), de Maubeuge, à Marmanhac, Cantal.
Cucignie (Mme) et fam., de Recquignies, à Drugeac, Cantal.
Daleux (Victor), de Tourcoing, à Tulle, Corrèze.
Daguélie (Angèle) et enf., de Maubeuge, à Drugeac, Cantal.
Danauy (Louise) et fam., de Maubeuge, à Bourg, Hautes-Pyrénées.
Dauchol (Sidonie) et enf., de Maubeuge, à Saint-Chamant, Cantal.
Dawaine (Louis), de Douai, à Tulle, Corrèze.
Debaet (Jean), de Lille, à Saint-Martin-Valmeroux, Cantal.
Debaëm (Albert), de Tourcoing, à Aurillac, Cantal.
Débièvre (Eugénie) et enf., d'Hautmont, à Parlan, Cantal.
Debosschère (Henri), de Roubaix, à Tours, Indre-et-Loire.
Debacke (René), de Lille, à Tulle, Corrèze.
Debuyne (Marie) et fam., de Tourcoing, à Langon, Gironde.
Deblanc (Blanche), de Fromelles, à Marmagne, Saône-et-Loire.
Declève (Mme), de Maubeuge, à Drugeac, Cantal.
Decottignie (Albert) et fam., de Roubaix, à Tulle, Corrèze.
Decorte (Gustave), de Wasquehal, à Tulle, Corrèze.
Deltour (Céline), d'Armentières, à Tours, Indre-et-Loire.
Defante (Roger), de Lille, à Tulle, Corrèze.
Delfontaine (Jules) et fam., de Wasquehal, à Tulle, Corrèze.
Deflandre (Dominique) et fam., de Lille, à Virelade, Gironde.

Nord.

Degoul (Marthe) et fam., de Lille, à Aurillac, Cantal.
Dehaeune (Albert), de Tourcoing, à Loubaresse, Cantal.
Dahay (Philippe), de Sin-le-Noble, à Tulle, Corrèze.
Dekaosmaker (Léon), de Lille, à Autun, Saône-et-Loire.
Delacrou (Elisa), de Jeumont, à Arches, Cantal.
Delannoy (Alfred), de Rosult, à Aurillac, Cantal.
Delaporte (Cyrille), de Roubaix, à Saint-Flour, Cantal.
Delerue (Julie), de Roubaix, à Aurillac, Cantal.
Deloir (Alfred), de Maubeuge, à Jussac, Cantal.
Delebecq (Marguerite), de Lille, à Saint-Symphorien, Indre-et-Loire.
Delbecq (Jules), de Lille, à Tours, Indre-et-Loire.
Delangres (Marie), de Douai, à Tours, Indre-et-Loire.
Delbecq (Jules), de Marcq-en-Barœul, à Hommes, Indre-et-Loire.
Delattre (Eugénie), d'Anor, à Bordeaux, Gironde.
Delacourt (Henri) et fam., de Caudry, à Margaux, Gironde.
Delsaut (Emmanuel), de Bruay-sur-Escaut, au Creusot, Saône-et-Loire.
Délemme (Léon), de Landas, à Tulle, Corrèze.
Deleplace (André), de Marcq-en-Barœul, à Tulle, Corrèze.
Deleporte (Henry), de Lille, à Tulle, Corrèze.
Delsarte (Théophile), de Valenciennes, à Tulle, Corrèze.
Delavenne (Adolphine) et fam., de Maubeuge, à Lortet, Hautes-Pyrénées.
Delaey (Ivo) et fam., de Lille, à Bernos, Gironde.
Delpature (Céline), de Feignies, à Langon, Gironde.
Deloddère (Pierre), de Fives-Lille, à Virelade, Gironde.
Delattre (Marie), de La Bassée, à Marmagne, Saône-et-Loire.
Delattre (Henri), de La Bassée, à Marmagne, Saône-et-Loire.
Demayeux (Aimable), d'Orchies, à Aurillac, Cantal.
Demanet-Mairesse (Vve), de Wignehies, à Fondettes, Indre-et-Loire.
Demeestère (Georges), de Tourcoing, à Tulle, Corrèze.
Denoyenne (Marie), de Maubeuge, à Saint-Simon, Cantal.
Denoyenne (Julia), de Maubeuge, à Saint-Simon, Cantal.
Dennaitre (Raymond), de Lille, à Tulle, Corrèze.
Dennetière (Achille), d'Orchies, à Tulle, Corrèze.
Denis (Charles), d'Aniche, à Tulle, Corrèze.
Denoncourt (Auguste) et fam., de Pepincourt, à Lourdes, Hautes-Pyrénées.
Depoorter (Marcel), de Morbecque, à Neuvéglise, Cantal.
Deprot (Désiré) et fam., de Wargnies-le-Grand, à Saint-Illide.
Dépestel (Louis), de Lille, à Tulle, Corrèze.
Depestel (Marcel), de Lille, à Tulle, Corrèze.
Derossiaux (Théophile), d'Armentières, à Bassegnac, Cantal.
Derumez (Jules), de Lille, à Tulle, Corrèze.
Deroiez (Maurice) et fam., de Lille, à Préchac, Gironde.
Deruelle (Ernest), de Lille, à Tulle, Corrèze.
Deschuytener (Aimée), de Maubeuge, à Drugeac, Cantal.
Desale (Berthe), de Maubeuge, à Saint-Bonnet-de-S., Cantal.
Deschuytener (François), de Maubeuge, à Drugeac, Cantal.
Desmarreaux (Alexandre), d'Armentières, au Vigean.
Desormeaux (Joséphine) et fam., de Maubeuge, à Saroquebrou, Cantal.
Desmadrilles (Maria), de Fromelles, à Marmagne, Saône-et-Loire.
Dessoit (Georges), de Lille, à Aureilhan, Hautes-Pyrénées.
Descamps (Gaston) et fam., d'Armentières, à Lubersac, Corrèze.
Dessenne (Henry), d'Haubourdin, à Tulle, Corrèze.
Desmons (Désiré), de Groix, à Tulle, Corrèze.
Desbonnet (Henri), de Wattrelos, à Ambarès, Gironde.
Desfossés (Marcel), de Cambrai, à Tours, Indre-et-Loire.
Desrumeaux (André), d'Hellemmes, à Tours, Indre-et-Loire.
Descamps (J.-B.), de Sin-du-Nord, à Fondettes, Indre-et-Loire.
Descamps (Marcellin), de Roubaix, à Tours, Indre-et-Loire.
Dessève (Jules), d'Emmerey, à Chaussenac, Cantal.
Destrées (Eugène), de Maubeuge, à Salers, Cantal.
Détrez (Henri), de Douai, à Saint-Flour, Cantal.
Détrez (Sabine), de Douai, à Saint-Flour, Cantal.
Devestel (Jean), de Lille, aux Ternes, Cantal.
Devos (Pauline) et fam., de Wignehies, à Fondettes, Indre-et-Loire.
Devries (Alphonse) et fam., de Quesnoye-sur-Deule, à Tulle, Corrèze.
Devismes (Louis), de Fournes, à Marmagne, Saône-et-Loire.
Dezitter (Angèle) et enf., d'Armentières, au Vigean, Cantal.
Dhalluin (Henri) et fam., de Wambrechies, à Bordeaux, Gironde.
Dillier (François), de Roubaix, à Tours, Indre-et-Loire.
Dolet (Aurélia) et fam., de Caudry, à Tours, Indre-et-Loire.
Dorchain (Henry) et fam., de Lalain, à Tulle, Corrèze.
Doucherwolche (Léonard), de Lille, à Ambarès, Gironde.
Dubuc (Célestine), de Maubeuge, à Pleaux, Cantal.
Dubois (Modeste), de Lourches, à Polminhac, Cantal.
Dubal (Justin) et fam., de Marcq-en-Barœul, à Perreuil, Saône-et-Loire.
Dubois (Théophile) et fam., de Roubaix, à Tulle, Corrèze.
Duclercq (Alphonse) et fam., d'Armentières, à Ségonzac, Corrèze.
Dufour (Rosa) et fam., de Maubeuge, à Aurillac, Cantal.
Dufour (Marie) et fam., du Quesnoy, à Véretz, Indre-et-Loire.
Dufosset (Charles), de Douai, à Tulle, Corrèze.
Dufour (Jean), de Roubaix, à Tulle, Corrèze.

Dugard (Georges) et fam., de Recquignies, à Drugeac, Cantal.
Dubot (Léocadie) et fam., d'Hautmont, à Aurillac, Cantal.
Dumas (Maria), de Roubaix, à Adrillac, Cantal.
Dumas (Martha), de Roubaix, à Aurillac, Cantal.
Dumortier (Henri), de Tourcoing, à Ambarès, Gironde.
Dumonté (Chéri), de Lille, à Virelade, Gironde.
Dunouvion (Arthur), d'Aniche, à Tulle, Corrèze.
Dupont (Lydie) et enf., de Neufménil, à Ytrac, Cantal.
Dupont (Fleurine), de Wargnies, à Saint-Santin, Cantal.
Duport (Rémy) et fam., de Douai, à Marmagnac, Cantal.
Dupuy (Jacques), d'Avesnes, à Maurs, Cantal.
Dupont (René), d'Escaudain, à Tulle, Corrèze.
Duquesne (Marie), d'Hautmont, à Parlan, Cantal.
Duril (André), d'Avesnes, à Maurs, Cantal.
Durieux (Honorine) et enf., de Courchelettes, à Vic-sur-Cère, Cantal.
Duval (Charles), d'Armentières, au Vigean, Cantal.
Durot (Clovis), de Trith-Saint-Léger, à Tulle, Corrèze.
Duroux (Maurice), de Lille, à Tulle, Corrèze.
Durieux (Alphonse), de Roubaix, à Tulle, Corrèze.
Dutoit (Valentine) et fam., d'Armentières, à Bernos, Gironde.
Duvivier (Louis), de Madeleine-les-Lille, à Tulle, Corrèze.
Eliot (Adèle) et fam., de Wignehies, à Fondettes, Indre-et-Loire.
Elie (Antoinette) et fam., d'Hautmont, à Lourdes, Hautes-Pyrénées.
Escamur (Léa), de Sin-du-Nord, à Fondettes, Indre-et-Loire.
Escamur (Louise), de Sin-du-Nord, à Fondettes, Indre-et-Loire.
Esclavon (Paulina) et enf., de Maubeuge, à Vic-sur-Cère, Cantal.
Englès (Édouard), de Stenwerk, à Riom, Cantal.
Exsavier (Appoline) et fam., d'Hautmont, à Lourdes, Hautes-Pyrénées.
Evrard (Pierre), de Roubaix, à Bordeaux, Gironde.
Foneule (Camille), de Neuville-Saint-Rémy, à Chaudesaigues, Cantal.
Ficheux (Louis) et fam., de Douai, à Tours, Indre-et-Loire.
Fiévet (Joseph) et fam., de Lille, à Saint-Symphorien, Indre-et-Loire.
Fleurent (Jules) et fam., d'Onnaing, à Bordeaux, Gironde.
Fleury (Louise) et fam., d'Hautmont, à Bourg, Hautes-Pyrénées.
Fontaine (Oscar) et fam., de Sin-le-Noble, à Vic, Cantal.
Fontaine (Angèle) et enf., de Maubeuge, à Champs, Cantal.
Fostier (Augusta), de Floyon, à Tours, Indre-et-Loire.
Fournier (Alexandre), de Maubeuge, à Ytrac, Cantal.
Fournier (Louisa), de Maubeuge, à Ytrac, Cantal.
Fousse (Céline), de Maubeuge, à Saint-Bonnet-de-Salers, Cantal.
Fourmoy (Eugénie) et fam., d'Hautmont, à Lourdes, Hautes-Pyrénées.
François (Mme), de Maubeuge, à Aurillac, Cantal.
Frauqueville (Juliette) et fam., de Valenciennes, à Tours, Indre-et-Loire.
Frenoy (Elvère) et fam., de Flines-les-Raches, à Veigné, Indre-et-Loire.
Frémaux (Henri), d'Haubourdin, à Tulle, Corrèze.
Frémaut (Maria) et fam., de Fromelles, à Marimagne, Saône-et-Loire.
Friéffé (Athalie), de Maubeuge, à Saint-Simon, Cantal.
Friéffé (Marie), de Maubeuge, à Saint-Simon, Cantal.
Friscourt (Emma), de Douai, à Tours, Indre-et-Loire.
Fromont (Lucien) et fam., de Quesnoy, St-Julien-s-Dheune, Saône-et-Loire.
Fromont (Léa), de Quesnoy, à Saint-Julien-sur-Dheune, Saône-et-Loire.
Fruleux (Sophie), de Fromelles, à Marimagne, Saône-et-Loire.
Gabet (Maria) et enf., de Caudry, à Margaux, Gironde.
Gadeaux (Auguste), de Douai, à Tulle, Corrèze.
Galhier (Henri), de Lille, à Ruines, Cantal.
Galliot (Gabriel) et fam., de Lille, à Tulle, Corrèze.
Gauthier (Célina), de Caudry, à Aurillac, Cantal.
Gaudin (Pierrette), de Trélon, à Saint-Étienne, Loire.
Gantois (Maria), de Fourmies, à Fondettes, Indre-et-Loire.
Genévrier (Charles) et fam., de Lille, à Virelade, Gironde.
Georges (Irma) et enf., de Maubeuge, à Mauriac, Cantal.
Giffard (Léon), de Lille, à Hommes, Indre-et-Loire.
Gillot (Aline), de Wargnies-le-Grand, à Saint-Illide, Cantal.
Girard (Marie), de Preux-Ausart, à Tours, Indre-et-Loire.
Givet (Maria) et enf., de Mouheuge, à Mussiac, Cantal.
Glorian (Léonie) et fam., de Fromelles, à Perreuil, Saône-et-Loire.
Gobert (Léon), d'Hautmont, à Lourdes, Hautes-Pyrénées.
Gogibus (Auguste) et fam., de Raches, à Tulle, Corrèze.
Goilles (Pierre), de Roubaix, à Tulle, Corrèze.
Gomaune (Henry), de Quesnoye-sur-Deule, à Tulle, Corrèze.
Gosteau (Jules), de Wandignies-Hamage, à Tulle, Corrèze.
Gosselin (Hyacinthe) et fam., de Roost-Warendin, à Lourdes, Htes-Pyrén.
Gravelin (Joachim) de Lille, à Tulle, Corrèze.
Grard (Julie) et fam., de Douai, à Tours, Indre-et-Loire.
Gravelin (Marcel), de Lille, à Tulle, Corrèze.
Griffoin (Paul), d'Aniche, à Tulle, Corrèze.
Gruzon (Léonard) et fam., d'Armentières, à Allassac, Corrèze.
Guillain (Maxime) et fam., d'Orsinval, à Faucueuil, Indre-et-Loire.
Guinès (Pierre), de Somain, à Laroquebrou, Cantal.
Guiblin (Marcel), de Lille, à Tulle, Corrèze.
Guironnet (Maurice), de Waziers, à Tulle, Corrèze.

Guillerot (Noël), de Troisville, à Tours, Indre-et-Loire.
Guillain (Angèle) et fam., d'Orsinval, à Francueil, Indre-et-Loire.
Halluin (Alphonse D'), de Neuville-en-Ferrain, à Tulle, Corrèze.
Harvougt (Clovis), de Lille, à Saint-Martin-sous-Vigouroux, Cantal.
Hary (Louis), de Levarde, à Tulle, Corrèze.
Hancart (Paul), de Douai, à Tours, Indre-et-Loire.
Havet (Marcel), de Lille, à Tulle, Corrèze.
Havet (Joseph) et fam., de Lille, à Tulle, Corrèze.
Hazard (Marie) et fam., de Floyon, à Tours, Indre-et-Loire.
Hélin (Alfred), de Marcq-en-Barœul, à Aurillac, Cantal.
Henninot (Edwire), de Lille, à Tulle, Corrèze.
Hennebel (Alexandre), de Douai, à Tulle, Corrèze.
Herbault (Séraphin), de Lille, à Tulle, Corrèze.
Hildemeersch (Eugène), d'Ennetières-en-Weppes, à Tulle, Corrèze.
Hiolle (Charles), de Wargnies-le-Grand, à Saint-Illide, Cantal.
Hochedez (Adolphe), de Haisne, à Lourdes, Hautes-Pyrénées.
Houcke (Achille), d'Armentières, à Mauriac, Cantal.
Houzé (Louis), de Lille, à Tulle, Corrèze.
Houset (Constant), de Roubaix, à Tulle, Corrèze.
Hourdeau (Fernand), de Douai, à Tulle, Corrèze.
Huart (Marie), de Recquignies, à Pleaux, Cantal.
Hullaert (Charles), de Loos-lez-Lille, à Tulle, Corrèze.
Humez (Marcel), de Lille, à Tulle, Corrèze.
Humez (Émile), de Lille, à Tulle, Corrèze.
Hintin (Amédée), de Douai, à Tulle, Corrèze.
Huymen (Marie), de Maubeuge, à Pleaux, Cantal.
Jacobs (Julien), de Lille, à Saint-Marsin-sous-Vigouroux, Cantal.
Jamaëls (Émile), de Marcq-en-Barœul, à Saint-Étienne, Loire.
Joly (Édouard) et fam., de Wandegnies-Hamage, à Tulle, Corrèze.
Jombart (Jules), de Lille, à Tulle, Corrèze.
Joseph (Ernest), de Saint-Amand, à Tulle, Corrèze.
Jouclet (Jacques), d'Anzin, à Murat, Cantal.
Joyeux (Marguerite), de Maubeuge, à Champagnac-les-Mines, Cantal.
Kubiena (Henri), de Lallaing, à Geneland, Saône-et-Loire.
Kuintziger (Pauline) et fam., d'Hautmont, à Lourdes, Hautes-Pyrénées.
Labbé (Léona) et enf., de Maubeuge, à Salers, Cantal.
Laevens (Germain), de Lille, à Tours, Indre-et-Loire.
Lafon (Lucien), d'Avesnes, à Aurillac, Cantal.
Lafon (Héléna), d'Avesnes, à Aurillac, Cantal.
Lagache (Henri), d'Aniche, à Laroquebrou, Cantal.
Lagoit (Maurice), de Lille, à Tulle, Corrèze.
Lahaye (Berthe), de Maubeuge, à Saint-Bonnet-de-Salers, Cantal.
Labaye (Marguerite), de Maubeuge, à Saint-Bonnet-de-Salers, Cantal.
Lalau (Henri) et fam., de Marcq-en-Barœul, à Lourdes, Hautes-Pyrénées.
Lalinne (Florine) et fam., de Maubeuge, à Bourg, Hautes-Pyrénées.
Lambert (Joseph) et fam., de Maubeuge, à Pleaux, Cantal.
Lambine (Léon), de Ligny-en-Cambrésis, à Tulle, Corrèze.
Lambert (François), d'Aniche, à Laroquebrou, Cantal.
Laplace (Charles), de Lille, à Aurillac, Cantal.
Laurent (Hubert) et fam., de Roubaix, à Tulle, Corrèze.
Laurent (Joseph), de Roubaix, à Tulle, Corrèze.
Leblanc (Henri), de Douai, à Tulle, Corrèze.
Leclerc (Fernand), de Maubeuge, à Salers, Cantal.
Lecoq (Théry), de Lille, à Les Ternes, Cantal.
Leclercq (Catherine), de Douai, à Bourg-les-Valence, Drôme.
Leclercq (Alexis), de Douai, à Tulle, Corrèze.
Lecomte (Henry), de Beuvry-les-Orchies, à Tulle, Corrèze.
Lecoq (Gustave), de Villers-Guislain, à Tulle, Corrèze.
Lectoux (Arthur), de Lille, à Tours, Indre-et-Loire.
Leeman (Elisa), de Maubeuge, à Riom, Cantal.
Leferme (Auguste), de Saint-Saulve, à Salers, Cantal.
Leferme (Henri), de Saint-Saulve, à Salers, Cantal.
Lefebvre (Joseph), d'Aniche, à Tulle, Corrèze.
Lefebvre (Alexandre) et fam., de Dechy, à Tulle, Corrèze.
Legros (Jules), de Lille, à Aurillac, Cantal.
Léger (Albert), d'Hautmont, à Langon, Gironde.
Legillon (Germaine), de La Bassée, à Marmagne, Saône-et-Loire.
Leivens (Félix), de Lille, à Tulle, Corrèze.
Lejosne (Gustave), de Seclin, à Bordeaux, Gironde.
Lelong (Désiré), de Saint-Aubert, à Chaudesaigues, Cantal.
Lelong (Julie), de Rieux, à Chaudesaigues, Cantal.
Lelong (Charles) et fam., de Neuville-Saint-Rémy, à Chaudesaigues, Cantal.
Lemaire (Eugénie), de Lampres, à Saint-Just, Cantal.
Lemaire (Marie), de Lampres, à Saint-Just, Cantal.
Leman (Augustin), de Roubaix, à Tulle, Corrèze.
Lemaire (Pierre), de Noyelle, à Tulle, Corrèze.
Lemichel (Sidonie) et fam., de La Bassée, à Lourdes, Hautes-Pyrénées.
Lemaire (Edouard) et fam., de Villers, à Langon, Gironde.
Lemaire (Louis) et fam., de La Bassée, à Marmagne, Saône-et-Loire.
Lenoir (Georges), d'Elincourt, à Tulle, Corrèze.
Lopers (Henri), de Morbecque, à Neuvéglise, Cantal.

Lepvoo (Eugénie), d'Haumont, à Lourdes, Hautes-Pyrénées.
Laroux (Jean) et fam., d'Anor, à Bordeaux, Gironde.
Lerminet (Edouard), de Lille, à Tulle, Corrèze.
Lerouge (Victor), de Villers-Guislain, à Tulle, Corrèze.
Lerouge (Auguste), de Fretin, à Neuilh, Hautes-Pyrénées.
Lerpers (Emile), d'Aniche, à Lourdes, Hautes-Pyrénées.
Lerique (Emilienne), de Caudry, à Tours, Indre-et-Loire.
Lesur (Sidonie) et fam., de Saint-Souplet, à Lourdes, Hautes-Pyrénées.
Lassienne (Henri), de La Bassée, à St-Julien-sur-Dhune, Saône-et-Loire.
Lespèce (Jeanne), de Valenciennes, à Tours, Indre-et-Loire.
Lethien (Adolphe), de Fresnes, à Tulle, Corrèze.
Leuglet (Jeanne), du Câteau, à Saint-Cristophe, Cantal.
Lesceux (Edmond), de Sains, à Fondette, Indre-et-Loire.
Liauard (Anne), de Louvroil, à Saint-Bonnet-de-Salers, Cantal.
Liagre (Ernest), de Watrelos, à Langon, Gironde.
Liébard (Lucie), d'Armentières, à Le Vigean, Cantal.
Lievens (Raymond), de Lille, à Tulle, Corrèze.
Lienard (Firmin) et fam., d'Hautmont, à Lourdes, Hautes-Pyrénées.
Litard (Palmyre), de Wargnies-le-Grand, au Trioulou, Cantal.
Loé (Marcel) et fam., de Fromelles, à Perreuil, Saône-et-Loire.
Lolivier (Angélina) et enf., de Maubeuge, à Drugeac, Cantal.
Lorbent (Désirée) et enf., de Maubeuge, à Mauriac, Cantal.
Lorimier (Félix), de Denain, au Creusot, Saône-et-Loire.
Louis (Antoinette), de Douai, à Bourg-les-Valence, Drôme.
Lucas (Alexandre), de Douai, à Aurillac, Cantal.
Lucas (Alexandre), de Douai, à Aurillac, Cantal.
Lucier (Edouard), d'Aniche, à Tulle, Corrèze.
Lucas (Jeanne) et fam., de Cambrai, à Tours, Indre-et-Loire.
Macs (Arnould) et fam., d'Armentières, à Langon, Gironde.
Mabieu (Louis), de Quesnoy-sur-Deule, à Tulle, Corrèze.
Mahut (Marie) et fam., d'Hautmont, à Lourdes, Hautes-Pyrénées.
Maïtte (Rachel) et fam., de Berlaimont, à Brive, Corrèze.
Maille (Angèle) et fam., d'Annœullin, à Tulle, Corrèze.
Maillard (Magloire) et fam., de Maubeuge, à Veretz, Indre-et-Loire.
Mairesse (Paul) et fam., de Sin-du-Nord, à Foudette, Indre-et-Loire.
Martin (Irma), de Maubeuge, à Saint-Simon, Cantal.
Martin (Marie), de Maubeuge, à Saint-Simon, Cantal.
Martin (Fortuné), de Staple, à Coren, Cantal.
Maré (Emile), de Lille, à Saint-Martin-Valmeroux, Cantal.
Marey (Adrien) et fam., de Douai, à Bourg-les-Valence, Drôme.
Maréchal (Théodore), de Lille, à Bernos, Gironde.
Marcelet (Marie) et fam., de Louvroil, à Langon, Gironde.
Mas (Marthe), d'Avesnes, à Maurs, Cantal.
Masset (Léon), de Lille, à Tulle, Corrèze.
Massaint (Anna) et fam., de Douai, à Tours, Indre-et-Loire.
Mathieu (Augusta), de Maubeuge, à Pleaux, Cantal.
Mathieu (Suzanne), de Maubeuge, à Pleaux, Cantal.
Matha (Thérèse) et fam., de Maubeuge, à Saint-Chamaul, Cantal.
Mattelin (Jean-Baptiste) et fam., de Fournes, à Marmagne, Saône-et-Loire.
Mayeur (Henriette), de Crespin, à Tours, Indre-et-Loire.
Melij (Edouard) et fam., de Caudry, à Aurillac, Cantal.
Messager (Emilia) et enf., de Maubeuge, à Velret, Cantal.
Meurand (Renelde), de Maubeuge, à Mauriac, Cantal.
Michel (Léon), de Sin-du-Nord, à Fondettes, Indre-et-Loire.
Midavoine (Clément), d'Aniche, à Laroquebrou, Cantal.
Midavoine (Antoine), d'Aniche, à Laroquebrou, Cantal.
Mirland (Louise) et fam., de Warguees-le-Grand, au Trioulou, Cantal.
Miroir (Myrtil), de Lille, à Tulle, Corrèze.
Mocq (Adolphe), de Guesnain, à Saint-Flour, Cantal.
Moitier (Emile), de Watreloo, à Tulle, Corrèze.
Monick (Maurice), de Lille, à Tulle, Corrèze.
Moreau (Léonie), d'Aubert-Héricourt, à Aurillac, Cantal.
Morelle (Eugène), de Douai, à Tulle, Corrèze.
Moreau (Fernand), de Croix, à Tulle, Corrèze.
Morelle (Gustave), de Douai, à Tulle, Corrèze.
Mordacq (Jeanne) et fam., de Maubeuge, à Tours, Indre-et-Loire.
Mouton (Auguste), de la Madeleine, à Préchac, Gironde.
Natiez (Louis) et fam., d'Aniche, à Tulle, Corrèze.
Nazet (Henri), de Loos-les-Lille, à Tulle, Corrèze.
Nève (Louis), de Valenciennes, à Aurillac, Cantal.
Nicolas (Virginie), de Maubeuge, à Lourdes, Hautes-Pyrénées.
Nienne (Auguste) et fam., de Lille, à Ambarès, Gironde.
Nobécourt (Arthur), du Câteau, à Saint-Christophe, Cantal.
Noté (Jean), d'Erre, à Tulle, Corrèze.
Nottebaert (Clément), de Tourcoing, à Tulle, Corrèze.
Nuéc-Desprez (Louise), de Guénat, à Murat, Cantal.
Occre (Victor) et fam., d'Aubry, à Marmanhac, Cantal.
Oxier (Octavie), de Maubeuge, à Langon, Gironde.
Paclot (Eliane), de Maubeuge, à Bordeaux, Gironde.
Paquier (Amélie) et fam., de Maubeuge, à Bourg, Hautes-Pyrénées.
Pallard (Auguste) et fam., de Recquignies, à Pleaux, Cantal.

Pamart (Azarie) et fam., de Maubeuge, à Bourg, Hautes-Pyrénées.
Papart (Lucien) et fam., de Maubeuge, à Mauriac, Cantal.
Parée (Marie), de Maubeuge, à Brugeac, Cantal.
Pater (Marie) et fam., de Maubeuge, à Saint-Bonnet-de-Salins, Cantal.
Paternotte (Georges) et fam., de Louvroil, à Saint-Bonnet-de-Salins, Cantal.
Pecquewe (Joseph) et fam., de La Bassée, à Lourdes, Hautes-Pyrénées.
Pelletier (Laure) et fam., d'Hautmont, à Lourdes, Hautes-Pyrénées.
Perrier (Philippine), de Roubaix, à Aurillac, Cantal.
Perron (Simone), de Maubeuge, à Drugeac, Cantal.
Persiaux (Alphonse) et fam., de Douai, à Tulle, Corrèze.
Pérusse (Edouard), d'Aniche, à Tulle, Corrèze.
Percier (Arthur), de Maubeuge, à Bourg-de-Bigorre, Hautes-Pyrénées.
Philippe (Augustine) et fam., de Maubeuge, à Drugeac, Cantal.
Philippe (Marie) et fam., de Maubeuge, à Aurillac, Cantal.
Philippe (Léon), de Lille, à Aureillan, Hautes-Pyrénées.
Piétrasz (Louis) et fam., de Lallaing, à Génelard, Saône-et-Loire.
Pinard (Ernest), de Lille, à Bordeaux, Gironde.
Piotz (Alfred), d'Aniche, à Tulle, Corrèze.
Planchon (Arthur), d'Aniche, à Tulle, Corrèze.
Pluquin (Gaston), d'Armentières, à Bassignac, Cantal.
Poignard (Louise) et fam., de Maubeuge, à Champs, Cantal.
Poivre (Fernand), de Valenciennes, à Lourdes, Hautes-Pyrénées.
Polet (Jean-Baptiste), de Lille, à Ambarès, Gironde.
Polvte (Emile), de Roubaix, à Tulle, Corrèze.
Pouchin (Jules), d'Ecurie, à Lourdes, Hautes-Pyrénées.
Poutrain (Henri), de Mons-en-Barœul, à Bordeaux, Gironde.
Proy (Edouard) et fam., de Villers, à Langon, Gironde.
Pruvot (Léon), de Solesnes, à Lourdes, Hautes-Pyrénées.
Quique (Albert), de Tourcoing, à Tulle, Corrèze.
Quivrin (Adolphe) et fam., de Roubaix, à Tulle, Corrèze.
Rachaine (Auchard), de Somain, à Tulle, Corrèze.
Ramakers (Charles), de Lille, à Tulle, Corrèze.
Rascart (Jules) et fam., de Fourmies, à Bordeaux, Gironde.
Raymund (Roger), de Recquignies, à Pleaux, Cantal.
Récolle (Gustave), de Noyelles-Godault, à Tulle, Corrèze.
Renoncourt (Henri), de Maubeuge, à Pleaux, Cantal.
Ribaud (Joséphine), de Veynies, à Lourdes, Hautes-Pyrénées.
Richard (Sophie) et fam., de Warq-le-Grand, à Saint-Illide, Cantal.
Bicart (Jules), de Beuvry-les-Orchies, à Tulle, Corrèze.
Richard (Jules), de Banteux, à Tulle, Corrèze.
Richard (Sinaï) et fam., de Marpent, à Langon, Gironde.
Robert (Clotaire) et fam., de Beaucry, à Salers, Cantal.
Rousseaux-Maillard (Hippolyte) et fam., de Fourmies, à Bordeaux, Gironde.
Rousselle (Charles) et fam., de Seclin, à Tulle, Corrèze.
Rousseau (Fleury), de Lille, à Bordeaux, Gironde.
Rouge (Fanny) et fam., de Saulre-le-Château, à Tours, Indre-et-Loire.
Royale (Léonie) et fam., de Maubeuge, à Langon, Gironde.
Rozanski (Thomas) et fam., de Lallaing, à Génelard, Saône-et-Loire.
Rudaut (Adolphe), d'Armentières, à Bassignac, Cantal.
Rudaut (Charles), d'Armentières, à Bassignac, Cantal.
Ruffin (Anne), de Warq-le-Grand, à Saint-Illide, Cantal.
Ruffin (Jeanne) et enf., d'Auby, à Jussac, Cantal.
Salon (Marguerite) et fam., de La Bassée, à Lourdes, Hautes-Pyrénées.
Salinguet (Eugénie), de Maubeuge, à Salers, Cantal.
Schépens (Camille), de Loos, à Tulle, Corrèze.
Schulz (Jeanne), du Quesnoy, à Allassac, Corrèze.
Schultz (Marie), du Quesnoy, à Allassac, Corrèze.
Schultz (Suzanne) et fam., du Quesnoy, à Allassac, Corrèze.
Scheldeman (Henri) et fam., de Roulers, à Lourdes, Hautes-Pyrénées.
Schreder (Arthur) et fam., de Louvroil, à Langon, Gironde.
Scoles (Louise), de Maubeuge, à Mauriac, Cantal.
Sébille (Henri), de Douai, à Tulle, Corrèze.
Seignez (Virginie), de Rieux, à Chaudesaigues, Cantal.
Selosse (Auguste) et fam., d'Hellemmes, à Tulle, Corrèze.
Scrugier (Edouard), de Warq-le-Grand, Cantal.
Seruzier (Florine), de Warq-le-Grand, à Saint-Santin, Cantal.
Servaes (Gaston) et fam., de Bruay-sur-Escaut, à Saint-Etienne, Loire.
Serrés (René), de Château, à Saint-Etienne, Loire.
Seulin (Albéric) et fam., d'Aniche, à Tulle, Corrèze.
Sevrin (Maria) et fam., d'Hautmont, à Lourdes, Hautes-Pyrénées.
Simon (Arthur) et fam., de Lourches, à Tulle, Corrèze.
Sizaire (Louise) et fam., de Wignehies, à Tours, Indre-et-Loire.
Sorreaux (Cyprien), d'Aniche, à Laroquebou, Cantal.
Souvembri (Lucien), de Maubeuge, à Loupiac, Cantal.
Soufflet (Gaston), de Cambrai, à Antignac, Cantal.
Soutens (Armand), de Maubeuge, à Beaumont-en-Veron, Indre-et-Loire.
Souvembri (Armand), de Maubeuge, à Loupiac, Cantal.
Soudaut (Jules), de Lille, à Lourdes, Hautes-Pyrénées.
Souris (Jules), de Sin-du-Nord, à Fondettes, Indre-et-Loire.
Spilley (Louis), de Wattrelos, à Ambarès, Gironde.
Spiegeler (Zulina), de Maubeuge, à Saint-Christophe, Cantal.

Sylard (Edouard), de Lille, à Saint-Martin-Valmeroux, Cantal.
Tain (Mme) et fam., du Quesnoy, à Vecetz, Indre-et-Loire.
Taine (Régina), de Maubeuge, à Jussac, Cantal.
Ternes (Lucien), d'Aniche, à Tulle, Corrèze.
Thery (Elisa) et fam., d'Annœulin, à Tulle, Corrèze.
Thellier (Sophie), de Fromelles, à Perreud, Saône-et-Loire.
Thuillez (Emile), de Villers-Outréaux, au Creusot, Saône-et-Loire.
Thurette (Ambroisine), du Quesnoy, à St-Julien-s-Dheune, Saône-et-Loire.
Tondeur (Pierre), de Lille, à Saint-Martin-Valmeroux, Cantal.
Tonneaux-Beaupent (Marie) et fam., de Maubeuge, à Aillignac, Cantal.
Touraciore (de), de Lille, à Mauriac, Cantal.
Tourny (Jules), d'Aubry, à Tours, Indre-et-Loire.
Trokay (Mme) et fam., de Maubeuge, à Bordeaux, Gironde.
Tully (Joseph), de Tourcoing, à Tours, Indre-et-Loire.
Uytterhaeghe (Désiré), de Lille, à Bordeaux, Gironde.
Venarien (Louis), de Deulemont, à Bordeaux, Gironde.
Vanackere (Victor), de Roubaix, à Tulle, Corrèze.
Vauden (Braum), de Lille, Nord, à Saint-Martin-Valmerbux, Cantal.
Vancoillie (Séraphin), de Lille, à Bordeaux, Gironde.
Vandelannote (Gustave) et fam., de Roubaix, à Tulle, Corrèze.
Vandeherre (Joseph), de Lille, à Tulle, Corrèze.
Vandelonnot (Adolphe), de Roubaix, à Tulle, Corrèze.
Vandenbrouck (Felix), de Roubaix, à Tulle, Corrèze.
Vandenbrouck (Raoul), de Wasquehal, à Lille, Corrèze.
Vaudan (Jeanne), de Valenciennes, à Tours, Indre-et-Loire.
Vandevelde (Marie), d'Armentières, à Lourdes, Hautes-Pyrénées.
Valendur (Omer), d'Armentières, à Bordeaux, Gironde.
Van Helder (Jules), de Lille, aux Ternes, Cantal.
Vanhove (Henri), de Lille, à Tulle, Corrèze.
Vallière (Marguerite) et fam., de Rousies, à Bègles, Gironde.
Vallière (Jeanne) et fam., de Rousies, à Bègles, Gironde.
Vallet (Irénée), d'Avesnes, à Niort, Deux-Sèvres.

Varras (Alfred), de Croix, à Bordeaux, Gironde.
Varrasse (Alphonse), de Roubaix, à St-Berain-s-Sanvignes, Saône-et-Loire.
Verdière (Marie) et enf., de Guesnain, à Saint-Flour, Cantal.
Verhamme (Florent) et fam., de Roubaix, à Tulle, Corrèze.
Verplanken (Henry), de Lille, à Tulle, Corrèze.
Vienne (Auguste), de Lille, à Bordeaux, Gironde.
Villin (Pauline) et fam., de Douai, à Tulle, Corrèze.
Vindevogel (Jules), de Lille, à Préchac, Gironde.
Vincent (Auguste), de Bruay-sur-l'Escaut, à Noaillan, Gironde.
Visse (Marcelle), de Maubeuge, à Drugeac, Cantal.
Visse (Gaston), de Maubeuge, à Drugeac, Cantal.
Vitu (Pierre), de Lille, à Aurillac, Cantal.
Vittu (Edouard) et fam., d'Auchy, à ....., Cantal.
Vlieghe (Mathilde), de Crespin, à Tours, Indre-et-Loire.
Vlieghe (Jeanne), de Crespin, à Tours, Indre-et-Loire.
Vuylsteke (Jean Baptiste), de Marcq-en-Barœul, à Tulle, Corrèze.
Walter (Virginie), de Lille, à Bordeaux, Gironde.
Wallays (Arthur), de Tourcoing, à Tulle, Corrèze.
Wallet (Marius), de Lille, à Virelade, Gironde.
Walicowiat (Stanislas) et enf., de Lallaing, à Geneland, Saône-et-Loire.
Warot (Joseph), de Lille, à Tulle, Corrèze.
Wasson (Alexandre), d'Aniche, à Tulle, Corrèze.
Waxin (Fernand), de Lille, à Lourdes, Hautes-Pyrénées.
Watel (Marie) et fam., de Maubeuge, à Pleaux, Cantal.
Watrelos (Gustave), de Somain, à Tulle, Corrèze.
Watel (Charles), d'Auberchicourt, à Tours, Indre-et-Loire.
Werbrouck (Paul), de Comines, à Langon, Gironde.
Wemel (Henry), de Tourcoing, à Tulle, Corrèze.
Woussen (Thérèse) et fam., de Roubaix, au Bouscat, Gironde.
Yamaels (Henri), de Marcq-en-Barœul, à Saint-Etienne, Loire.
Ysmal (Marie) et fam., de Maubeuge, à Drugeac, Cantal.
Yzebart (Paul), de Roubaix, à Tulle, Corrèze.

19e LISTE.

Accart (Henri), de Roubaix, à Lapalisse, Allier.
Acq (Georges), de Lille, à Saint-Etienne-de-Vicq, Allier.
Adam (Aline), de Maubeuge, à Audes, Allier.
Adiasse (Marcel), de Lille, à Grignols, Gironde.
André (Alphonse), de Douai, à Ainhice-Mongelos, Basses-Pyrénées.
André (Georges), d'Auberchicourt, à Nourly, Basses-Pyrénées.
Advoot (Théophile), de Lille, à Capestang, Hérault.
Agache (Edmond), de Petit-Bouchin, à Rouen, Seine-Inférieure.
Agneessens (Charles), de Maubeuge, à Durdat-Larequille, Allier.
Agnerai (Louise) et enf., de Maubeuge, à Urçay, Allier.
Alais (Eugène), de Lille, à Rouen, Seine-Inférieure.
Alexis, de Tourcoing, à Rouen, Seine-Inférieure.
Aiglaise (Lucien), d'Escautpont, à La Celle, Allier.
Ailard (Lucien), de Roubaix, à Périgny, Allier.
Altombourger (Pierre), de Lille, à Bordeaux, Gironde.
Aimé (Etienne), de Lille, à Rouen, Seine-Inférieure.
Amelink (Achille), de Tourcoing, à Saint-Etienne-de-Vicq, Allier.
Anchain (Edouard), de Douai, à Montluçon, Allier.
Anchien (César), de Douai, à Saint-Menoux, Allier.
Andinople (Antoine), de Denain, à Montluçon, Allier.
Andrieux (Charles), de Lille, à Bordeaux, Gironde.
Antem (Julie) et enf., de Dourges, à Tarbes, Hautes-Pyrénées.
Aquessis (Charles), de Maubeuge, à Montluçon, Allier.
Aquessis (Clothilde), de Maubeuge, à Montluçon, Allier.
Arbault (Georges), de Ronchin-les-Lille, à Limeyrat, Dordogne.
Arduin (Constant), de Rumilly, à Méry-sur-Oise, Seine-et-Oise.
Arduin (Marie), de Rumilly, à Méry-sur-Oise, Seine-et-Oise.
Arduin (Alice) et enf., de Rumilly, à Méry-sur-Oise, Seine-et-Oise.
Arnaud (Léon), de Raismes, à Came, Basses-Pyrénées.
Arnetiaux (Gaston) et enf., de Lambersac, à Villefranque, Basses-Pyrénées.
Assignon (Désiré), de Lille, à Cruz, Hérault.
Aubois (Juliette) et enf., d'Houplines, à Luray-Levy, Allier.
Aussy (René), de Loos, à Rouen, Seine-Inférieure.
Ayio (Léon) et fam., de Laudry, à Bordeaux, Gironde.
Ayrot (François) et fam., de Lille, à Bessay, Allier.
Axar (Jean), de Lille, à Rouen, Seine-Inférieure.
Abad (Léopold), de Fourmies, à Rouen, Seine-Inférieure.
Bacquart (Hector), de Lille, à Laprugne, Allier.
Baelen (Léopold), de Werwicq, à Matrilon, Basses-Pyrénées.
Baelen (Valéry), de Lille, à Rouen, Seine-Inférieure.
Baert (André), de Lille, à Monières, Hautes-Pyrénées.
Baert (Cypris), de Roubaix, à Andelaroche, Allier.
Baert (Jules), de Lille, à Sémeu, Hautes-Pyrénées.
Bailleux (Nicolas) et fam., d'Avesnes-lez-Aubert, à Cellettes, Loir-et-Cher.

Bailly (Henri), d'Annappes, à Uharre, Basses-Pyrénées.
Baizet (Hermance) et enf., de Fourmies, à Argenteuil, Seine-et-Oise.
Bajeau (Henri), de Roubaix, à Uros, Basses-Pyrénées.
Baisez (Charles), de Tourcoing, à Limeyrat, Dordogne.
Barbarie (Baptiste), de Tourcoing, à Périgueux, Dordogne.
Barbet (Georges), d'Anzin, à Montauban, Tarn-et-Garonne.
Barbier (Clara) et enf., de Colleret, à Varennes-sur-Allier, Allier.
Barbier (Ambroisine), d'Anzin, à Varennes-sur-Allier, Allier.
Barbier (Germaine) et enf., de Douai, à Deneuille-les-Mines, Allier.
Barillot (Louis), de Douai, à Rouen, Seine-Inférieure.
Baron (Jeanne), de Maubeuge, à Biarritz, Basses-Pyrénées.
Baroni (Marcelle), de Lille, à Bordeaux, Gironde.
Baroux (Suzanne), de Lille, à Bordeaux, Gironde.
Barré (Achille) et fam., de Seclin, à Bidart, Basses-Pyrénées.
Barron (Augustin), de Maubeuge, à Biarritz, Basses-Pyrénées.
Barron (Augustine), de Maubeuge, à Biarritz, Basses-Pyrénées.
Barron (Joseph), de Maubeuge, à Biarritz, Basses-Pyrénées.
Barron (Oscar), de Maubeuge, à Biarritz, Basses-Pyrénées.
Barron (Florence), de Maubeuge, à Biarritz, Basses-Pyrénées.
Barron (Sophie), de Maubeuge, à Biarritz, Basses-Pyrénées.
Basquin (Mathilde) et enf., de Maubeuge, à Montluçon, Allier.
Basse (Charles), de Cambrai, à Rouen, Seine-Inférieure.
Bastien (Elisa), de La Bassée, à Montaigut-le-Blin, Allier.
Bastinière (Alcidie), de Jeumont, à Saint-Prix, Allier.
Béauyau (Abbé), de Fives, à Rouen, Seine-Inférieure.
Batteur-Dupuis (Etienne) et ép., de Lille, à Bordeaux, Gironde.
Bandouin, de Denain, à Rouen, Seine-Inférieure.
Bauduin (Albertine), de Maubeuge, à Courçais, Allier.
Baudoin (Léger), de Denain, à Bussunarits, Basses-Pyrénées.
Baudson (Anna) et enf., de Cassore, à Argenteuil, Seine-et-Oise.
Bauly (Fernand), de Lille, à Ciboure, Basses-Pyrénées.
Baux (Géry), de Lesquin, à Saint-Etienne-de-Vicq, Allier.
Bavez (Achille), de Lille, à Ciboure, Basses-Pyrénées.
Bayer (Louis), de Lille, à Ciboure, Basses-Pyrénées.
Bay (Alfred), de Lille, à Montluçon, Allier.
Bayard (Edouard), de Roubaix, au Temple-Laguyon, Dordogne.
Bavard (J.-Bapt.), de Lys-lez-Lannoy, à St-Jean-de-Pied-de-Port, Basses-Pyrénées.
Bayot (Georges), d'Aniche, à Montoldre, Allier.
Bazeville (Nicolas), de Lille, à Périgueux, Dordogne.
Bazin (Georgette), d'Arras, à Nizerolles, Allier.
Beach (Charles), d'Armentières, à Conluyre, Allier.
Beares (Jean Baptiste), de Fives, à Rouen, Seine-Inférieure.
Beaumont (Henri), de La Madeleine, à Montauban, Tarn-et-Garonne.
Beauvais (Edouard), de Lille, à Droiturier, Allier.

Bêche (Henri), de Beuvry-les-Orchies, à Mittainvilliers, Eure-et-Loir.
Boerblock (Gustave), de Tourcoing, à Rouen, Seine-Inférieure.
Beert (Alphonse), de Roubaix, à Uzos, Basses-Pyrénées.
Béghin (Maurice), de Roubaix, à Excideuil, Dordogne.
Beroens (Léon) et fam., d'Hautmont, à Montluçon, Allier.
Bele (Paul), d'Armentières, à Droiturier, Allier.
Bellegueule (Eléonore), de Lourches, à Thenon, Dordogne.
Beno (Marie) et enf., de Beauvoir, à Bonloc, Basses-Pyrénées.
Benoît (Edgard), d'Aniche, à Ainhice Mongelos, Basses-Pyrénées.
Bérat (Henri), de Lille, à Bordeaux, Gironde.
Borgens (Auguste), de Lille, à Briscous, Basses-Pyrénées.
Berger (Julienne), de Vieux-Aulnoy, à Pontoise, Seine-et-Oise.
Berger (Charles), de Vieux-Aulnoy, à Pontoise, Seine-et-Oise.
Bergerot (Claude) et ép., de Maubeuge, à Moulins, Allier.
Berichard (Jules), de Valenciennes, à Rouen, Seine-Inférieure.
Bernard (Henri), de Bruay-sur-Escaut, à Saint-Etienne, Loire.
Bernard (Paul), de Tourcoing, à Blis-et-Born, Dordogne.
Bernaux (Adolphe), d'Hautmont, à Hours, Basses-Pyrénées.
Berringer (Abel), de Lille, à Rouen, Seine-Inférieure.
Bertiana (Ciriaque), de Fourmies, à Argenteuil, Seine-et-Oise.
Bertier (Julienne) et enf., de Lille, à Versailles, Seine-et-Oise.
Bertin (Arthur), d'Anzin, à Rouen, Seine-Inférieure.
Bertin (Arthur), de Maubeuge, à Mazirat, Allier.
Bertin (Louis), de Fénin, à Montcombroux, Allier.
Berton (Edmond), de Mons-en-Barœul, à Saumeray, Eure-et-Loir.
Bertrand (Cyriac) et ép., de Fourmies, à Argenteuil, Seine-et-Oise.
Bertrand (Emile), de Roubaix, à Ainhoa, Basses-Pyrénées.
Bertsch (Joseph), de Roubaix, à Vieure, Allier.
Besson (Léon), de Valenciennes, à Léguillac-de-l'Auche, Dordogne.
Betermiez (Georges), de Lille, à Louhans, Saône-et-Loire.
Bétrix (Mme), de Maroille, à Dijon, Côte-d'Or.
Beudin (Henri), de Lille, à La Chapelle-Faucher, Dordogne.
Bienfait (Robert), de Lille, à Tulle, Corrèze.
Bigaysn (Edmond), de Denain, à Saint-Etienne, Loire.
Bigotte (Aristide), de Wahagnies, à Bourdeilles, Dordogne.
Billarand (Henri), de Bruay-sur-Escaut, à Saint-Etienne, Loire.
Bille (Julia), de Jeumont, à Isserpent, Allier.
Binot (Cécile), de Fourmies, à Lée, Basses-Pyrénées.
Bisiaux (Pierre), d'Iwuy, à Rouen, Seine-Inférieure.
Bisiaux (Suzanne), de Rieux-en-Cambrésis, à Luchon, Haute-Garonne.
Blain (Alfred), de Roubaix, à Uhart-Cize, Basses-Pyrénées.
Blairon-Payot et fam., de Wignehies, à Rouen, Seine-Inférieure.
Blampain (Irma), de Jeumont, à Montaigut-le-Blin, Allier.
Blanchard (Thérèse), de Locquignol, à Dijon, Côte-d'Or.
Blanchard (Marguerite), de Maroille, à Dijon, Côte-d'Or.
Blanchet (Alfred), de Mouvaux, à Montroy, Charente-Inférieure.
Blanchet (Bénoni), de Fenain, à Hours, Basses-Pyrénées.
Blanpain (Marthe), de Lille, à Bordeaux, Gironde.
Blas (Firmin), de Rumégies, à Guiche, Basses-Pyrénées.
Blas (Pierre), de Valenciennes, à Rouen, Seine-Inférieure.
Blauvart (Henri), de Saint-Amand-les-Eaux, à Hasparren, Basses-Pyrénées.
Blavier (Robert), de Lille, à Saint-Martial-d'Albarède, Dordogne.
Block (Jean), de Lille, à Rouen, Seine-Inférieure.
Blocquelle (Edouard), de La Bassée, à Champcevinel, Dordogne.
Blomme (François), de Lille, au Breuil, Allier.
Blondeau (Cyprien), de Bondues, à Urcuit, Basses-Pyrénées.
Blory (Emile), d'Hérin, au Donjon, Allier.
Blywert (Henri), de Lille, à Gestas, Basses-Pyrénées.
Bochard (Auguste), de Vanbrechie, à Hendaye, Basses-Pyrénées.
Boel, de Lambersart, à Rouen, Seine-Inférieure.
Boitel (Arthur), d'Avesnes, à Rouen, Seine-Inférieure.
Bombled-Delplanques, de Sobre-le-Château, à Rouen, Seine-Inférieure.
Bon (Clodomire) et enf., de Maubeuge, à Cerilly, Allier.
Bon (Constant), de Recquignies, à Saint-Etienne, Loire.
Bonin (Marcel), d'Anzin, à Montluçon, Allier.
Bonnel (Georges), d'Haubourdin, à Tulle, Corrèze.
Bonnet (Henri), d'Hordain, à Arfeuilles, Allier.
Bonnier (Hortense) et enf., de Maubeuge, à Varennes-sur-Allier, Allier.
Bonot (Lucienne), d'Avesnes-sur-Helpe, à Pontoise, Seine-et-Oise.
Bonot (Marie) et enf., d'Avesnes-sur-Helpe, à Pontoise, Seine-et-Oise.
Bonté (Georges), de Lille, à Rouen, Seine-Inférieure.
Bontemps (Louise) et enf., de Denain, à Soursac, Corrèze.
Bontemps (Alexis) et fam., d'Hautmont, à Verneix, Allier.
Boon, de Lille, à Rouen, Seine-Inférieure.
Booiard (Désiré), de Lille, à Lasseube, Basses-Pyrénées.
Boque (J.-B.) et fam., de Mons-en-Barœul, à Buxières-les-Mines, Allier.
Boquet (Georges), de Lille, à Rozat, Allier.
Botteau (Lise) et enf., de Marpent, à Castets, Gironde.
Butteau (Louise) et enf., d'Hautmont, à Verneix, Allier.
Bouchard (Emile), de Bruay-sur-Escaut, à Montluçon, Allier.
Bouchaert (Jules), de Roncq, à Lasseube, Basses-Pyrénées.

Bouchard (Prudent), d'Hasnon, à Périgny, Allier.
Bouchart (Omer), de Maubeuge, à Lucenau, Gironde.
Bouche (Henri), de Tourcoing, à Granges-d'Ans, Dordogne.
Boucher (Alfred) et fam., de Cambrai, à Moulins, Allier.
Boucher (René), de Maubeuge, à Tulle, Corrèze.
Bouchez (Léon), d'Anor, à Rouen, Seine-Inférieure.
Boudaille (Albert), de Fourmies, à Dijon, Côte-d'Or.
Boudaille (Jacqueline), de Fourmies, à Dijon, Côte-d'Or.
Boudaille (Raymond), de Fourmies, à Dijon, Côte-d'Or.
Boudaille (Simone), de Fourmies, à Dijon, Côte-d'Or.
Boudaillez (Robert), de Douai, à Rouen, Seine-Inférieure.
Boude (Albert), de Lille, à Commentry, Allier.
Boudinier (Jules) et fam., d'Artres, à Pontoise, Seine-et-Oise.
Boudinier (Marie) et enf., d'Artres, à Pontoise, Seine-et-Oise.
Boudrengtrien (Marie), de Roubaix, à Rouen, Seine-Inférieure.
Bonez (Gaston), de Guesnain, à Ustaritz, Basses-Pyrénées.
Boulainghien (Albert), de Lille, à Montceau-les-Mines, Saône-et-Loire.
Boulanger (Achille), d'Armentières, à Saint-Pée-sur-Nivelle, Basses-Pyrén.
Boulanger (Charles), de Cambrai, à Bordeaux, Gironde.
Boulanger (Fernand) et enf., de Fretin, à Domezain-Berraute, Basses-Pyr.
Boulanger (Marcel), de Lille, à Anlhiac, Dordogne.
Boulanger (Rose) et enf., de Jeumont, à Saint-Prix, Allier.
Bouquet (Charles), d'Armentières, à Came, Basses-Pyrénées.
Bourlutte (Jules), de Croix, à Rouen, Seine-Inférieure.
Bourcez (Milo), du Quesnoy, à Rouen, Seine-Inférieure.
Bourchard (Emile), d'Escaupont, à Commentry, Allier.
Bourdauduit (Mme), de Douai, à La Rochelle, Charente-Inférieure.
Bouve-Pidon (Albert), de Lille, à Montluçon, Allier.
Bourel (Auguste), de Wasquehal, à Tulle, Corrèze.
Bourgeois (Alexandra) et fam., de Valenciennes, à Bordeaux, Gironde.
Bourgeois (Edouard), de Roubaix, à Itxassou, Basses-Pyrénées.
Bourgeois (Elise), de Valenciennes, à Bordeaux, Gironde.
Bourgeois (Jules), de Roubaix, à Itxassou, Basses-Pyrénées.
Bourgois (Cyrille), de Comines, à Banca, Basses-Pyrénées.
Bourgois (Julien), de Comines, à Banca, Basses-Pyrénées.
Bourghelie (Edouard), de Dorignies, à Doyet, Allier.
Bourguignon (Adolphe), de Lille, à Iharre, Basses-Pyrénées.
Bourigeaud (Emmanuel), de La Madeleine, à Rouen, Seine-Inférieure.
Bourrienne et fam., de Lille, à Rouen, Seine-Inférieure.
Bourriez (Ernest), de Lens, à Abidos, Basses-Pyrénées.
Boursin (Henri), de Seclin, à Badefols-d'Ans, Dordogne.
Boutonne, de Lille, à Rouen, Seine-Inférieure.
Boutou (Louis) et enf., de Dorignies, à Montceau-les-Mines, Saône-et-Loire.
Boutry (Augustin), de Santes, à Castagnède, Basses-Pyrénées.
Boutry (Louis), d'Haubourdin, à Nébian, Hérault.
Boyé (Paul), de Tourcoing, à Saint-Etienne-de-Vicq, Allier.
Brames, de Somain, à Rouen, Seine-Inférieure.
Brandt et fam., de Roubaix, à Rouen, Seine-Inférieure.
Braquelaire (Noel), d'Houplines, à Saint-Jean-de-Luz, Basses-Pyrénées.
Brassard (Flory), d'Hornaing, à Commentry, Allier.
Brassard (Jean-Baptiste), d'Hornaing, à Montauban, Tarn-et-Garonne.
Brault (Anatole), de Loos, à Andelaroche, Allier.
Brenet (Laure), d'Onnaing, à Royan, Charente-Inférieure.
Brésy (Henri), de Lille, à Nébian, Hérault.
Bretelle-Ledoux (Mme), de Jeumont, à Saint-Prix, Allier.
Breton (Joseph), de Bauvin, à Mazirat, Allier.
Brichant (Paulin), de Lille, à Rouen, Seine-Inférieure.
Brichot (Philomène) et enf., de Maubeuge, à Audes, Allier.
Bridel (Jeanne) et enf., de Saint-Sauveur, à Chirat-l'Eglise, Allier.
Brifaut (Louis), de Lourches, à Rouen, Seine-Inférieure.
Briffaut (Charles), d'Abscon, à Saint-Etienne, Loire.
Briffaut (Paul), de Fives, à Rouen, Seine-Inférieure.
Brillon (Denis), de Dechy, à Montauban, Tarn-et-Garonne.
Brienne (Henri), de Lille, à Arfeuilles, Allier.
Brienne (Sophie), d'Orchies, à Monestier, Allier.
Brimout (Jules) et fam., de Maubeuge, à Audes, Allier.
Brochet (Léon), de Lille, à Périgny, Allier.
Broda (Edmond), de Maubeuge, à Courçais, Allier.
Bronck (Jean-Baptiste), de Tourcoing, à Rouen, Seine-Inférieure.
Brondel (Simon), de Roubaix, à Lapalisse, Allier.
Brouhet et enf., de Feignies, à Rouen, Seine-Inférieure.
Broulin (Raymond), de Lille, à Génis, Dordogne.
Broux (Gustave), de Saint-Aubert, à Dangeaux, Eure-et-Loir.
Broux (Jean-Baptiste), de Tourcoing, à St-Pée-sur-Nivelle, Basses-Pyrénées.
Bru (Henri) et fam., de Bruxelles, à Saint-Germain-en-Laye, Seine-et-Oise.
Bruchet (Henri), de Seclin, à Génis, Dordogne.
Brulin (Alfred), de Waziers, à Maisons-Laffitte, Seine-et-Oise.
Bruweubal (Clémentine) et enf., de Maubeuge, à Montluçon, Allier.
Bruyer (Jules) et fam., de Marpent, à Saint-Prix, Allier.
Bruynooghe et enf., de Mons-en-Barœul, à Buxières-les-Mines, Allier.
Buchet (Gaston), de Lille, à Saint-Etienne, Loire.

Buinet (Léon) et fam., de Beugnies, à Moulins, Allier.
Buissette (Louis), de Wavrin, à Commentry, Allier.
Buisine (Aimé), d'Emmerin, à St-Jean-le-Vieux, Basses-Pyrénées.
Bulteau-Leclerq (Lydie), de Lille, à Bordeaux, Gironde.
Bultez (Achille) et fam., d'Aniche, à Montceau-les-Mines, Saône-et-Loire.
Buquoy (François) de Lille, à Droiturier, Allier.
Burgeat (Alfred) et fam., de Waziers, à Montceau-les-Mines, Saône-et-Loire.
Burget (Léon), d'Aniche, à Saint-Jean-de-Luz, Basses-Pyrénées.
Burget (Henri) et enf., de Lille, à Bordeaux, Gironde.
Buschman (Suzanne), de Valenciennes, à Pontoise, Seine-et-Oise.
Busin (Asithe), de Maubeuge, à Biarritz, Basses-Pyrénées.
Busin (Elize), de Maubeuge, à Biarritz, Basses-Pyrénées.
Busin (Emile), de Maubeuge, à Biarritz, Basses-Pyrénées.
Busin (Léon), de Maubeuge, à Biarritz, Basses-Pyrénées.
Busquet (Maurice), de Roubaix, à Lapalisse, Allier.
Bussard (Benjamin), de Maubeuge, à Montluçon, Allier.
Bussart (Madeleine), de Maubeuge, à Montluçon, Allier.
Busschaert (Edouard), de Mouvaux, à Montroy, Charente-Inférieure.
Butage (Julien), de Péronchies, à Vendres, Hérault.
Buzit (Léon), de Lomme, à Nousty, Basses-Pyrénées.
Caboche, de Valenciennes, à Rouen, Seine-Inférieure.
Cadenes (Paul), d'Onnaing, à Creuzier-le-Neuf, Allier.
Caffart (Henri) et enf., de Sin-le-Noble, à Montceau-les-Mines, Saône-et-L.
Caignet (Augustin), de Templemais, à Charolles, Saône-et-Loire.
Caignet (Victor), de Fourmies, à Rouen, Seine-Inférieure.
Cail (Fernande), de Maubeuge, à Lucmau, Gironde.
Caillou, de Marq-en-Barœul, à Rouen, Seine-Inférieure.
Callaerts (Gaston), de Lille, à Lapalisse, Allier.
Callant et fem., de Lille, à Rouen, Seine-Inférieure.
Callens (Adolphe), de Roubaix, à Rouen, Seine-Inférieure.
Calteaux (Berthe), d'Anor, à Bordeaux, Gironde.
Caluwe (Georges de), de Lille, à Rouen, Seine-Inférieure.
Camberlain (Louis), de La Madeleine, à Tarbes, Hautes-Pyrénées.
Cambier (Jean-Baptiste), de Seclin, à Rouen, Seine-Inférieure.
Cambier (Louis), de Bauvin, à Mazirat, Allier.
Cambrelain (Adolphe), de Maubeuge, à Vaux, Allier.
Cambrelaing (Gustave), de Maubeuge, à Lucmau, Gironde.
Cambron (Gérard), de Loos, à Itxassou, Basses-Pyrénées.
Camus (Edmond) et fam., du Cateau, à Moulins, Allier.
Camus (Henri), de Lille, à Ciboure, Basses-Pyrénées.
Canonne (Marie) et enf., du Cateau, à Toulouse, Haute-Garonne.
Canivet (Zélie) et enf., de Maubeuge, à Bordères-sur-l'Echez, Hautes-Pyrén.
Cany (Léonie), d'Armentières, à Mezignan-l'Evêque, Hérault.
Capliez (Kléber), d'Aniche, à Montoldre, Allier.
Cappe (Marie) et sœur, de La Bassée, à Cusset, Allier.
Carbonelle (Pierre), de Lille, à Biarritz, Basses-Pyrénées.
Carlier (Eugène), de Vieux-Condé, à Saint-Etienne, Loire.
Carlier (Gustave), de Lille, à Rouen, Seine-Inférieure.
Carlier (Jean-Baptiste), de Valenciennes, à Rouen, Seine-Inférieure.
Carlier (Joseph) et enf., de Flines-les-Raches, à Lauhossoa, Basses-Pyrén.
Carlier (Joseph), de Flines-les-Raches, à Lauhossoa, Basses-Pyrénées.
Carlier (Louis), d'Aniche, à Saint-Etienne, Loire.
Carlier (Maurice), de Lille, au Breuil, Allier.
Carpentier (Gaston) et enf., d'Allennes-le-Marais, à Gannat, Allier.
Carpentier (Joseph), de Douchy, à Azerat, Dordogne.
Carpentier (Joseph) et fam., de Méricourt, à Montluçon, Allier.
Carpentier (Maurice), de Lille, à Saint-Etienne, Loire.
Caron (Honoré), de Flines-les-Raches, à Rouen, Seine-Inférieure.
Carré (Henri), de Seclin, à Came, Basses-Pyrénées.
Carret (Henri), d'Armentières, à Sare, Basses-Pyrénées.
Carron (Mme) et fam., d'Auchy, à Marcillat, Allier.
Carru (Léandre), d'Armentières, à Maureilhan, Hérault.
Carton (Emile), de Lille, à Rouen, Seine-Inférieure.
Carton (Mathilde) et enf., de Lille, à Montluçon, Allier.
Catel (Fleury), de Lille, à Saint-Etienne, Loire.
Catoirre (Adèle), du Cateau, à Argenteuil, Seine-et-Oise.
Castel (Sylvie), de La Chapelle-d'Armentières, à Bédarieux, Hérault.
Castelain (Frédéric), de Wasquehal, à Ligueux, Dordogne.
Castelin, de Fives-Saint-Maurice, à Rouen, Seine-Inférieure.
Catrix (Jules), de Comines, à Hendaye, Basses-Pyrénées.
Catteau (Emile), de Roncq, à Périgueux, Dordogne.
Catteau (Victor), de Tourcoing, à Rouen, Seine-Inférieure.
Cau (Jean-Baptiste), de Tourcoing, à Commentry, Allier.
Cau (Giovianni), d'Aniche, à Creuzier-le-Neuf, Allier.
Cauchy (Lucienne) et enf., d'Orchies, à Monestier, Allier.
Cauchy (Ulysse), de Croix, à Saint-Etienne, Loire.
Caulier (Charles) et enf., de Lille, à Saint-Jean-le-Vieux, Basses-Pyrénées.
Cauwel (Denis), de Lille, à Came, Basses-Pyrénées.
Caussard (Léonie), de Lille, à Maureilhan, Hérault.
Cavro (Clément), de Lieu-Saint-Amand, à Hendaye, Basses-Pyrénées.
Chandelier (Simonne), de Marpent, à Castets, Gironde.

Chandelier (Augusta), de Marpent, à Castets, Gironde.
Charleis (André), de Roubaix, à Uzos, Basses-Pyrénées.
Charles (Fernand), de Saint-Amand-les-Eaux, à Champcevinel, Dordogne.
Charles (Georges), de Saint-Amand-les-Eaux, à Coubjours, Dordogne.
Charlet (Jean-Baptiste), de Lille, au Donjon, Allier.
Charlet (Henry), d'Armentières, à Thenouille, Allier.
Charliey (Hubert), de Somain, au Donjon, Allier.
Chartier (Mme), de Maubeuge, à Audes, Allier.
Chervel (Henri), de Lille, à Pau, Basses-Pyrénées.
Cheval (Nestor), de Saint-Amand-les-Eaux, à Hasparren, Basses-Pyrénées.
Cheval (René), d'Onnaing, à Creuzier-le-Neuf, Allier.
Chevalier (Jean-Baptiste), de Lille, à St-Crépin-d'Auberoche, Dordogne.
Choisy (Apollon), de Lille, à Montluçon, Allier.
Christophe (Gaston), de Maubeuge, à St-Georges-sur-Eure, Eure-et-Loir.
Clarisse (Gustave), de Roubaix, à Ainhoa, Basses-Pyrénées.
Gilor (Pierre), de Mouvaux, à Saint-Etienne, Loire.
Clabeau (Louis), de Lille, à Servilly, Allier.
Clauton (Ernest), de Sin-du-Nord, à Ossès, Basses-Pyrénées.
Claeys (Edmond), de Lille, à Saint-Etienne, Loire.
Clarin (Eugène), de Valenciennes, à Bordeaux, Gironde.
Charlet (Marcel), de Templemars, à Bordeaux, Gironde.
Chef, de Ferrière-la-Grande, à Rouen, Seine-Inférieure.
Chevillard (Victorien), de Saint-Amand, à Rouen, Seine-Inférieure.
Chévon (Zoé) et enf., de Marpent, à Castets, Gironde.
Cinquin-Nobitaillie, de Fives, à Rouen, Seine-Inférieure.
Claye (Héléna), de Lille, à Bordeaux, Gironde.
Clément (Charles), de Lille, à Meharin, Basses-Pyrénées.
Clément (Désiré), de Valenciennes, à Rouen, Seine-Inférieure.
Clément (Jules), de Lille, à Servilly, Allier.
Clerquin (Robert), de Lille, à Bordeaux, Gironde.
Cleys (Désiré), de Roubaix, à Rouen, Seine-Inférieure.
Cliquenois (Augustine) et enf., de Lille, à Pau, Basses-Pyrénées.
Cliquet (Georges), d'Auzin, à Servilly, Allier.
Clouard, de Lille, à Rouen, Seine-Inférieure.
Cluzet (François) et ép., de Lille, à Montluçon, Allier.
Cuudde (Edouard), de Lille, à Bordeaux, Gironde.
Cobet (Georges), de Lille, à Saint-Jean-le-Vieux, Basses-Pyrénées.
Coine (Casiodore), de Lille, au Breuil, Allier.
Coint (Louis), de Denain, à Montluçon, Allier.
Coisne (Louis), d'Armentières, à Lohitzum-Oyhercq, Basses-Pyrénées.
Colart (Claire), de Bauvin, à Hasparrey, Basses-Pyrénées.
Colart (Julie), de Bauvin, à Hasparren, Basses-Pyrénées.
Colart (Henri), de Bauvin, à Hasparren, Basses-Pyrénées.
Colinet (Léon), d'Anzin, à Dangeau, Eure-et-Loir.
Colinet (Marguerite), d'Anzin, à Dangeau, Eure-et-Loir.
Collesson (Ernest), de Lille, à Domezain-Berraute, Basses-Pyrénées.
Collet (Jules), de Lille, à Arfeuilles, Allier.
Collette (George), de Lille, à Guiche, Basses-Pyrénées.
Colot (Mme) et fille, de Pont-sur-Sambre, à Rouen, Seine-Inférieure.
Colpart (Maurice), de Valenciennes, à Lapalisse, Allier.
Colpaert (Pierre), de Tourcoing, à Gestas, Basses-Pyrénées.
Colpart (Pierre), de Tourcoing, à Gestas, Basses-Pyrénées.
Colpin (Georges), d'Aniche, à Saint-Etienne, Loire.
Colz, de Bavay, à Rouen, Seine-Inférieure.
Comble (Maurice), d'Houplin, à Ciboure, Basses-Pyrénées.
Combreling (Jules), de Sous-le-Bois, à Montluçon, Allier.
Commassous (Catherine), de Lille, à Pau, Basses-Pyrénées.
Commassous (Jacques), de Lille, à Pau, Basses-Pyrénées.
Commassous (Marie), de Lille, à Pau, Basses-Pyrénées.
Commassous (Marie) et fils, de Lille, à Pau, Basses-Pyrénées.
Commassous (Pierre) et fille, de Lille, à Pau, Basses-Pyrénées.
Condy (Léon), d'Attiches, à La Tour-sur-Orb, Hérault.
Conratte (François) et enf., de Saint-Amand-les-Eaux, à Montluçon, Allier.
Cools, de Lille, à Rouen, Seine-Inférieure.
Copin (Charles), d'Escaudin, à Sare, Basses-Pyrénées.
Copin (Jean-Baptiste), de Somain, à Montauban, Tarn-et-Garonne.
Copin (Angèle) et enf., de La Bassée, à Varennes-sur-Allier, Allier.
Coppée (Mme), de Marpent, à Rouen, Seine-Inférieure.
Coppens (Pierre), de Lille, à Rouen, Seine-Inférieure.
Coquelet (Edmond), de Solre-le-Château, à Rouen, Seine-Inférieure.
Coquelet (Théophile), d'Aniche, à Saint-Etienne, Loire.
Coquelet (Théophile), de Lille, à Rouen, Seine-Inférieure.
Coquerelle (Ernest), de Lomme, à Osserain-Rivareyte, Basses-Pyrénées.
Coquette (Edmond), de Seclin, à Urrugne, Basses-Pyrénées.
Cordier (Eugène) et enf., de Marpent, à Castets, Gironde.
Cordier (Gaston), de Marpent, à Castets, Gironde.
Cordier (Renée), de Marpent, à Castets, Gironde.
Cormorau (Emile), de Lille, à Orthez, Basses-Pyrénées.
Cornard (Louis), de Roubaix, à Lapalisse, Allier.
Cornil (Arthur), de Lille, à Rouen, Seine-Inférieure.
Cornille (Robert), de Wambrechies, à Brantôme, Dordogne.

Cornille, de Lille, à Rouen, Seine-Inférieure.
Cornu (Auguste), de Valenciennes, à Rouen, Seine-Inférieure.
Corté (Fernand), de Lille, à Rouen, Seine-Inférieure.
Coruquet (Alphonse), de Douai, à Saint-Étienne, Loire.
Cossez (Maurice), de Provin, à Florensac, Hérault.
Courtecuisse (Janvier), de Fretin, à Aurensan, Hautes-Pyrénées.
Cousmaker (Jules), de Lille, à Osserain-Rivareyte, Basses-Pyrénées.
Coteignie (Charles), de Lille, à Rouen, Seine-Inférieure.
Cotignie (Charles), de Lille, à Rouen, Seine-Inférieure.
Coton, de Caudry, à Montluçon, Allier.
Coton (Léon), de Lourche, à Arfeuilles, Allier.
Coupet (Marcel) et enf., de Auchies-la-Bassée, à Cusset, Allier.
Coupy (Élie), de Lourches, à Saint-Étienne, Loire.
Coursier (Ferdinand), de Lille, à Tulle, Corrèze.
Courtecuisse (Siméon), d'Ostricourt, à Saint-Étienne, Loire.
Courtois (Camille) et fam., de Maubeuge, à Villebret, Allier.
Courtois (Ernest), de Caudry, à Langon, Gironde.
Courton (Camille), de Maubeuge, à Montluçon, Allier.
Cousin (Marcel), de Lille, à Saint-Étienne, Loire.
Couttenier (Alphonse), de Lambersart, à Bidache, Basses-Pyrénées.
Convez (Alphonse), de Roubaix, à Ciboure, Basses-Pyrénées.
Cramette (Léon), de Lille, à Amorots-Succos, Basses-Pyrénées.
Crépeaux (Adèle) et enf., de Valenciennes, à St-Germain-en-Laye, S.-et-O.
Crépieux (Alfred), de Douai, à Garris, Basses-Pyrénées.
Crepin (Eug.) et fam., de Beaurain-les-Arras, à St-Germain-en-Laye, S.-et-O.
Crespelle (Fernand), de Lille, à Lapalisse, Allier.
Crétel (Charles), de Lille, à Dijon, Côte-d'Or.
Crinon (Philomène), de Cambrai, à Argenteuil, Seine-et-Oise.
Crokaert (Julien), de Lille, à Dompierre, Allier.
Crombez (Édouard), de Lille, à Nébian, Hérault.
Cuvelier (Émile), de Roubaix, à Ossès, Basses-Pyrénées.
Cruysberg (Mme), de Maubeuge, à Montluçon, Allier.
Cuisinier (Olivier), de Fève-les-Lille, à Yzeure, Allier.
Cuvelier et son fils, de Roubaix, à Rouen, Seine-Inférieure.
Cuvelier (Charles), de Lille, à Commentry, Allier.
Daéné, Joseph, de Roncq, à Périgny, Allier.
Daenens (Léon) et enf., de Lille, au Donjon, Allier.
Dahiez (Gaston), de Fives, à Rouen, Seine-Inférieure.
Daise (Alexis), de Fresnes, à Banca, Basses-Pyrénées.
Damblin (Louise) et enf., de Beauvin, à Grignols, Gironde.
Damien (Albert) et ép., de Lavigny, à Argenteuil, Seine-et-Oise.
Daminotte (Paul) et enf., de Lille, à Argenteuil, Seine-et-Oise.
Dievais (Valentin), de Lille, à Dangeau, Eure-et-Loir.
Dammon (Céline) et enf., d'Arnèke, à Mayet-de-Montagne, Allier.
Danguien (Alphonsine), de Lille, à Bordeaux, Gironde.
Daniel (Fernand) et enf., de Maubeuge, à Montluçon, Allier.
Daniel (Fernande) et enf., de Maubeuge, à Villebret, Allier.
Dapsens (Charles), de Lille, à Rouen, Seine-Inférieure.
Dapsens (Émile), de Roubaix, à Brive, Corrèze.
Darras (Jules), de Lomme, à Cruzy, Hérault.
Dassonville (Louis), de Waziers à Montauban, Tarn-et-Garonne.
Dassonville (Maurice), de Lille, à Loubans, Saône-et-Loire.
Dassonville (Clémence), d'Hautmont, à Ibos, Hautes-Pyrénées.
Dassonville (Émile), de Lille, à Loubans, Saône-et-Loire.
Dashée (Victor), de Maubeuge, à Jatxou, Basses-Pyrénées.
Dastrincourt, de Comines, à Rouen, Seine-Inférieure.
Daulin (Jean), de Douai, à Pessac, Gironde.
Daumont (Adrienne), de Flers-en-Escrebieur, à Arcizac-Adour, Htes-Pyrén.
Daumont (Louis), de Flers-en-Escrebieur, à Arcizac-Adour, Htes-Pyrénées.
Daumont (Louise), de Flers-en-Escrebieur, à Arcizac-Adour, Htes-Pyrénées.
Dautrelon (Victor), de Lille, à Rouen, Seine-Inférieure.
Dauverchain (Auguste), d'Hasnon, à Périgny, Allier.
De Berdt (Achille), d'Armentières, à Rouen, Seine-Inférieure.
Debergh (Marie-Louise), de Lille, à Buxières-les-Mines, Allier.
Delrue (J.-B.) et enf., de Roubaix, à Marseille, Bouches-du-Nord.
Debaisieux (François), de Roubaix, à Aureilhan, Hautes-Pyrénées.
Decant (Raoul), d'Anzin, à Rouen, Seine-Inférieure.
Delarné (Anna), de Malo-les-Bains, à Bordeaux, Gironde.
Declercq (Camille), de Lille, à Rouen, Seine-Inférieure.
De Bosschère (Théophile), de Lille, au Breuil, Allier.
Debrollés (Arsène), d'Hautmont, à Rouen, Seine-Inférieure.
Debue (Victor), de Seclin, à Bidart, Basses-Pyrénées.
Debut (Lucien), d'Auberchicourt, à Saint-Étienne-de-Vicq, Allier.
Debuyser (Théophile), de Bondues, à Urcuit, Basses-Pyrénées.
Declercq (Charles), d'Houplines, à Saint-Pée-sur-Nivelle, Basses-Pyrénées.
Deconinck (Louis), de Tourcoing, à Commentry, Allier.
De Coninck (Léopold), d'Hellemmes, à Bédaricux, Hérault.
Decornin (Pierre), de Santes, à Idaux-Mendy, Basses-Pyrénées.
Decostigniez (Achille), de. . . . . . , à Bardos, Basses-Pyrénées.
Decottignies (Albert), de Vanbreuchies, à Hendaye, Basses-Pyrénées.
Decottignies (Jules), de Roubaix, à Ciboure, Basses-Pyrénées.

Decourchelle (Émile), des Lamoy, à Mouguerre, Basses-Pyrénées.
Decrasne (Malvina), d'Armentières, à Cette, Hérault.
Decraene (Victor), de La Chapelle-d'Armentières, à Trappes, Seine-et-Oise.
Decrouez (Mme), de Vieux-Condé, à Rouen, Seine-Inférieure.
Decubre (Henri), de Tourcoing, à Saint-Étienne, Loire.
Dedisse (Mme) et enf., de Maubeuge, à Montluçon, Allier.
Dedisse (Emilia), de Maubeuge, à Montluçon, Allier.
Dedon (Jules), de Saint-Vast-en-Cambrésis, à Sare, Basses-Pyrénées.
Dedonder, de La Madeleine, à Rouen, Seine-Inférieure.
Dedours (Alphonse) et enf., d'Armentières, à Roujan, Hérault.
Dedours (Eugénie) et enf., d'Armentières, à Roujan, Hérault.
Dedours (Louise), d'Armentières, à Roujan, Hérault.
Defer (Achille), de Douai, à Rouen, Seine-Inférieure.
Defien (Joseph), de Perenchies, à Loubieng, Basses-Pyrénées.
Deffieux (Alfred) et ép., du Cateau, à Montluçon, Allier.
Deflandre, de Solre-le-Château, à Rouen, Seine-Inférieure.
Defontaine (Julien), de Lille, à Périgny, Allier.
Defossat (Edmond), d'Escaudain, à Montluçon, Allier.
Defossez (Clémence), de Lille, à Rouen, Seine-Inférieure.
Défossez (Léon), de Lille, à Rouen, Seine-Inférieure.
Defossez (Paul), d'Homaing, à Itxassou, Basses-Pyrénées.
Defousseh (Édouard), d'Ecaudin, à Montluçon, Allier.
Defrise (Léon), de Lille, à Rouen, Seine-Inférieure.
Degand (Édouard), de Lille, à Châteaudun, Eure-et-Loir.
Degraëve-Fournier (Maurice) et ép., de Caudry, à Bordeaux, Gironde.
Degrutère (Edmond), de Wattignies, à Tulle, Corrèze.
Déguilloux (Mélanie), d'Hautmont, à Arcizac-Adour, Hautes-Pyrénées.
Déhaés (Judas), de Lille, à Guiche, Basses-Pyrénées.
Dehon (Auguste), de Lourches, à Commentry, Allier.
Dehon (Ernest), de Cambrai, à Orègue, Basses-Pyrénées.
Dehont (Pierre), de La Sentinelle, à Cruzy, Hérault.
Dehouse (Adèle), de Maubeuge, à Montluçon, Allier.
Dejaegher (Augustine), de Lille, à Saint-Jean-de-Luz, Basses-Pyrénées.
Dejode (Arthur), de Valenciennes, à Rouen, Seine-Inférieure.
Delabel (Victor), d'Armentières, à Saint-Étienne-de-Vicq, Allier.
Delahaye (Auguste), de Caudry, à Rouen, Seine-Inférieure.
Delahaye (Charles), de Lesquenne, à Rouen, Seine-Inférieure.
Delahousse (Henri), de Lille, à Rouen, Seine-Inférieure.
Delalieu (Marie) et enf., d'Harpax, à Lapalisse, Allier.
Delamet (Clodomir), de. . . . . , à Hendaye, Basses-Pyrénées.
Delamet (Maximilien), de Saint-Amand-les-Eaux, à Hendaye, Basses-Pyrén.
Delanglez (Marcel), de Lille, à Arfeuilles, Allier.
Delamare (Parfait), de Lille, à Rouen, Seine-Inférieure.
Delannoy (Albert), de Tourcoing, à Rouen, Seine-Inférieure.
Delannoy (François), de Fives-Lille, à Bergouey, Basses-Pyrénées.
Delannoy-Meunier, de Fourmies, à Rouen, Seine-Inférieure.
Delattre (Jules), de Tourcoing, au Breuil, Allier.
Delattre, de Lille, à Rouen, Seine-Inférieure.
Delattre (Clément), de Dorignies, à Montceau-les-Mines, Saône-et-Loire.
Delattre (Jean), de Roubaix, à Castets, Gironde.
Delattre (Franç.) et ép., de Raismes-les-Valenciennes, à Villiers-le-Bal, S.-et-O.
Delaval (Jules), de La Madeleine-les-Lille, à Larribar-Sushapuru, B.-Pyr.
Delcambre (Alphonse), de Fressain, à Saint-Clément, Allier.
Delcort (Julienne), de Jeumont, à Saint-Prix, Allier.
Delcour (Azeline), de Gainay, à Saint-Fargeol, Allier.
Delcourt (Auguste), de Lomme, à Arfeuilles, Allier.
Delcourt (Georges), de Gondecourt, à Aurensan, Hautes-Pyrénées.
Delcroix (Arthur) et fam., de Jeumont, à Isserpent, Allier.
Delcuppe (Armand), d'Anzin, à Saint-Bonnet-de-Rochefort, Allier.
Delebecq (Louis), de La Madeleine-les-Lille, à St-Étienne-Baïgorry, B.-Pyr.
Delebois (Achille), de Lille, à Rouen, Seine-Inférieure.
Delécluse (Léon) et enf., de Tourcoing, à Servilly, Allier.
Delecourt (Kléber), d'Armentières, à Nexignan-l'Évêque, Hérault.
Delecourt (Théodore), de Lille, à Larribar-Sorhapuru, Basse-Pyrénées.
Delecroix (Julien), de Carvin, à Rouen, Seine-Inférieure.
Delepierre (Félix), d'Armentières, à Cette, Hérault.
Deleplanque (Henri) et enf., de Tourcoing, à Tulle, Corrèze.
Deleporte et ép. de Roubaix à Rouen, Seine-Inférieure.
Delequenche (Jules), de Lille, à Rouen, Seine-Inférieure.
Delespaul (Henri) et enf., de Roubaix, à Ciboure, Basses-Pyrénées.
Delestienne (Jean), de Denain, à Cambo-lès-Bains, Basses-Pyrénées.
Delestrez (Charles), d'Armentières, à Arancou, Basses-Pyrénées.
Deletre (Pierre-Eugène), de Lille, à Saint-Étienne, Loire.
Delettre (Abel), de Valenciennes, à Rouen, Seine-Inférieure.
Deleurence (Achille), d'Armentières, à Oursbelille, Hautes-Pyrénées.
Delforge (Émile), de Valenciennes, à Rouen, Seine-Inférieure.
Delforge et ép., de Bouchain, à Rouen, Seine-Inférieure.
Delfosse (Arthur), de Lille, à Ustaritz, Basses-Pyrénées.
Delfosse (Berthe), de Douai, à Chambéry, Savoie.
Delhaye (Marcel), de Watrelos, au Donjon, Allier.
Delier (Charles), de Condé, à Lapalisse, Allier.

Delille (Julienne), et enf., de Douai, à Montaignes-sur-l'Andelot, Allier.
Dellames (Pierre), d'Hern, à Saint-Jean-Pied-de-Port, Basses-Pyrénées.
Dellessalle (Julien), d'Armentières, à Ispoure, Basses-Pyrénées.
Demmer (Jules) et fam., de Fresnes-sur-Escaut, à Tulle, Corrèze.
Delmotte (Georges), de Roubaix, à Larressore, Basses-Pyrénées.
Delobelle (Paul), de Lille, à Nébian, Hérault.
Dalœil (Clément), d'Hasnon, à Périgny, Allier.
Delori (Léon), d'Avesnes, à Bordeaux, Gironde.
Delos (Charles), de Lille, à Nébian, Hérault.
Déloux (Henri), de Roubaix, à Bordeaux, Gironde.
Delpierre (Alexandre), de Valenciennes, à Rouen, Seine-Inférieure.
Delpire (Jeanne) et enf., de Marpent, à Castets, Gironde.
Delplanque (Mme), de Wignehies, à Rouen, Seine-Inférieure.
Delporte, de Roubaix, à Rouen, Seine-Inférieure.
Delrue (Paul), de La Madeleine, à Cambo-les-Bains, Basses-Pyrénées.
Delrue (Jules), du Quesnoy, à Neuilly, Basses-Pyrénées.
Delsart (Pierre), de Neuville-sur-l'Escaut, à Cambo-les-Bains, Basses-Pyr.
Delsaut (Caroline) et enf., de Dorignies, à Noyel, Allier.
Delsaut Nicodème (Adolphe) et enf., de Valenciennes, à Bordeaux, Gironde.
Delsaut (Mme) et enf., de Douai, à Montluçon, Allier.
Delsine (Henri), d'Anzin, à Saint-Étienne, Loire.
Delthur, de Saelin, à Rouen, Seine-Inférieure.
Delval (Albert), d'Armentières, à Cette, Hérault.
Delval (Émile), d'Hautmont, à Lachapelaude, Allier.
Delval (Marie) et enf., de La Bassée, à Châtelmontagne, Allier.
Delval (Rosine) et enf., de La Bassée, à Ferrières-sur-Sichon, Allier.
Delsalet (Graziella) et enf., de Gournay, à Argenteuil, Seine-et-Oise.
Delyse (Jean), de Lille, à Rouen, Seine-Inférieure.
Demaître (Henri), d'Armentières, à Cette, Hérault.
Demande (Arthur), de Roubaix, à Rouen, Seine-Inférieure.
Demande (Edouard), de Roubaix, à Rouen, Seine-Inférieure.
Demarbaix (Laure), de Bruay, à Cusset, Allier.
Demarquoi (Victor), de Douai, à Yzeure-sur-Allier, Allier.
Demay (Jules) et enf., de Douai, à Arraute-Charritte, Basses-Pyrénées.
Demayer (Henri), de Lille, à Roanne, Loire.
Demblain (Augustin), de Beauvin, à Boulon, Basses-Pyrénées.
Demebrelère (Edouard), de ..., à Biarritz, Basses-Pyrénées.
Demesune, de Lille, à Rouen, Seine-Inférieure.
Demeue (Benoît), de Roubaix, à Droiturier, Allier.
Deminchy (Alex), de Valenciennes, au Donjon, Allier.
Demichy (Espérance), de Valenciennes, à Saint-Clément, Allier.
Démont (Augustin), de Valenciennes, à Rouen, Seine-Inférieure.
Demoule (Mme), de Maubeuge, à Rouen, Seine-Inférieure.
De Muyack (Louis), de Lille, à Tulle, Corrèze.
Denamur (Marthe), de Marpent, à Castets, Gironde.
Denamur (Lucien), de Marpent, à Castets, Gironde.
Denamur (Émile) et fam., de Marpent, à Castets, Gironde.
Denamur (Alfred), de Marpent, à Castets, Gironde.
Denecker (Gaston), de Lille, à Rouen, Seine-Inférieure.
Deneufbourg, de Denain, à Rouen, Seine-Inférieure.
Deneuvillers (François), de Vred, à Verrières-le-Buisson, Seine-et-Oise.
Deneuvillers (Pierre), de Vred, à Verrières-le-Buisson, Seine-et-Oise.
Denevcker (Gaston), de Mons-en-Barœul, à Rouen, Seine-Inférieure.
Denicourt (Oscar), d'Escaut-Pont, à St-Pee-sur-Nivelle, Basses-Pyrénées.
Dénimal (Léocadie), de Fourmies, à Pontoise, Seine-et-Oise.
Dénimal (Léontine), de Fourmies, à Pontoise, Seine-et-Oise.
Dénimal (René), de Fourmies, à Pontoise, Seine-et-Oise.
Dénimal (Rémy), de Fourmies, à Pontoise, Seine-et-Oise.
Denis (Arthur), de Comines, à Clessy, Saône-et-Loire.
Denotière (Florimond), d'Annapes, à Domezain-Berraute, Basses-Pyr.
Denœux (Eugène), de Lille, à Bordeaux, Gironde.
Dénorme (Julien), de Lille, à Isserpent, Allier.
Denoyelle (Marie), de Lille, à Bordeaux, Gironde.
Depinon (Victor), de Valenciennes, à Saint-Germain-en-Laye, Seine-et-Oise.
Depperne (Lucien), de Lille, à Cambo-les-Bains, Basses-Pyrénées.
Deprate (Henri), de Roubaix, à Cosne-sur-l'Œil, Allier.
Dequiré (Auguste), d'Houplines, à Rouen, Seine-Inférieure.
Derais (Camille) et enf., d'Hautmont, à Lachapelaude, Allier.
Derchiez (Martin), de Ronchin, à La Tour-sur-Orb, Allier.
Doregnaucourt (Alfred et Joseph), de Douai, à Denevuille-les-Mines, Allier.
Deremoux (Jules), d'Armentières, à Solitzun-Oyherc, Basses-Pyrénées.
Dernelle (Joseph et Mathias), d'Auberdricourt, à Lapalisse, Allier.
Dernoncourt (Victor), de Denain, à Rouen, Seine-Inférieure.
Dernoncourt (Léon), de Denain, à Rouen, Seine-Inférieure.
Dero (Florimond), de Lille, à Rouen, Seine-Inférieure.
Deron (Émile), de Roubaix, à Boninc, Basses-Pyrénées.
Deroos (Eugène), de Lille, à Tulle, Corrèze.
Derop, de Lille, à Rouen, Seine-Inférieure.
Derosiaux (Adolphe), de Lille, à Versailles, Seine-et-Oise.
Deroubaix (Louis), de Flers, à Bédarieux, Hérault.
Deroubaix (Jules) et enf., de Toufflers, à Bidart, Basses-Pyrénées.

Déruelle (Louis), d'Armentières, à Saint-Étienne-de-Vicq, Allier.
Deruyck, de Lille, à Couleuvre, Allier.
Dervaux (Alexandre), de Lille, à Commentry, Allier.
Dervian (Ferdinand), de Roubaix, à Saint-Étienne, Loire.
Deshiens (Elisa), de Montigny-en-Gohelle, à Cusset, Allier.
Desbuissons (Alexandre), de Raimbeaucourt, à Came, Basses-Pyrénées.
Descamps (Jules), de Valenciennes, à Rouen, Seine-Inférieure.
Descamps et fam., de Lille, à Rouen, Seine-Inférieure.
Descarpentrie (Olympe), de Valenciennes, à Argenteuil, Seine-et-Oise.
Descatoire (Augustine), de Salomé, à Charbonnat, Saône-et-Loire.
Descatoire (Hippolitine), de Salomé, à Charbonnat, Saône-et-Loire.
Deschemaker (Victor), de La Chapelle, à Domezain-Berraute, Basses-Pyr.
Deschryvere (Alphonse), de Tourcoing, à Lasseube, Basses-Pyrénées.
Desenfans (Georges) et fam., d'Hautmont, à Cérilly, Allier.
Desenfant (Léa), de Sin-du-Nord, à Osses, Basses-Pyrénées.
Desenfant (Léon), de Sin-du-Nord, à Osses, Basses-Pyrénées.
Desenfant (Lucie), de Sin-du-Nord, à Osses, Basses-Pyrénées.
Desenfant (Lot), de Sin-du-Nord, à Osses, Basses-Pyrénées.
Desenfant (Lis), de Sin-du-Nord, à Osses, Basses-Pyrénées.
Desenfant (Sis), de Sin-du-Nord, à Osses, Basses-Pyrénées.
Desion (François), de Lille, à Rouen, Seine-Inférieure.
Desbarbes (Georges) et enf., de Tergnier, à Argenteuil, Seine-et-Oise.
Deskemacre, de Lille, à Rouen, Seine-Inférieure.
Desmarteaux (Désiré), de La Madeleine, à Cambo-les-Bains, Basses-Pyr.
Desmarets (Felicia) et enf., de La Bassée, à Ferrières-sur-Sichon, Allier.
Desmet (Martial), de Lille, à Rouen, Seine-Inférieure.
Desmet (Léon), de Lille, à Rouen, Seine-Inférieure.
Desmet (Victor), de Lille, à Rouen, Seine-Inférieure.
Desmettre (Martial), de Lille, à Artemilles, Allier.
Desmons (Narcisse), d'Arras, à Dorignies, Allier.
Despinoy (Jules), de Lille, à Nébian, Hérault.
Desossez (Arthur), de Roubaix, à Bordeaux, Gironde.
Despretz (Claire) et fam., d'Anchy-la-Bassée, à St-Nicolas-des-Biefs, Allier.
Desormaux (Achille), de Waziers, à Larche, Corrèze.
Desruelle (Jules), de Lomme, à Nousty, Basses-Pyrénées.
Desmons (Auguste), d'Aniche, à Ainhice-Mongelos, Basses-Pyrénées.
Desquatis (Lucien), de ..., à Luxe-Sumberraute, Basses-Pyrénées.
Berruelle (Jules), de Lomme, à Nousty, Basses-Pyrénées.
Desrumaux (Florian), de Lyon, à Janon, Loire.
Desrumaux (Victor) et fam., d'Houplines, à Deuil, Seine-et-Oise.
Desormans (Arthur), de Bruay-sur-Escaut, à Saint-Étienne, Loire.
Desormaux (Horace), de Bruay-sur-Escaut, à Saint-Étienne, Loire.
Dussalle (Louisa) et enf., de Maubeuge, à Montluçon, Allier.
Dessauvages (Camille), de Roubaix, à Hendaye, Basses-Pyrénées.
Dessin (Jean), d'Hémerchicourt, à Ustaritz, Basses-Pyrénées.
Dessin (Jean), d'Hémerchicourt, à Ustaritz, Basses-Pyrénées.
Desvenain (Alphonse), de Tourcoing, à Commentry, Allier.
Desvenain (Alphonse), de Tourcoing, à Montluçon, Allier.
Deuilly (Berthe), d'Armentières, à Cette, Hérault.
Devaux (Louis) et fam., d'Hommecourt, à Tulle, Corrèze.
Devendeville (J.-B.) et ep., de Templemars, de Domezain-Berraute, B.-Pyr.
Devendeville-Vauquier (Léon) et ep., de Lille, à Bordeaux, Gironde.
Devever (Georges), d'Hazebrouck, à Ironbéguy, Basses-Pyrénées.
Devez (Alphonse) et enf., de Flines-les-Raches, à Trappes, Seine-et-Oise.
Devigne (Ed.) et fam., de Brnille-l-March, à Montceau-les-Mines, S.-et-L.
Dewilde (Émile) et enf., de Fives-Lille, à Anhaux, Basses-Pyrénées.
Dewilde (Henri), de Fives-Lille, à Anhaux, Basses-Pyrénées.
Devillers (François), de Watlers, à Montcombroux, Allier.
Devos (Florimond), de Lille, à Rouen, Seine-Inférieure.
Devos (Jules), de Lille, à Rouen, Seine-Inférieure.
Devos (Victor), d'Houplines, à Bidache, Basses-Pyrénées.
De Vra (Cornil), de Lille, à Capestang, Hérault.
Devred (François), de Dorignies, à Theneuille, Allier.
Devred (Louis), de Guesnain, à Commentry, Allier.
Devred (Pierre), de Saint-Maurice, à Rouen, Seine-Inférieure.
Devriend (Georges), de Tourcoing, à Rouen, Seine-Inférieure.
Dewimaux, de Roubaix, à Rouen, Seine-Inférieure.
Devresse (Jean), de Lille, à Tulle, Corrèze.
Devret (Oscar), de Marpent, à Pontoise, Seine-et-Oise.
Dez (Louis) et fam., de Lourches, à Montceau-les-Mines, Saône-et-Loire.
Dezacgère (Victor), de Bailleul-Armentières, à Maureilhan, Hérault.
Dezodt (Victor), de Lille, à Arbouet-Sussaute, Basses-Pyrénées.
Dewalle (Marie-Louise), de Fromelles, à Anost, Saône-et-Loire.
Dewilde (Alphonse), de Lille, à Crizy, Hérault.
Dewilde (Charles) et enf., d'Armentières, à Droiturier, Allier.
Dewilde (Fernand), de Lille, à Crizy, Hérault.
Dewinne (Blanche), d'Armentières, à Cette, Hérault.
Dewinne (Catherine), d'Armentières, à Cette, Hérault.
Dewinne (Clovis), d'Armentières, à Cette, Hérault.
Dewinne (Jeanne), d'Armentières, à Cette, Hérault.
Dewitte (Jules), de Tourcoing, à Lapalisse, Allier.

D'haene (Émile), de Lille, à Amorots-Succos, Basses-Pyrénées.
Dhaese (Henri), de Lille, à Hendaye, Basses-Pyrénées.
Dhainaut (Jean-Bapt.), de Vaumont, à Camé, Basses-Pyrénées.
D'Halluin (Jean-B.) et fam., de Wasquehal, à Versargues, Saône-et-Loire.
Dhayère (Marcel), de Lille, à Saint-Étienne, Loire.
Dhelf (Henri), de Tourcoing, à Bordeaux, Gironde.
Dhelin (Louis), de Lille, à Arbouet-Sussaute, Basses-Pyrénées.
Dhellemme (Modeste), de La Madeleine, à Saint-Étienne, Loire.
Dhoère (Louis), de Fournes, à Versaugues, Saône-et-Loire.
Dhondt (Alois), de Croix, à Itharre, Basses-Pyrénées.
Dhooghe (Auguste), de Wasquehal, à Tulle, Corrèze.
Dhondt (Louis) et fam., de Roubaix, à Osses, Basses-Pyrénées.
Dhont (J.-B.), de Tourcoing, à Bergoney, Basses-Pyrénées.
Dhordain (Jules), de Marquisses, à Ustaritz, Basses-Pyrénées.
Dierckx (Émile), de Maubeuge, à Garris, Basses-Pyrénées.
Dieusaert (Cyrille Désiré), de Péronchies, à Vendres, Hérault.
Dieusaert (Cyrille), de Péronchies, à Vendres, Hérault.
Dieusart (Cyrille-Désiré), de Péronchies, à Vendres, Hérault.
Dieusaert (Jules), de Péronchies, à Vendres, Hérault.
Dieusaert (Lucienne), de Péronchies, à Vendres, Hérault.
Dindin (Joséphine) et enf., de Vignehies, à Bours, Hautes-Pyrénées.
Dineur (Florentine), de Jeumont, à Castets, Gironde.
Diouet (Zéphir), de Somain, à Ixassou, Basses-Pyrénées.
Diverchy (Célestin) et enf., de Roost-Varendin, à Dénouille-les-Mines, Allier.
Doco (Georges), de Gueltzin, à Itharre, Basses-Pyrénées.
Doignies (Alexandre) et fam., de Lille, à Guethary, Basses-Pyrénées.
Doigny (Georges), de Lille, à Jurcy-Lévy, Allier.
Doine (Henri), de ....., à Sare, Basses-Pyrénées.
Doisé (Napoléon), de Roubaix, à Bordeaux, Gironde.
Doléans (Émile), de Felléries, à Taveray, Seine-et-Oise.
Domblain (Nicolas), de Beauvin, à Boulon, Basses-Pyrénées.
Dolet (Hippolyte), de Lambersart, à Rouen, Seine-Inférieure.
Domarles et épouse, de Lille, à Rouen, Seine-Inférieure.
Domou (Victor), de Lille, à Rouen, Seine-Inférieure.
Dondain (Paul), d'Armentières, à St-Étienne-de-Vicq, Allier.
Doolaeghe (Odile), d'Armentières, à St-Étienne-de-Vicq, Allier.
Doom (Adolphine), d'Armentières, à Capestang, Hérault.
Doom (Sylvère), de Roubaix, à Périgny, Allier.
Donsbeck (Julien), de Roubaix, à Le Breuil, Allier.
Doornaert (Henri), de Fives-Lille, à Rouen, Seine-Inférieure.
Dorget (Marie) et fam., de Douai, à St-Germain-en-Laye, Seine-et-Oise.
Dotellenaeve (Émile), de Lille, à Guiche, Basses-Pyrénées.
Doucement (Charles), de Anzin, à Saint-Étienne, Loire.
Douché (Gaston), de Lille, à Cérilly, Allier.
Douchet (Charles), de Cambrai, à Argenteuil, Seine-et-Oise.
Douchy (Pierre), d'Hérin, à Montcombroux, Allier.
Douchy, Pierre, d'Hérin, au Donjon, Allier.
Doutrelong (Victor), de Lille, à Rouen, Seine-Inférieure.
Doviller (J.-B.), d'Aniche, à Doyet, Allier.
Doviller (Jean-Baptiste), d'Aniche, à Montluçon, Allier.
Doyancourt (Joseph) et enf., d'Aniche, à Argenteuil, Seine-et-Oise.
Drancourt (Pacifique), de Saint-Saulve, à Rouen, Seine-Inférieure.
Dransart (Frédéric), de Denain, à Chartres, Eure-et-Loire.
Dransart (Henri) et fam., de Lille, à Aubenas, Ardèche.
Dransart (Mme), de Monceau-Saint-Vast, à Rouen, Seine-Inférieure.
Dreze-Racord (Adèle), de Lille, à Bordeaux, Gironde.
Driel (Jean-Baptiste), d'Onnaing, à Luxe-Lamberraute, Basses-Pyrénées.
Driel (Jean-Baptiste), d'Onnaing, à Saint-Palais, Basses-Pyrénées.
Drichement (Victor), de Lourches, à Ustaritz, Basses-Pyrénées.
Drocourt (Mme) et fam., de Maubeuge, à Urcay, Allier.
Druelle (Auguste), d'Armentières, à St-Pée-sur-Nivelle, Basses-Pyrénées.
Druelle (Auguste), de ....., à Biarritz, Basses-Pyrénées.
Druelle (Constant), d'Anhiers, à Saint-Palais, Basses-Pyrénées.
Dux (Joseph), de Roubaix, à Cruzy, Hérault.
Dubacq (Armand), de Lille, à Servilly, Allier.
Dubar (Abel), de Lille, à Arfeuilles, Allier.
Dubar (Ernest), de Tourcoing, à Rouen, Seine-Inférieure.
Dubien (Alphonse), de Lille, à Couleuvre, Allier.
Dubois (Fortuné), de Fenain, à Saint-Étienne, Loire.
Dubois (Georges), de Lille, à Rouen, Seine-Inférieure.
Dubois (Jules) et enf., de La Bassée, à Cusset, Allier.
Dubois (Léon), d'Anzin, à Bidart, Basses-Pyrénées.
Dubois (Martial), d'Armentières, à Arancou, Basses-Pyrénées.
Dubois (Pierre), de Somain, à Rouen, Seine-Inférieure.
Dubois (Octave) et enf., de Denain, à Montluçon, Allier.
Dubois (Victor), de Saint-Amand, au Donjon, Allier.
Dubois (Victor), de Lille, à Rouen, Seine-Inférieure.
Dubois (Alphonsine) et enf., d'Hautmont, à Montluçon, Allier.
Dubois (Catherine) et enf., de Fourmies, à Argenteuil, Seine-et-Oise.
Dubois (Marthe), de Louvroil, à Audes, Allier.
Dubruck (Pauline) et enf., de Maubeuge, à Ferrières-sur-Sichon, Allier.

Dubrule (Clément), de Sequin, à Nousty, Basses-Pyrénées.
Dubrule (Louis) et enf., à La Chabanne, Allier.
Dubruic (Clément), de Sequin, à Nousty, Basses-Pyrénées.
Dubrule (Louis) et ép., de Douai, à Mayet-de-Montagne.
Dubrunfant (Alfred), de Roubaix, à Halsou, Basses-Pyrénées.
Dubrunfant et ép., de Roubaix, à Rouen, Seine-Inférieure.
Dubuisson (Édouard), de Saint-Amand-les-Eaux, à Périguy, Allier.
Dubus (Charles), de Douai, à Tulle, Corrèze.
Dubus (Henri), de Lille, à Orthez, Basses-Pyrénées.
Dubus (Henry), de Roubaix, à Tulle, Corrèze.
Dubus (Jeanne), de Douai, à Chambéry, Savoie.
Ducatillon (Charles), de Seclin, à Grabel, Hérault.
Duchesne (Joséphine), de Feignies, à Castets, Gironde.
Duchesne (Julienne), de Feignies, à Castets, Gironde.
Duchesne (Félix), de Feignies, à Castets, Gironde.
Duchez (Léon), de Pressin, à Saint-Martin, Basses-Pyrénées.
Duconseil (Alfred), de Sin-le-Noble, à Montluçon, Allier.
Duconseil (Victor), de Sin-le-Noble, à St-Jean-Pied-de-Port, Basses-Pyrénées.
Ducreux (Marie) et enf., de Marpent, à Castets, Gironde.
Duez (Edmond), de Douai, à Orègue, Basses-Pyrénées.
Duez (Louis), d'Auby, à Tulle, Corrèze.
Dufay (Jean-Baptiste), d'Illy, à Cindre, Allier.
Dufour (Fernande), de Roubaix, à Rouen, Seine-Inférieure.
Dufour (Henri) et enf., de Lille, à Villefranque, Basses-Pyrénées.
Duflot (Gustave), de Lille, à Cérilly, Allier.
Dufourt (Léon), d'Escaupont, à La Celle, Allier.
Dufrenne (Émile), de Lourches, à Montluçon, Allier.
Dugard (Lucie), de Warneton, à Cuite, Hérault.
Duhamel (Oscar), de Lille, à Ustaritz, Basses-Pyrénées.
Duhamel (Hélène), de Roubaix, à Bordeaux, Gironde.
Duhat (Adolphine), de Sous-le-Bois, à Montluçon, Allier.
Dubaut (Gabrielle), de Tourcoing, à Celletie, Loir-et-Cher.
Dulautbois, de Lille, à Rouen, Seine-Inférieure.
Duhem (Théodore), de Tourcoing, à Sohitrum-Oyharcq, Basses-Pyrénées.
Duhem (Victor), de Valenciennes, à Abet-Biscay, Basses-Pyrénées.
Duhem (Émile), de Raflingbem, à Longjumeau, Seine-et-Oise.
Duhez (Noël), de Blanc-Misseron, à Rouen, Seine-Inférieure.
Duhot (Victor) et enf., de Sous-le-Bois, à Montluçon, Allier.
Duhot (Victor) et enf., de Maubeuge, à Audes, Allier.
Dujardin (Camille), de Tourcoing, à Sare, Basses-Pyrénées.
Dujardin (Marie), de Lille, à Montluçon, Allier.
Dujardin-Duponthieu (Juliette) et enf., de Tressin, à Bordeaux, Gironde.
Dulompont (Henri), de Briastre, à Viellenave, Basses-Pyrénées.
Dumalanède (Auguste) et enf., de Villers-Saint-Paul, à Montluçon, Allier.
Dumay (Joseph), de Santes, à Castagnède, Basses-Pyrénées.
Dumeigil (Cyrille), de Lille, à Rouen, Seine-Inférieure.
Dunion (Noémie), de Douai, à Argenteuil, Seine-et-Oise.
Dumonceau (Noël), de Saint-Amand, à St-Jean-Pied-de-Port, Basses-Pyrén.
Dumont (Hilaire), de Valenciennes, à Arfeuilles, Allier.
Dumont (Edmond), de Douai, à Saint-Étienne, Loire.
Dumont, de Fives-Saint-Maurice, à Rouen, Seine-Inférieure.
Dumont (Virginie), de Méricourt, à Gurmençon, Basses-Pyrénées.
Dumortier (Achille), de Tourcoing, à Montcombroux, Allier.
Dumortier (Amant), d'Hellemmes, à Hendaye, Basses-Pyrénées.
Dumoulin (Camille), de Roubaix, à Lapalisse, Allier.
Dumoulin (Eugène), de Tourcoing, à Louhans, Saône-et-Loire.
Dumoulin (Gustave), de Lille, à Rouen, Seine-Inférieure.
Dumoulin (Louis), de Roubaix, à Bérenx, Basses-Pyrénées.
Dupas (Charles), de Cambrai, à Rouen, Seine-Inférieure.
Dupas-Feneky, de Lourches, à Rouen, Seine-Inférieure.
Dupire (Eugène), de Douai, à Rouen, Seine-Inférieure.
Duplouys (Fernand), de Ronchin, à Arberats-Sillègue, Basses-Pyrénées.
Dupont (Achille), d'Armentières, à Saint-Étienne-de-Vicq, Allier.
Dupont (Fernand), de Wasquehal, à Versangues, Saône-et-Loire.
Dupont (Gaston), de Tourcoing, à Souraïde, Basses-Pyrénées.
Dupont, de Lille, à Rouen, Seine-Inférieure.
Dupont-Walquin, de Denain, à Rouen, Seine-Inférieure.
Duprey (Joseph), de Maubeuge, à Montluçon, Allier.
Dupriez (Jean-Baptiste), de Denain, à Jaure, Dordogne.
Dupuis (Joseph), de Maubeuge, à Durdat-Larequille, Allier.
Dupuis (Jules), d'Anzin, à Rouen, Seine-Inférieure.
Duquenne, de Lille, à Rouen, Seine-Inférieure.
Duquesne (Émile), de Tourcoing, à Excideuil, Dordogne.
Duquesnoy (Julie), de Lille, à Rouen, Seine-Inférieure.
Duquesnoy (Rémy) et enf., de Douai, à Dénouille-les-Mines, Allier.
Dureux (Louis), de Lille, à Rouen, Seine-Inférieure.
Duriez (Camille), d'Armentières, à Boujan, Hérault.
Durieux (Marguerite), de Maubeuge, à Lucmau, Gironde.
Durieux (Émile), de Maubeuge, à Lucmau, Gironde.
Durlin (Émile), de Maing, à Roanne, Loire.
Durot (Émile), de Lille, au Breuil, Allier.

Durriez (Sidonie), de La Bassée, à Cusset, Allier.
Dussart (Alice) et enf., de Maubeuge, à Montluçon, Allier.
Dussart (Rose), de Maubeuge, à Montluçon, Allier.
Dussart (Rose) et enf., de Maubeuge, à Vaux, Allier.
Dussaux, de Lille, à Rouen, Seine-Inférieure.
Dussosoit (Fanny), du Cateau, à Saint-Germain-en-Laye, Seine-et-Oise.
Duthoit (Joseph), de Wavrin, à Montluçon, Allier.
Duthilleul (André), de Lille, à Cambo-les-Bains, Basses-Pyrénées.
Dutielt (Fernand), de Lille, à Périgueux, Dordogne.
Dutilleul (Louis), de Phalempin, à Preyssac-d'Excideuil, Dordogne.
Dutillieux (Victor), de Lille, à Arberats-Sillègne, Basses-Pyrénées.
Dutillieux (Victor), de Lille, à Lapalisse, Allier.
Dutillieux (Désiré), de Lille, à Tulle, Corrèze.
Dutilleux (Désiré), de Marquette-les-Lille, à Nébian, Hérault.
Dutordoir (Mine), de Saint-Vast-la-Vallée, à Rouen, Saint-Inférieure.
Dutriez (Paul), d'Armentières, à Saint-Etienne-de-Vicq, Allier.
Duval (Eugène), de Vred, à Montceau-les-Mines, Saône-et-Loire.
Duvaux (Albert), d'Hautmont, à Balizy, Seine-et-Oise.
Duvaux (Félicie), d'Haumont, à Balizy, Seine-et-Oise.
Duvaux (Armand), d'Hautmont, à Balizy, Seine-et-Oise.
Duvaux (Félicien) et enf., d'Hautmont, à Balizy, Seine-et-Oise.
Duvaux (Léa), d'Hautmont, à Balizy, Seine-et-Oise.
Duvaux (Mathilde), d'Hautmont, à Balizy, Seine-et-Oise.
Duvocelle (Désiré), de Lille, à Argenteuil, Seine-et-Oise.
Duziack (Albert), d'Oisy, à Saint-Etienne, Loire.
Dziedzic (Joseph), de Lallaing, au Breuil, Allier.
Eeckman (Désiré), de Roost, à Came, Basses-Pyrénées.
Egret (Mme), d'Hautmont, à Rouen, Seine-Inférieure.
Eischen (Joseph), de Lille, à Ossès, Basses-Pyrénées.
Empis (Aphraate), de Lille, à Terjat, Allier.
Equet (Sylvie) et enf., de La Bassée, à Cusset, Allier.
Ergibo (Hubert) et enf., de Roubaix, à Châtelmontagne, Allier.
Erohard (Edouard), de Lille, à Guiche, Basses-Alpes.
Ethuin (Lucie), d'Avesnes, à Rouen, Seine-Inférieure.
Eve (Jean-Baptiste), de Saint-Amand, à Séméac, Hautes-Pyrénées.
Evrard (Georges), de Valenciennes, à Varennes-sur-Allier, Allier.
Evrard (Pierre), de Roubaix, à Bordeaux, Gironde.
Facon-Fleurant (Alfred) et ép., de Landrecies, à Bordeaux, Gironde.
Faleur (Elisabeth), de Fourmies, à Lanneray, Eure-et-Loir.
Faleur (Elise), de Fourmies, à Lanneray, Eure-et-Loir.
Faleur (Edmond), de Fourmies, à Lanneray, Eure-et-Loir.
Faleur (Gabrielle), de Fourmies, à Lanneray, Eure-et-Loir.
Faleur (Ida), de Fourmies, à Lanneray, Eure-et-Loir.
Faleur (Paul), de Fourmies, à Lanneray, Eure-et-Loir.
Faleur (Pauline), de Fourmies, à Lanneray, Eure-et-Loir.
Faleur (Raymond), de Fourmies, à Lanneray, Eure-et-Loir.
Faleur (Robert), de Fourmies, à Lanneray, Eure-et-Loir.
Faleur (Thérèse), de Fourmies, à Lanneray, Eure-et-Loir.
Falleur (Achille) et fam., de Trélon, à Bordeaux, Gironde.
Falleur (Louis) et sa sœur, de Trélon, à Saint-Germain, Seine-et-Oise.
Fally (Henri), de Vieux-Condé, à Classy, Saône-et-Loire.
Falquin (Lucien), de Lille, à Rouen, Seine-Inférieure.
Farjon (Louise), de Douai, à Rouen, Seine-Inférieure.
Farvacque (Edouard) et frère, de Tourcoing, à   , Allier.
Farvacque (Henri), de Croix, à Brantôme, Dordogne.
Farvacque (François), de Croix, à Bordeaux, Gironde.
Fauconnier (Domithilde), de Ferrières-la-Grande, à Commentry, Allier.
Faulconnier (Moïse), de Fives-St-Maurice, à Rouen, Seine-Inférieure.
Fauvait (Louis), de Lille, à La Rochelle, Charente-Inférieure.
Favier (Alphonse), de Lille, à Lapalisse, Allier.
Favier (Désiré), d'Anzin, à Rouen, Seine-Inférieure.
Favier (Joseph), de Loos, à Ligueux, Dordogne.
Fuyen (Rémy), de Lille, à St-Pierre-de-Chignac, Dordogne.
Fenzy (René), de Douai, à Rouen, Seine-Inférieure.
Féramus (Georges), de Lille, à La Rochelle, Charente-Inférieure.
Férez (Léon), de Lille, à Espelette, Basses-Pyrénées.
Fermant (Albert), de Roubaix, à Rouen, Seine-Inférieure.
Férou (Emile), de Douai, à Macaye, Basses-Pyrénées.
Ferrant (Hector), de Lille, à Rouen, Seine-Inférieure.
Fenzy (René), de Douai, à Rouen, Seine-Inférieure.
Ficheau (Charles), de Salomé, à Charbonnat, Saône-et-Loire.
Ficheau (Jeanne), de Salomé, à Charbonnat, Saône-et-Loire.
Ficheau (Léa), de Salomé, à Charbonnat, Saône-et-Loire.
Ficheau (Marcelle), de Salomé, à Charbonnat, Saône-et-Loire.
Ficheau (Marie-Anne), de Salomé, à Charbonnat, Saône-et-Loire.
Fichevet (Henri), de Denain, à Rouen, Seine-Inférieure.
Fidèle (Pauline), de Maubeuge, à Montluçon, Allier.
Fiévet (Eugène), de Herrin, à Commentry, Allier.
Fievet (Jean), de Lille, à Coulounieix, Dordogne.
Filleul (Gaston), de Lille, à Bordeaux, Gironde.
Flach (Alphonse), de Lille, à Cambo-les-Bains, Basses-Pyrénées.

Flamencourt (Auguste) et frère, de Lille, à Périgny, Allier.
Flament (Rémy), de Roncq, à Tulle, Corrèze.
Flauy (Louis) et fam., de Lille, à St-Jean-le-Vieux, Basses-Pyrénées.
Fleurbay (Paul), de Pérenchies, aux Eduts, Charente-Inférieure.
Flinois (Joseph), d'Anzin, à Tulle, Corrèze.
Flipo (Henri), de Tourcoing, à Aicirits, Basses-Pyrénées.
Florin (Albert), de Tourcoing, à Limeyrat, Dordogne.
Florin (Arthur), de Mouveaux, à Bébasque, Basses-Pyrénées.
Floquinond (Henri), de Comines, à Gamarthe, Basses-Pyrénées.
Fogt (Charles), d'Aniche, à Rouen, Seine-Inférieure.
Fogt (Nestor), d'Aniche, à Rouen, Seine-Inférieure.
Foltyn (François), de Lallaing, à Saint-Etienne, Loire.
Foltyn (Marie), et fam., de Lallaing, à Saint-Etienne, Loire.
Fontaine (François), et ép., de Denain, à Ustaritz, Basses-Pyrénées.
Fontaine (Gaston), d'Hautmont, à St-Bonnet-de-Rochefort, Allier.
Fontaine (Jeanne) et fam., de Maubeuge, à Montluçon, Allier.
Forets (Louis), de Marpent, à Pontoise, Seine-et-Oise.
Fornier (Emile), de Lille, à Varennes-sur-Allier, Allier.
Fostier (Emilie) et fam., de Jeumont, à   , Allier.
Fournier (Georges), de Caudry, à Bordeaux, Gironde.
Fournier (Léandre) et enf., de Maubeuge, à Montauban, Tarn-et-Garonne.
Fournier-Carpentier (Irma) et enf., de Caudry, à Bordeaux, Gironde.
France (Clotilde), de Maubeuge, à Durdat-Larequille, Allier.
François (Hector), d'Aniche, à Montoldre, Allier.
François (Jules), de La Madeleine, à Rouen, Seine-Inférieure.
François (Robert), de La Madeleine, à Rouen, Seine-Inférieure.
Francquet (Emile), de Lille, à Rouen, Seine-Inférieure.
Franken (Joseph), de Lille, à Cosne-sur-l'Œil, Allier.
Frassin (Antoine), d'Hautmont, à Rouen, Seine-Inférieure.
Fremaux (Germaine) et enf., d'Armentières, à Capestang, Hérault.
Fremy-Forages, de Douai, à Rouen, Seine-Inférieure.
Fretin (Désiré), du Quesnoy, à Cressensac-et-Pissot, Dordogne.
Frevet (Emile), de Denain, à Rouen, Seine-Inférieure.
Friand (Irma), de Fourmies, à Dijon, Côte-d'Or.
Frimery (Henri), d'Escaudain, à Ustaritz, Basses-Pyrénées.
Frison (Séverin), de Landrecies, à Bordeaux, Gironde.
Fruchart (Julien), de Lille, à Cressensac-et-Pissot, Dordogne.
Frulenx (Henri), d'Anzin, à Rouen, Seine-Inférieure.
Funken (Auguste), d'Anzin, à Rouen, Seine-Inférieure.
Fyles (René), de Tourcoing, à Montluçon, Allier.
Gadrey (Armand), de Lille, à Irissarry, Basses-Pyrénées.
Guillard (Kate), d'Hautmont, à Rouen, Seine-Inférieure.
Galand (Jules), de Roubaix, à Cosne-sur-l'Œil, Allier.
Gallet (Alexandre), de Wattrelos, à Guéthary, Basses-Pyrénées.
Gali (Abel), de Lille, à Périgueux, Dordogne.
Gambier (Alfred) et fam., de Denain, à Lapalisse, Allier.
Garin (Onésime), de Gommegnies, à Argenteuil, Seine-et-Oise.
Gary (Célestin), de Denain, à Monteiguet-sur-l'Andelot, Allier.
Gau (Louis), de Roubaix, à Béreux, Basses-Pyrénées.
Gaufriez (Alfred), de St-Amand-les-Eaux, à St-Pée-sur-Nivelle, B.-Pyrénées.
Gauthier (Carlos) et ép., de Lille, à Ustaritz, Basses-Pyrénées.
Gauthier (Charles) et fam., d'Abancourt, à Montmorency, Seine-et-Oise.
Gavelle (Georges), de Lille, à Audelaroche, Allier.
Gavériaux (Albert), de Maretz, à Chartres, Eure-et-Loir.
Gennevoise (Eugène), de Roubaix, à Rouen, Seine-Inférieure.
Gente (Fernand), de Lille, à Versailles, Seine-et-Oise.
Gentilhomme (Maurice), d'Armentières, à Sorges, Dordogne.
Georges (Jeanne) et enf., d'Hautmont, à Bordères-sur-l'Echez, H.-Pyrénées.
Gérard-Richard (Emma), de Cambrai, à Bordeaux, Gironde.
Germain (Julien), de Wattrelos, à Cressensac-et-Pissot, Dordogne.
Gesnot (Jacques) et enf., de Clary-Warby, à Gannat, Allier.
Gesnot (Marie), de Vieux-Ranq, à Rouen, Seine-Inférieure.
Gesquières (Oscar), de Tourcoing, à Bardos, Basses-Pyrénées.
Ghesquière (Albert), de Wavrin, à La Chapelle-sous-Uchon, Saône-et-Loire.
Ghesquière (Robert), de Pérenchies, à Louhans, Saône-et-Loire.
Ghestem (Mme) et ses filles, de Lille, à Vichy, Allier.
Ghesten (Louis), de Lille, à Arbouet-Sussaute, Basses-Pyrénées.
Gillion (Anita), de Marpent, à Castets, Gironde.
Gillion (Carl), de Marpent, à Castets, Gironde.
Gillion (Cosima), de Marpent, à Castets, Gironde.
Gillion (Lionel), de Marpent, à Castets, Gironde.
Gillion (Lise), de Marpent, à Castets, Gironde.
Gillion (Niel), de Marpent, à Castets, Gironde.
Gillion (Raïssa), de Marpent, à Castets, Gironde.
Gillion (Samuel), de Marpent, à Castets, Gironde.
Gillion (Sosthène), de Marpent, à Castets, Gironde.
Gillon (Paul) et fam., de Wavrin, à Cette, Hérault.
Girard (Alice), de Cambrai, à Bordeaux, Gironde.
Girard (Emile), de Cambrai, à Bordeaux, Gironde.
Girard (Louis) et enf., de Dorignies, à Mazirat, Allier.
Givry-Gauthier (Zélie), de Wignehies, à Rouen, Seine-Inférieure.

Glibert (Alexandre), de Douai, à Laloubère, Hautes-Pyrénées.
Glineur (Félix), de Valenciennes, à Sainte-Trie, Dordogne.
Glorieux (Emile), de Roubaix, à Granges-d'Ans, Dordogne.
Glorieux (Henri), de Roubaix, à Saint-Crépin-d'Auberoche, Dordogne.
Glorieux (Henri), de Sin-le-Noble, à Larribar-Sohapuru, B.-Pyrénées.
Gobert (Alfred), de Denain, à Bussunaritz, Basses-Pyrénées.
Gobert (Raymond), de Lille, à Preyssac-d'Excideuil, Dordogne.
Goblet (Camille) et ép., de Fellery, à Moulins, Allier.
Godart (Clément) et enf., de Villers-St-Paul, à Montluçon, Allier.
Godefroy (Georges), de Valenciennes, à Nousty, Basses-Pyrénées.
Godin-Périaux (Charles), de Douai, à Rouen, Seine-Inférieure.
Godron (Paul), de Lille, à Arbonnet-Sussante, Basses-Pyrénées.
Goessens (Auguste), de Lille, à Rouen, Seine-Inférieure.
Goguillon (Louis) et fam., de Guesnain, à Commentry, Allier.
Gondry-Coez (Charles, de Bavay, à Rouen, Seine-Inférieure.
Gontier (Edouard), d'Halluin, à Rouen, Seine-Inférieure.
Gorlier (Oscar), et fam., d'Armentières, à Capestang, Hérault.
Gossaert (Henri), de Lys-les-Lannoy, à Uhart-Cize, Basses-Pyrénées.
Gossas (Léon), de Lille, à Rouen, Seine-Inférieure.
Gosselin (Abel), de Fresnes, à St-Pé-sur-Nivelle, Basses-Pyrénées.
Gosselin (Arthur), de Fresnes, à St-Pé-sur-Nivelle, Basses-Pyrénées.
Gosselin (Léon), de Fresnes, à St-Pé-sur-Nivelle, Basses-Pyrénées.
Gosset (Eugène), de Flers-Brencq, à Macaye, Basses-Pyrénées.
Gosteau (Angèle), de Boussois, à Cusset, Allier.
Goutil (Jean), de Marcq-en-Barœul, à Bardos, Basses-Pyrénées.
Gouvoy (Léonie) et enf., de Haisnes-la-Bassée, à Rongères, Allier.
Grainetier (Louis), de Lille, à Saucheville, Eure-et-Loir.
Gras (Edmond), de Raismes, à Mendionde, Basses-Pyrénées.
Gras (Emile), de Lille, à Amorots-Succos, Basses-Pyrénées.
Gratepanche (Henri), de Denain, à Rouen, Seine-Inférieure.
Gratte (Jean), de Lille, à Ustaritz, Basses-Pyrénées.
Gravelines (Augustin), de Douai, à Montceau-les-Mines, Saône-et-Loire
Gravez (Alfred), de Hautmont, à Bordeaux, Gironde.
Gravez (Augusta) et enf., de Feignies, à Castets, Gironde.
Grégoire (Adélaïde) et enf., de Maubeuge, à Bours, Hautes-Pyrénées.
Grégoire (Maria), de Ferrière, à Rouen, Seine-Inférieure.
Grenier (Louis), de Tourcoing, à Ainhoa, Basses-Pyrénées.
Griffon (Etienne), de Lallaing, à Cambo-les-Bains, Basses-Pyrénées.
Grimard (Achille) et fam., de Fourmies, à Argenteuil, Seine-et-Oise.
Grimbert (Eugène), de Denain, à Lapalisse, Allier.
Grimonprez (Julia), de Houthen, à Florensac, Hérault.
Grimonprez (Remi), de Houten, à Florensac, Hérault.
Groux (Odile), de Salomé, à Charbonnat, Saône-et-Loire.
Guernard (Julia), de Feignies, à Chartres, Eure-et-Loir.
Guernard (Jules), de Feignies, à Chartres, Eure-et-Loir.
Guernard (Roger), de Feignies, à Chartres, Eure-et-Loir.
Guérard (Clovis), de Lille, à Lapalisse, Allier.
Guilbert (Berthe), d'Armentières, à Nézignan-l'Évêque, Hérault.
Guilbert (Jeanne), d'Armentières, à Nezignan-l'Evêque, Hérault.
Guilbert (Jean), de Mons-en-Barœul, à Rouen, Seine-Inférieure.
Guilbert (Joseph), d'Armentières, à Nezignan-l'Evêque, Hérault.
Guilment (Marie), de Lille, à Rouen, Seine-Inférieure.
Guiot (Jean), de Lille, à Montluçon, Allier.
Gullet (Louise), de Tourcoing, à Rouen, Seine-Inférieure.
Gunther (Raoul), de Tourcoing, à Bordeaux, Gironde.
Guyssens (Marie) et enf., de Roubaix, à Mayet-de-Montagne, Allier.
Gyre (Louis), d'Oignies, à Rouen, Seine-Inférieure.
Hageman (Henri), de Lille, à Nébian, Hérault.
Hailliez (Charles), de Wallers, à St-Etienne, Loire.
Hallette (Léon) et fam., d'Inchy, à Bordeaux, Gironde.
Hallins (Victor), de Lille, à Roanne, Loire.
Halle (Carloman) et ép., d'Armentières, à Argenteuil, Seine-et-Oise.
Hallot (Germaine) et fam., de Tourcoing, à Tarbes, Hautes-Pyrénées,
Hancart (Lucien), de Fenin, à Montcombroux, Allier.
Hancart (Paul) et fam., de Fourmies, à Bordeaux, Gironde.
Hanicot (Arthur), de Lille, à Castets, Gironde.
Hanot (Charles), de Loos, à Rouen, Seine-Inférieure.
Harmand (Julien), de Bavay, à Rouen, Seine-Inférieure.
Harvent (Georges), d'Escaupont, à La Celle, Allier.
Harvin (Paul), de Lille, à Rouen, Seine-Inférieure.
Hatron (Auguste), de Sailly, à Argenteuil, Seine-et-Oise.
Haury (Paul), de Marc-en-Barœul, à Rouen, Seine-Inférieure.
Haussy (Jeanne), de Jeumont, à Rouen, Seine-Inférieure.
Hautecœur (Louise), d'Avesnes, à Rouen, Seine-Inférieure.
Hautier (Léa), de Maubeuge-sous-le-Bois, à Commentry, Allier.
Havet (Jules), de Fives-Lille, à Biarritz, Basses-Pyrénées.
Heirman (Albert), de Lille, à Périgny, Allier.
Helbois (Henri), de Wattrelos, à Hendaye, Basses-Pyrénées.
Helle (Nicolas), d'Ornaing, à Commentry, Allier.
Hellewant (Camille) de Lille, à Briscous, Basses-Pyrénées.
Hémery (Eugène), de Lille, à Rouen, Seine-Inférieure.

Nord.

Hennebelle (Jules), de Roubaix, à Droiturier, Allier.
Hennebot (Gaston), de Loos, à Montcombroux, Allier.
Henneuse (Louis), de Roubaix, à Rouen, Seine-Inférieure.
Hennion (Edmond), de Tourcoing, à Rouen, Seine-Inférieure.
Henno (Onésime), d'Orchies, à Hendaye, Basses-Pyrénées.
Henocq (Julien), de Lille, au Breuil, Allier.
Héranguet (Virginie) et enf., de Donai, à Varennes-sur-Allier, Allier.
Herbault (Alphonse), de Raimbeaucourt, à Rouen, Seine-Inférieure.
Herbault (Virginie), de Valenciennes, à Langy, Allier.
Herhaut (Antine) et enf., de Salomé, à Vichy, Allier.
Herbin (Florimond), de Valenciennes, à St-Germain-en-Laye, Seine-et-Oise.
Herbomez (Adolphe) et fam., de St-Amand-les-Eaux, à Yzeure, Allier.
Hereng (Louis), de Provins, à Rouen, Seine-Inférieure.
Hérent (Jules), de Raimbeaucourt, à Came, Basses-Pyrénées.
Herfau (Désiré), de Lille, à Mouguerre, Basses-Pyrénées.
Herman (Louise) et enf., d'Armentières, à Cette, Hérault.
Herne (Sidonie) et enf., de Roubaix, à Vichy, Allier.
Hespel (Georges), de Roubaix, à Larressore, Basses-Pyrénées.
Hespelle (Casiodore), de Roubaix, à Hendaye, Basses-Pyrénées.
Heuis (Alfred), de Tourcoing, à Uhart-Cize, Basses-Pyrénées.
Heymann (Alexandre), de Lille, à Rouen, Seine-Inférieure.
Hilson (Oscar), de Douai, à Rouen, Seine-Inférieure.
Hiernaux (Marcel), de Lille, à Tulle, Corrèze.
Hochard (Emile), de Lille, à Rouen, Seine-Inférieure.
Hochard (Henri), de Lambersart, à Louhans, Saône-et-Loire.
Hochart (Georges), de Lille, à Arfeuilles, Allier.
Hochaut (Henri) et enf., d'Armentières, à Montluçon, Allier.
Hody (Emile) et enf., de Jeumont, à Saint-Prix, Allier.
Honorez (Martial), de Tourcoing, à Uhart-Cize, Basses-Pyrénées.
Hoorelbeke (Arsène), de Lille, à Rouen, Seine-Inférieure.
Hooten (Désiré) et enf., de Lille, à Ciboure, Basses-Pyrénées.
Hooten (Georges) et enf., de Lille, à Ciboure, Basses-Pyrénées.
Hornez (Georges), de Lille, à Ciboure, Basses-Pyrénées.
Hortique (Alexis), de Lille, à Ciboure, Basses-Pyrénées.
Houdart (François), de Fresnes, à Banca, Basses-Pyrénées.
Houdain (Augustin), de Jeumont, à Bordeaux, Gironde.
Houque (Louise), d'Armentières, à Cette, Hérault.
Houte (Louis), de Lille, à Nieul-sur-Scudre, Charente-Inférieure.
Hourez (Kléber), de Denain, à Monseignet-sur-l'Andelot, Allier.
Hourlay (Alfred) et fam., d'Erquelines, à St-Gérand-le-Puy, Allier.
Houvenaghel (Jérôme), de Vieux-Berquin, à Billezois, Allier.
Haibaut (Henri) et enf., de Roubaix, à Ciboure, Basses-Pyrénées.
Hudelo (Eloi), de Lille, à Lohitzun-Onyharcq, Basses-Pyrénées.
Hugghe (Victor), de Lille, à Rouen, Seine-Inférieure.
Hugo (Moïse), de Lille, à Rouen, Seine-Inférieure.
Hugodot (Léon), de Lille, à Rouen, Seine-Inférieure.
Hugot (Denis), de Lille, à Osserain-Rivareyte, Basses-Pyrénées.
Huhaut (Arthur), de Roubaix, à Rouen, Seine-Inférieure.
Huin (Clémence) et enf., de Saultain, à Varennes-sur-Allier, Allier.
Huin (Florimond), d'Armentières, à Theneuille, Allier.
Hulstaert (François), de Tourcoing, à Ciboure, Basses-Pyrénées.
Hurez (Léon), d'Aniche, à Servilly, Allier.
Hurtrez (Henri), de Anhiers, à Garris, Basses-Pyrénées.
Jacaton (Auguste), de Lille, à Droiturier, Allier.
Jacob (Marie), de Feignies, à Rouen, Seine-Inférieure.
Jacobs (Albert), de Lille, à St-Jean-Pied-de-Port, Basses-Pyrénées.
Jacquemart (Octave), de Lille, à St-Pé-sur-Nivelle, Basses-Pyrénées.
Jacquet-Briffaut, de Lourches, à Rouen, Seine-Inférieure.
Jamar (Jean), de Croix, à Larressore, Basses-Pyrénées.
Janssens (Albert), de Roubaix, à Cusset, Allier.
Janssens (Auguste) et enf., de Lille, à Ossès, Basses-Pyrénées.
Jaspar (Edmond), de Fourmies, à Rouen, Seine-Inférieure.
Jenart-Degrolle (Louis) et fam., de Fourmies, à Bordeaux, Gironde.
Jénicot (Gustave) et enf., de Jeumont, à Isseapent, Allier.
Jérosel (Jean), de Lallaing, à Saint-Etienne, Loire.
Joanez (Alfred), de Cousolre, à Droiturier, Allier.
Joly (Victor), de Flers, à Orègue, Basses-Pyrénées.
Jouay (Gustave), de Lille, à Rouen, Seine-Inférieure.
Jules (François), de Wattrelos, à Gamarthe, Basses-Pyrénées.
Jupin (Jean), de Flers-en-Escrebieux, à Montceau-les-Mines, Saône-et-Loire.
Jupin (Paul), de Roubaix, à Souraide, Basses-Pyrénées.
Jumeaux (Maurice), d'Armentières, à Rouen, Seine-Inférieure.
Jumeaux (Thomas), d'Armentières, à Rouen, Seine-Inférieure.
Jurtu (Léa) et enf., de Sin-du-Nord, à Ossès, Basses-Pyrénées.
Kerkaert (Polydore), de Lille, à Bordeaux, Gironde.
Kerkof (Jérôme), de Lille, à La Palisse, Allier.
Kerkhof (Victor), de Lille, à Rouen, Seine-Inférieure.
Kersgicter (Henri), de Quesnoy-sur-Deule, à Macaye, Basses-Pyrénées.
Klein (Lucien), de Saint-Maurice, à Rouen, Seine-Inférieure.
Koch (Georges), de Lille, à Rouen, Seine-Inférieure.
Koch (Jean-Baptiste), de Lille, à Rouen, Seine-Inférieure.

Labarre (Henri), de Lille, à Notre-Dame-de-Sanilhac, Dordogne.
Labbé (Augustine) et enf., d'Allennes-les-Marais, à Marcillat, Allier.
Labeau (Rémy) et fam., de Maubeuge, à Varennes-sur-Allier, Allier.
Labiausse (Georges), de Lille, à Saumeray, Eure-et-Loir.
Labois (André), de Landrecies, à Chartres, Eure-et-Loir.
Labois (Marcel), de Landrecies, à Chartres, Eure-et-Loir.
Labois-Bourgeois (Marie), de Landrecies, à Chartres, Eure-et-Loir.
Lacoche (Emile), de Fives, à Rouen, Seine-Inférieure.
Lacroix (Mme) et enf., de Douai, à Montluçon, Allier.
Ladon (Henri), de Fives, à Rouen, Seine-Inférieure.
Lagache (Jules) et enf., de Wattrelos, à Bidart, Basses-Pyrénées.
Lagache (Edmond), de Villers-Botter, à Blanzy, Saône-et-Loire.
Lahay (Flore), de Maubeuge, à Urcay, Allier.
Laiquel (Albert), de Lomme, à Coubjours, Dordogne.
Lallemant (Paul), de Santes, à Brantôme, Dordogne.
Laloux (André), de Templemars, à Versaugues, Saône-et-Loire.
Laloux (André), de Valenciennes, à Pontoise, Seine-et-Oise.
Laloux (Claire) et enf., de Valenciennes, à Pontoise, Seine-et-Oise.
Laloux (Elisabeth), de Valenciennes, à Pontoise, Seine-et-Oise.
Laloux (Jacques), de Valenciennes, à Pontoise, Seine-et-Oise.
Lamand (Arthur), d'Oignies, à Notre-Dame-de-Sanilhac, Dordogne.
Lamarcq (Charles), de Fives, à Rouen, Seine-Inférieure.
Lambert (Emile), de Lille, à Guiche, Basses-Pyrénées.
Lambert (Emile), de Lille, à Guiche, Basses-Pyrénées.
Lambert (Gabriel), de Denain, à Rouen, Seine-Inférieure.
Lambert (Gustave), de Lille, à Ubart-Cize, Dordogne.
Lambert (Marie) et enf., de Fourmies, à Argenteuil, Seine-et-Oise.
Lambert (Hélène), de Fourmies, à Argenteuil, Seine-et-Oise.
Lamblin (J.-B.), de Marcq-en-Barœul, à Notre-Dame-de-Sanilhac, Dordogne.
Lamboley (Michel), de Lille, à Nébian, Hérault.
Lambret (Louis), de Tourcoing, à Servilly, Allier.
Lamiaux (Marie) et enf., de La Madeleine, à Précilhon, Basses-Pyrénées.
Lamiaux (Charles), de Lille, à Précilhon, Basses-Pyrénées.
Lamiaux (Marcel), de La Madeleine, à Précilhon, Basses-Pyrénées.
Lamiaux (Paul), de La Madeleine, à Précilhon, Basses-Pyrénées.
Lamotte (Christian), de Valenciennes, à Royan, Charente-Inférieure.
Lamotte (Marie), de Valenciennes, à Royan, Charente-Inférieure.
Lamouret (Joseph), de Wignehies, à Rouen, Seine-Inférieure.
Lannoy (Léon) et enf., de Bauvin, à Mineur, Allier.
Lampin (Victor), de Lens, à Pagolle, Basses-Pyrénées.
Lamy (Arthur), de Lille, à Biarritz, Basses-Pyrénées.
Lancel (Edouard), de Fives, à Rouen, Seine-Inférieure.
Landas (Gustave), de Raismes, à Montluçon, Allier.
Landregin (Désiré), de Lourches, à Rouen, Seine-Inférieure.
Langlais (Angélla), du Cateau, à Argenteuil, Seine-et-Oise.
Langowski (Victor), de Lallaing, à Saint-Etienne, Loire.
Langrand (Daniel), de Tourcoing, à Saint-Paul-de-Serre, Dordogne.
Lannois (Joséphine) et enf., de Maubeuge, à Montauban, Tarn-et-Garonne.
Lansiaux (Augustine) et enf., de Wargnies-le-Grand, à Pontoise, S.-et-O.
Lansiaux (Edouard), de Wargnies-le-Grand, à Pontoise, Seine-et-Oise.
Lansiaux (Edouard) et enf., de Wargnies-le-Grand, à Pontoise, Seine-et-Oise.
Lapeyre (Ernest), de Fives, à Rouen, Seine-Inférieure.
Larde (Noémie), de Tressin, à Bordeaux, Gironde.
Larsile (Louis), de Maubeuge, à Cambo-les-Bains, Basses-Pyrénées.
Lartiller (César) et enf., de Denain, à La Palisse, Allier.
Lastecouers (Siron), de Lille, à ..., Dordogne.
Latargez (Marie), de Cambrai, à Chartres, Eure-et-Loir.
Latargez (Cléry), de Cambrai, à Chartres, Eure-et-Loir.
Latargez (Yvonne), de Cambrai, à Chartres, Eure-et-Loir.
Latelleria (Louise) et enf., de Maubeuge, à Montluçon, Allier.
Laturelle (Emile), de Waziers-lez-Douai, à Orègue, Basses-Pyrénées.
Laucelle (Germaine), d'Haulmont, à Tarbes, Hautes-Pyrénées.
Laumont (Achille), d'Halluin, à Urcpel, Basses-Pyrénées.
Laurens (Henri), de Lille, à Villefranque, Basses-Pyrénées.
Laurent (Georges), d'Anzin, à Rouen, Seine-Inférieure.
Laurent (Gustave), de Lille, à Agonac, Dordogne.
Lauridan (Arthur), de Tourcoing, à Saint-Gérand-le-Puy, Allier.
Lauwers (Justin), de Lille, à Montluçon, Allier.
Laudiez (Auguste) et enf., de Lambersart, à Guéthary, Basses-Pyrénées.
Lavaillez (Jules), de Lille, à Saint-Cloud, Seine-et-Oise.
Lavoisey (Adolphe), de Lannoy, à Brantôme, Hautes-Pyrénées.
Lebaigue (Lucienne) et enf., de Douai, à Laloubère, Hautes-Pyrénées.
Lebeau (Marcel), de Marpent, à Pontoise, Seine-et-Oise.
Lebeau (Zulma) et enf., de Marpent, à Pontoise, Seine-et-Oise.
Lebecq (Félix), d'Avesnes-le-Sec, à Cherveix-Cubas, Dordogne.
Lebel (Jeanne), de Valenciennes, à Royan, Charente-Inférieure.
Leblanc (Auguste) et enf., de Fromelles, à Barnay, Saône-et-Loire.
Leblanc (Jeanne), d'Onnaing, à Royan, Charente-Inférieure.
Leblanc (Jules), d'Onnaing, à Royan, Charente-Inférieure.
Leblanc (Lucien), d'Onnaing, à Royan, Charente-Inférieure.
Leblond (Augustin), de Lille, à Chourgnac-d'Ans.

Leblond (Georges), de Cambrai, à Argenteuil, Seine-et-Oise.
Leblond (Maurice), d'Équerchin, à Rouen, Seine-Inférieure.
Leburgue (Eugène) et enf., de Salomé, à Vichy, Allier.
Lecbef (Alphonse), de Valenciennes, à Rouen, Seine-Inférieure.
Leclerc (Bernard), de Saint-Amand, à Rouen, Seine-Inférieure.
Leclerc (Charles), de Douai, à Périguy, Allier.
Leclerc (Eugène), de Lille, à Rouen, Seine-Inférieure.
Leclerc (Oscar), de Lille, à Rouen, Seine-Inférieure.
Leclercq (Derignaucourt), d'Orchies, à Rouen, Seine-Inférieure.
Leclercq (Ernest), de Lille, à Cambo-les-Bains, Basses-Pyrénées.
Leclercq (Ernest), de Lille, à Cambo-les-Bains, Basses-Pyrénées.
Leclercq (François), de Roubaix, à Oloron, Basses-Pyrénées.
Leclercq (J.-B.), de Tourcoing, à Bordères-sur-l'Echez, Hautes-Pyrénées.
Leclercq (Louis), de Lille, à Tarbes, Hautes-Pyrénées.
Leclercq (Marcel), de Wattrelos, à Brantôme, Dordogne.
Leclercq (Victor), de Wambrechies, à Cursac, Dordogne.
Leclercq (Fernand), de Lille, à Bordeaux, Gironde.
Leclercq (Georges), de Tourcoing, à La Palisse, Allier.
Leclercq (Henri) et fam., de Cousolre, à Deuil, Seine-et-Oise.
Leclercq (Louis), de Roubaix, à Rouen, Seine-Inférieure.
Leclercq Franchon, de Lille, à Rouen, Seine-Inférieure.
Lecocq (Amédée), de Merville, à Dompierre, Allier.
Lecoq (Adèle), de Salomé, à Charbonnat, Saône-et-Loire.
Lecœuvre (Arthur), d'Anzin, à Dangeau, Eure-et-Loir.
Lecompte (Ernest), de Saint-Amand-les-Eaux, à Rouen, Seine-Inférieure.
Lecomte (Fidèle), de Roubaix, à Urcuit, Basses-Pyrénées.
Lecomte (Jean), de Roubaix, à Uzos, Basses-Pyrénées.
Lecomte (Maurice), de Deule, à Villefranque, Basses-Pyrénées.
Lecouttère (Edouard), de Lille, à Saint-Jean-de-Luz, Basses-Pyrénées.
Lecoutre (Jules) et enf., d'Annappes, à Giboure, Basses-Pyrénées.
Lécuyer (Emile), de Ferrière-la-Grande, à Commentry, Allier.
Ledain (Charles), d'Armentières, à Saint-Pée-sur-Nivelle, Basses-Pyrénées.
Lédent (Auguste), de Lourches, à Ustaritz, Basses-Pyrénées.
Ledent (Auguste), de Lourches, à Ustaritz, Basses-Pyrénées.
Ledoux (J.-B.) et enf., de Jeumont, à Saint-Prix, Allier.
Lefebvre (Augusthe), de Marquette, à Saint-Etienne, Loire.
Lefebvre (Charles), de Lille, à Saint-Etienne, Loire.
Lefebvre (Charles), de Lille, à Dangeau, Eure-et-Loir.
Lefebvre (Célina), de Cagnoncles, à Champseru, Eure-et-Loir.
Lefebvre (Emile), de Roubaix, à Osses, Basses-Pyrénées.
Lefebvre (Léon), de Roubaix, à Notre-Dame-de-Sanilhac, Dordogne.
Lefebvre (Louis) et enf., d'Estaires, à Bidart, Basses-Pyrénées.
Lefebvre (Apoline) et enf., d'Armentières, à Cette, Hérault.
Lefebvre (Siméon), de Denain, à Rouen, Seine-Inférieure.
Lefebvre (Yvonne), de Marpent, à Rouen, Seine-Inférieure.
Lefèvre (Célina) et enf., d'Audigny, à Baillet, Seine-et-Oise.
Lefèvre (Mme) et enf., du Cateau, à St-Germain-en-Laye, Seine-et-Oise.
Lefèvre (Auguste), de Valenciennes, à Commentry, Allier.
Lefèvre (Emile), de Maubeuge, à Durdat-Larequille, Allier.
Lefèvre (François) et enf., de Valenciennes, à Montluçon, Allier.
Lefèvre (Hortense) et enf., de Maubeuge, à Urcay, Allier.
Lefèvre (Marie) et enf., de Maubeuge, à Montluçon, Allier.
Leflon (Arthur), de Cambrai, à Rouen, Seine-Inférieure.
Lefroue (Marcel), de Lille, à La Palisse, Allier.
Legay (Mme) et enf., de Dorignies, à Saint-Etienne, Loire.
Legay (Léon), de Dorignies, à Saint-Etienne, Loire.
Legay (Léon) et fam., de Dorignies, à Arronnes, Allier.
Legaye (Honorée) et enf., de Maubeuge, à Courçais, Allier.
Léger (Estelle), de Cambrai, à Argenteuil, Seine-et-Oise.
Legget (Edouard), d'Anzin, à Saint-Esteben, Basses-Pyrénées.
Legrand (François) et enf., de Lille, à Louhossoa, Basses-Pyrénées.
Legrand (Jean-Baptiste), de Marquette-les-Lille, à Saint-Etienne, Loire.
Legrand (Charles), d'Aulnoye, à Rouen, Seine-Inférieure.
Legrand (Florimond), de Fives, à Rouen, Seine-Inférieure.
Legrand (Lucien), de Tourcoing, à Verrières-le-Buisson, Seine-et-Oise.
Legrand (Marceline) et enf., de Marpent, à Saint-Prix, Allier.
Lehinque (Alexis), de Bruilles, à Hendaye, Basses-Pyrénées.
Lehnert (Alfred), de Roubaix, à Rouen, Seine-Inférieure.
Lehue (Marcel), d'Anzin, à Eglise-Neuve, Dordogne.
Leintoine (Albert), de Lille, à Rouen, Seine-Inférieure.
Lejeune (Maria) et enf., de Limont-Fontaine, à Versailles, Seine-et-Oise.
Lejeune (Lucien), de Fives, à Rouen, Seine-Inférieure.
Lejeune (Eugénie), de Hautmont, à Versailles, Seine-et-Oise.
Le Rieffre (Alfred) et fam., de Walkers, à Montcombroux, Allier.
Leleu (Arthur), de Lille, à Ustaritz, Basses-Pyrénées.
Leleu (Georges), de Frelinghem Lille, à Savignac, Dordogne.
Leleux (François), d'Aniche, à Saint-Palais, Basses-Pyrénées.
Leleux (Marcel), de Lille, à Moulins, Allier.
Lelièvre (Désiré), de Douai, à Doyet, Allier.
Lelièvre (Désiré), de Douai, à Montluçon, Allier.
Lelièvre (Joseph), de Haubourdin, à Vergt, Dordogne.

Lelim (Jules), de Valenciennes, à Guiche, Basses-Pyrénées.
Leloir (Flore) et fam., de La Bassée, à Montaigut-le-Blin, Allier.
Lemaire (Désiré), d'Ennetières-en-Weppes, à Aumagne, Charente-Infér.
Lemaire (Emile), d'Orchies, à Labets-Biscaye, Basses-Pyrénées.
Lemaire (Fernand), de Lille, à Granges-d'Ans, Dordogne.
Lemaire (Gustave) et enf., de Tourcoing, à Airirits, Basses-Pyrénées.
Lemaire (Jean-Baptiste), de Wazier, à Bordeaux, Gironde.
Lemaire (Léon), de Moncheaux, à Cherveix-Cubas, Dordogne.
Lemaire (Louise), de Valenciennes, à Rouen, Seine-Inférieure.
Lemaire (Maria), de Wignehies, à Rouen, Seine-Inférieure.
Lemaire (Oscar), d'Anhiers, à Saumeray, Eure-et-Loir.
Lemaître (Honorine) et enf., de Maubeuge, à St-Gaudens, Hte-Garonne.
Lémal (Charles), de Lille, à Meharin, Basses-Pyrénées.
Lemichel-Cumier (Catherine), de La Bassée, à Chartres, Eure-et-Loir.
Le Mitère (Henriette) et enf., de Charleville, à Versailles, Seine-et-Oise.
Lenglos (Amédée) et fam., de Noyelle, à Montluçon, Allier.
Lengrand (Fernand), de Quiévy, à St-Jean-le-Vieux, Basses-Pyrénées.
Lenne (Marie), de Vendegies-sur-Ecaillon, à Maintenon, Eure-et-Loir.
Lenoir (Albert), d'Emerdricourt, à La Palisse, Allier.
Lenoir (Henri), de Lille, à Saint-Jean-Pied-de-Port, Basses-Pyrénées.
Lenoir (Fernand), de Lille, à Montluçon, Allier.
Lenoir (Marthe), de Maubeuge, à Argenteuil, Seine-et-Oise.
Lensel (Napoléon), d'Armentières, à Couleuvre, Allier.
Léonard (Henri), de Cousolre, à Droiturier, Allier.
Lepage (Catherine), de Lille, à Saint-Pourçain-sur-Besbre, Allier.
Lepauvre (Jules), de Haumont, à Rouen, Seine-Inférieure.
Lepers (Charles), de Tourcoing, à Nourty, Basses-Pyrénées.
Lepers (Henri), de Lille, à Ustaritz, Basses-Pyrénées.
Lepetz (Henri), de Houplin, à Came, Basses-Pyrénées.
Lepetz (Jean-Baptiste), de Houplin, à Came, Basses-Pyrénées.
Lepez (Marie), de Poix-du-Nord, à Royan, Charente-Inférieure.
Leblond (Marthe), de Poix-du-Nord, à Royan, Charente-Inférieure.
Lepez-Carnot (Alexandre), de Houplines, à Bidache, Basses-Pyrénées.
Lepez (Maurice), de Lille, à Louhans, Saône-et-Loire.
Lepez (Jean), de Lille, à Louhans, Saône-et-Loire.
Lepla (Camille), de Neuville, à Macaye, Basses-Pyrénées.
Leplac (Jules), de Tourcoing, à La Palisse, Allier.
Leplats (Cyrille), de Wattrelos, à St-Jean-de-Luz, Basses-Pyrénées.
Leplus (Emile), de Lille, à Cibourc, Basses-Pyrénées.
Lepoure (Henri), de La Bassée, à Urcuit, Basses-Pyrénées.
Leprêtre (Azémiar), de Cambrai, à Rouen, Seine-Inférieure.
Lepretti (Louis), d'Avesnes-les-Aubert, à Servilly, Allier.
Lerant (Alfred), de Lille, à Rouen, Seine-Inférieure.
Leras (Jean-Baptiste), de Lille, à Guiche, Basses-Pyrénées.
Lernaire (Marie), d'Anzin, à Rouen, Seine-Inférieure.
Lernal (Virginie), de Flère, à Cusset, Allier.
Lernoud (Alphonse) et enf., de Valenciennes, à Montluçon, Allier.
Lernoud (Alphonse), de Valenciennes, à Montluçon, Allier.
Lernould (Gaston), d'Armentières, à Rouen, Seine-Inférieure.
Leroux (Julien), de Lille, à Capestang, Hérault.
Leroux (Mélanie) et enf., d'Anor, à Bordeaux, Gironde.
Leroy (Charles), de Bauvin, à Lassenbe, Basses-Pyrénées.
Leroy (Berthe), de Maubeuge, à Montmarault, Allier.
Leroy (Gaston), de Maurois, à Argenteuil, Seine-et-Oise.
Leroy (Henri), de Lille, à Ispoure, Basses-Pyrénées.
Leruste (Charles) et enf., de Wattrelos, à Villefranque, Basses-Pyrénées.
Lerycke (Gaston), de Lille, à Rouen, Seine-Inférieure.
Lesaire (Charles), de Lille, à Saint-Étienne-de-Vicq, Allier.
Lesage (Désiré), de Deulemont, à Nieul-sur-Seudre, Charente-Inférieure.
Lesage (Elisée), de Somain, à Rouen, Seine-Inférieure.
Lesage (Fernand), de Lille, à Rouen, Seine-Inférieure.
Lesage (Hortense), de Roubaix, à Rouen, Seine-Inférieure.
Lesage (Jules), de Roubaix, à Rouen, Seine-Inférieure.
Lesage (Ursule), de Somain, à Rouen, Seine-Inférieure.
Leschevin (Henri), de Seclin, à Briscous, Basses-Pyrénées.
Lesecq (Anaclet), de Onnaing, à Osses, Basses-Pyrénées.
Lesecq (Lucien), d'Avesne-les-Aubert, à Servilly, Allier.
Lespagnol (Marcel), d'Escaudin, à Montluçon, Allier.
Lesplinguee, de Louvigny-Bavay, à Rouen, Seine-Inférieure.
Lestarguet (Ida) et enf., de Maubeuge, à Montluçon, Allier.
Lesure (Fortuné), de Lille, à Rouen, Seine-Inférieure.
Létienne (Théodore), de Vred, à Verrières-le-Buisson, Seine-et-Oise.
Letierce (Jean-Baptiste), de Lille, à Mouguerre, Basses-Pyrénées.
Leuate (Alfred), de Lille, à Arfeuilles, Allier.
Leuleu (Eugénie), d'Aniche, à Saint-Étienne-de-Vicq, Allier.
Leuridan (Albert), de Lille, à Dompierre, Allier.
Leurquin (Henri), de Lille, à Tulle, Corrèze.
Levandowski (Jean), de Lallaing, à Saint-Étienne, Loire.
Levannier (Henri), de Hergnies, à Saint-Étienne, Loire.
Levert (Aimée) et enf., de Haumont, à Montluçon, Allier.
L'Hoir (Elie), de Raismes, à Rouen, Seine-Inférieure.

Nord,

Lhomme (Jules), de Lussier, à Rouen, Seine-Inférieure.
Lbussiez (Simon), d'Anzin, à La Rochelle, Charente-Inférieure.
Liagre (Rodolphe), de Lille, à Cosne-sur-l'Œil, Allier.
Liague (Kléber), de Lille, à Rouen, Seine-Inférieure.
Liberda (Emile), de Lallaing, à Saint-Étienne, Loire.
Liberda (Françoise), de Lallaing, à Saint-Étienne, Loire.
Libert (Victor) et enf., de La Bassée, à Versailles, Seine-et-Oise.
Lihotte (Henri), d'Anzin, à Naves, Allier.
Libotte (Adèle), de Maubeuge, à Durdat-Larequille, Allier.
Lictaez (Félix), de Tourcoing, à Saint-Gérand-le-Puy, Allier.
Liéforgue (Jules), du Quesnoy, à Lacarre, Basses-Pyrénées.
Liegeois (Jules), de Flines-les-Raches, à Tulle, Corrèze.
Liegeois (Oscar), de Fresnes, à Commentry, Allier.
Liénard (Félix), de Lille, à Cambo-les-Bains, Basses-Pyrénées.
Liénart (Jules) et fam., de Seclin, à Domérat, Allier.
Liénart (Emilienne) et enf., de Maubeuge, à Montluçon, Allier.
Liévin (Vigier), de Roubaix, à Halsou, Basses-Pyrénées.
Ligot (Félix), de Denain, à Rouen, Seine-Inférieure.
Ligot (Paul), de Denain, à Rouen, Seine-Inférieure.
Limorato (Séraphin), de Masny, à Doyet, Allier.
Lindeboom (Louis), de Comines, à Lasseube, Basses-Pyrénées.
Lion (Austeré) et enf., de Rieulay, à Montceau-les-Mines, Saône-et-Loire.
Lobbedez (Robert), de Lille, à Sare, Basses-Pyrénées.
Lobbens (Emile), de Lille, à Ustaritz, Basses-Pyrénées.
Lobet (Ernest) et fam., d'Anor, à Bordeaux, Gironde.
Locoche (Stanislas), de Jeumont, à Isserpent, Allier.
Locquet (Marie), de Guesnain, à Commentry, Allier.
Loeckx (Julien) et enf., de Roubaix, à Bordeaux, Gironde.
Loir (Romain), de Sin-le-Noble, à Argenteuil, Seine-et-Oise.
Loiseaux (Adolphe), de Villers-sur-Nicole, à Andelaroche, Allier.
Lombray (Léonard) et fam., d'Onnaing, à Creuzier-le-Neuf, Allier.
Loôten (Adolphe), de Lille, à Larressore, Basses-Pyrénées.
Lorthiors (Henri), de Roubaix, à Rouen, Seine-Inférieure.
Lorlichöir (Fortuné), d'Annay, à St-Étienne, Loire.
Lotiaux (Casimir) et fam., de Marpeut, à St-Prix, Allier.
Lotten (Pierre), de Lille, à St-Jean-Pied-de-Port, Basses-Pyrénées.
Laturelle (Émile), de Douai, à Orègue, Basses-Pyrénées.
Lutun (Augustin), de Wambrechies, à Cambo-les-Bains, Basses-Pyrénées.
Louis (Alfred) et fam., de Landrecies, à Bordeaux, Gironde.
Louis (Emile), de Beugnies, à Pontoise, Seine-et-Oise.
Louis (Augustine), de Beugnies, à Pontoise, Seine-et-Oise.
Louvet (Adolphe), de Roubaix, à Rouen, Seine-Inférieure.
Louvet (Bertha) et fam., de Cambrai, à Doull, Seine-et-Oise.
Louf (Achille), de Lille, à St-Étienne, Loire.
Loze (Félicitée), d'Ors, à Saint-Germain-en-Laye, Seine-et-Oise.
Lussart (Angèle) et enf., de Maubeuge, à Vaux, Allier.
Lussier (Crisollée), de Gommeny, à Argenteuil, Seine-et-Oise.
Lutin (Blanche), de Fromelles, à Auust, Saône-et-Loire.
Lyon (Marie) et enf., de Donai, à Arronnes, Allier.
Lyphont (Marceau), de Lille, à Rouen, Seine-Inférieure.
Mabille (Georges) et son épouse, de Fourmies, à Bordeaux, Gironde.
Mabille (Palmyre), de Fourmies, à Bordeaux, Gironde.
Mac Grégor (Hippolyte), d'Armentières, à St-Pée-sur-Nivelle, Basses-Pyrénées.
Macarez (Mme) et enf., du Cateau, à St-Germain-en-Laye, Seine-et-Oise.
Macbu (Camille), d'Hautmont, à Tarbes, Hautes-Pyrénées.
Machut (Jules), de Loos, à Luxe-Sombereaute, Basses-Pyrénées.
Magré (Henri), de La Bassée, à Urcuit, Basses-Pyrénées.
Magnier (Kléber), de Maubeuge, à Lucmau, Gironde.
Magnier (Louis), de Maubeuge, à Lucmau, Gironde.
Magnier (Marcel), de Maubeuge, à Lucmau, Gironde.
Magnier (Marceline), de Maubeuge, à Lucmau, Gironde.
Magnier (Paul), de Lille, à Corbeil, Seine-et-Oise.
Magnier (Eugénie), de Maubeuge, à Lucmau, Gironde.
Magniès (Léon), d'Avesnes, à Bordeaux, Gironde.
Maguinat (Alice) et enf., d'Armentières, à Bézenet, Allier.
Maheu (Théodore), de Lille, à Bordeaux, Gironde.
Mahieu (Auguste), de Lille, à Mouguerre, Basses-Pyrénées.
Mabon (Henri), de Meuvillen, à Itxassou, Basses-Pyrénées.
Mahut (André), de Maubeuge, à Pleumeur-Bodou, Côtes-du-Nord.
Mahut (Arthur), de Maubeuge, à Pleumeur-Bodou, Côtes-du-Nord.
Mahut (Georges), de Maubeuge, à Pleumeur-Bodou, Côtes-du-Nord.
Mahut (Marguerite), de Maubeuge, à Pleumeur-Bodou, Côtes-du-Nord.
Mahut (Mme), de Maubeuge, à Pleumeur-Bodou, Côtes-du-Nord.
Maillard (Louis), de Lille, à Versailles, Seine-et-Oise.
Mairesse (Anna), de Landrecies, à Maintenon, Eure-et-Loir.
Mairesse (Achille), de Landrecies, à Maintenon, Eure-et-Loir.
Mairesse (Paul) et enf., de Sains, à Montluçon, Allier.
Malan (Lucie), de Lille, à Pau, Basses-Pyrénées.
Malfait (Henri), de Tourcoing, à Chartres, Eure-et-Loir.
Malhaud (Marie), d'Hautmont, à Lachapelaude, Allier.
Manesse (Léontine) et enf., de Maubeuge, à Audes, Allier.

Manesse (Yvonne), de Douzy-Maubeuge, à Cusset, Allier.
Manfroy (Célina), de Maubeuge, à Vaux, Allier.
Manhaval (Obéline), de Lille, à Varenne-s.-Allier, Allier.
Manne (Michèle) et enf., de Maubeuge, à Montluçon, Allier.
Maraut (Liévin), de Lille, à Cette, Hérault.
Marbet (Émile) et son épouse, de Gommeny, à Argenteuil, Seine-et-Oise.
Marchal (Édouard), d'Hautmont, à Lachapelaude, Allier.
Marchand (Jean-Baptiste), de Fretin, à Domezain-Berraute, Basses-Pyrén.
Marcq (Joseph), de Leers, à St-Jean-Pied-de-Port, Basses-Pyrénées.
Maréchal (Gaston) et enf., d'Orchies, à Moulins, Allier.
Maréchal (Oscar) et enf., d'Hazebrouck, à Montauban, Tarn-et-Garonne.
Marescaut (Aube), d'Ennetières-en-Weppes, à Cuzy, Saône-et-Loire.
Marescaut (Louis), d'Ennetières-en-Weppes, à Cuzy, Saône-et-Loire.
Marescaut (Louise), d'Ennetières-en-Weppes, à Cuzy, Saône-et-Loire.
Marescaut (Palmyre), d'Ennetières-en-Weppes, à Cuzy, Saône-et-Loire.
Marescaux (Georges), d'Haubourdin, à Saumezay, Eure-et-Loir.
Maret (Henry), de Péronne-en-Mélantois, à Bordeaux, Gironde.
Marghem (Adrien), de Ronchin, à Droiturier, Allier.
Margo (Albert), de Roubaix, à Louhans, Saône-et-Loire.
Marlier (Edmond), de Valenciennes, à St-Étienne, Loire.
Marquer (Pierre) et fam., de Valenciennes, à Argenteuil, Seine-et-Oise.
Marras (Joseph), d'Auby, à Creuzier-le-Neuf, Allier
Marsil (Lydie), de Jeumont, à Isserpent, Allier.
Marteno (Florent), de Lille, à Bordeaux, Gironde.
Martin (Émile) et son épouse, de Valenciennes, à Bordeaux, Gironde.
Martin (Émilie), de Valenciennes, à Bordeaux, Gironde.
Martin (Henri), de Lille, à Oloron, Basses-Pyrénées.
Martinache (Auguste), d'Aniche, à Sares, Basses-Pyrénées.
Martinache (Louis), d'Haubourdin, à Sohraïde, Basses-Pyrénés.
Mascart (Henri), de Bruay-s.-Escaut, à St-Étienne, Loire.
Maschelin (Charles), de Quesnoy-s.-Deûle, à Sares, Basses-Pyrénées.
Masselot (François), de Beauvin, à Laprugne, Allier.
Masson (Achille), de Feignies, à Castets, Gironde.
Masson (Édithe), de Feignies, à Castets, Gironde.
Masson (Eveline), de Feignies, à Castets, Gironde.
Mathon (Henri), de Leers, à Castets, Gironde.
Maubert (Antonin), de Lille, à Pontoise, Seine-et-Oise.
Maufroy (Félicité) et enf., de Ferrière-la-Grande, à Montluçon, Allier.
Maufroy (Aline), de Ferrière-la-Grande, à Montluçon, Allier.
Mayer (Henri), de Lille, à St-Jean-de-Luz, Basses-Pyrénées.
Mazingue (Louis), d'Hellemmes, à Bédarieux, Hérault.
Mazoyon (Charles), d'Hautmont, à La Rochelle, Charente-Inférieure.
Meens (Hector), de Lille, à Cosne-sur-l'Œil, Allier.
Mekerke (Jules), d'Haubourdin, à Itxassou, Basses-Pyrénées.
Melbernic (Émilienne), de Douai, à Montluçon, Allier.
Ménard (Jules), de Lewarde, à Mayet-de-Montagne, Allier.
Menant (Pierre), de Somain, à Gaillardon, Eure-et-Loir.
Mercier (Jules), de Raismo-Vicoigne, à Beaulieu, Corrèze.
Meriaux (Georges), de Lourches, à Rouen, Seine-Inférieure.
Merkaert (Émile), de Tourcoing, à St-Gérand-le-Puy, Allier.
Merkenbrack (Charles) et enf., de Jeumont, à Pontoise, Seine-et-Oise.
Merkenbrack (Marie) et enf., de Jeumont, à Pontoise, Seine-et-Oise.
Merkenbrack (Fernande), de Jeumont, à Pontoise, Seine-et-Oise.
Mertens (Gabriel), de Lille, à Tulle, Corrèze.
Meulmans (Régina), de Malo-les-Bains, à Versailles, Seine-et-Oise.
Meurdesoif (Émile) et enf., de Sin-le-Noble, à Montceau-les-Mines, S.-et-Loire.
Meurisse (Julie), d'Armentières, à Nésignan-l'Evêque, Hérault.
Miaux (Zéphir) et fam., de Fourmies, à Bordeaux, Gironde.
Michel (Hector) et enf., de Lille, à Argenteuil, Seine-et-Oise.
Michel (Suzanne), de Cambrai, à Argenteuil, Seine-et-Oise.
Michel (Eugène), d'Aniche, à Versailles, Seine-et-Oise.
Michon (Émile), de Roubaix, à Brive, Corrèze.
Miduwem (Victor), d'Anzin, au Bardos, Basses-Pyrénées.
Mieuquet (Charles), de Roubaix, à Pontoise, Seine-et-Oise.
Mignotte (Émile), de Tourcoing, à Lapalisse, Allier.
Milernic (Léandre) et fam., de Douai, à Montluçon, Allier.
Mille (Aimé) et son épouse, de Vend.n-le-Vieil, à Varennes-s.-Allier, Allier.
Minart (Albert), de Fives-Lille, à Roanne, Loire.
Mirault (Mme), de Douai, à Périgny, Allier.
Mitermite (Alexis), de Cuincy, à Orègue, Basses-Pyrénées.
Mocq (Léon) et fam., de Dorignies, à Cindré, Allier.
Moglia-Delalande (Léontine), de Cambrai, à Bordeaux, Gironde.
Moglia-Delalande (Ludovic) et fam., de Cambrai, à Bordeaux, Gironde.
Mollet (Victor), d'Aniche, à Arfeuilles, Allier.
Monclercq (Léonard), d'Onnaing, à Creuzier-le-Neuf, Allier.
Monerac (Esther) et enf., de Douai, à Montluçon, Allier.
Monier (Jules), de Somain, à Maisons-Laffitte, Seine-et-Oise.
Moniez (Henri), d'Escaudin, à Dangeau, Eure-et-Loir.
Moniez (Léonard), d'Escaudin, à Cambo-les-Bains, Basses-Pyrénées.
Moniez (Prudent), d'Avesnes-les-Aubert, à Espelette, Basses-Pyrénées.
Monnice (Louise), de Douai, à Montluçon, Allier.

Monnet (Louis), de Wavrin, à Montluçon, Allier.
Monnier (Charles), de Roubaix, à Béhasque, Basses-Pyrénées.
Monnier (Robert), de Lille, à Cérilly, Allier.
Monsuez (Adolphe) et enf., de Lille, à Ciboure, Basses-Pyrénées.
Montaene (Maurice), de Haubourdin, à Tulle, Corrèze.
Montaigne (Jules), de Tourcoing, à Gestas, Basses-Pyrénées.
Montard (Joannès), de Douai, à Tulle, Corrèze.
Montigny (Amand), de Dunkerque, à Bordeaux, Gironde.
Montluçon (Jeanne), de Douai, à Monestier, Allier.
Morand (Pierre) et fam., de Bailleul, à Moulins, Allier.
Moranval (Julien), de Lille, à Arbérats-Sillègue, Basses-Pyrénées.
Morcrette (Madeleine), de Gaudry, à Langon, Gironde.
Moreau (Firmin), de Jeumont, à Isserpent, Allier.
Morel (Alexandre), de Roubaix, au Breuil, Allier.
Morel (Angèle), d'Armentières, à Nezignan-l'Evêque, Hérault.
Morel (Constant), de Denain, à Chis, Hautes-Pyrénées.
Morel (Léon), de Lille, à Nébian, Hérault.
Morel (Edmond), d'Anzin, à Saint-Etienne, Loire.
Morel (Jules), de Lille, au Donjon, Allier.
Mouveaux (Hortense) et enf., de Beauvin, à Grignols, Gironde.
Morin (Louise), d'Haumont, à Verneix, Allier.
Morisot (Émile), d'Avesnes-les-Aubert, à Espelette, Basses-Pyrénées.
Morivalle (Mine) et enf., de Somain, à Durdat-Larequille, Allier.
Moron (Fernand), de Saint-Amand, à Saint-Etienne, Loire.
Mortreux (Alfred), de Furnes, à St-Pée-sur-Nivelle, Basses-Pyrénées.
Mortreux (Clémence) et enf., de Beauvin, à Marcillat, Allier.
Mortreux (Charles), de Bauvin, à Mazirat, Allier.
Mouger (Maria), de Lille, à Mouguerre, Basses-Pyrénées.
Mouquet (Agapite) et enf., de Froumelles, à Anost, Saône-et-Loire.
Mouquet (Albert), de Froumelles, à Anost, Saône-et-Loire.
Mouquet (Cécile), de Froumelles, à Anost, Saône-et-Loire.
Mouquet (Eugénie), de Froumelles, à Anost, Saône-et-Loire.
Mouquet (Jean), de Froumelles, à Anost, Saône-et-Loire.
Mouquet (Joachim), de Froumelles, à Anost, Saône-et-Loire.
Mouquet (Joseph), de Froumelles, à Anost, Saône-et-Loire.
Mouquet (Henri), de Froumelles, à Anost, Saône-et-Loire.
Mouquet (Jules), de Froumelles, à Anost, Saône-et-Loire.
Mouquet (Marie), de Froumelles, à Anost, Saône-et-Loire.
Mouté (Eugénie), de Cambrai, à Montauban, Tarn-et-Garonne.
Mutiaux (Joseph), de Fourmies, à Argenteuil, Seine-et-Oise.
Moysan (Paul), de Valenciennes, à Saint-Etienne, Loire.
Nasse (Pauline) et enf., de Maubeuge, à Montluçon, Allier.
Nasse (Marie) et enf., de Maubeuge, à Montluçon, Allier.
Nasse (Louis), de Tourcoing, à Lhart-Cizé, Basses-Pyrénées.
Naullau (Louis), de Lille, à Saumeray, Eure-et-Loir.
Navet (Juste) et fam., de Lille, à Maisons-Laffitte, Seine-et-Oise.
Nemiery (Odile) et enf., de Maubeuge, à Montluçon, Allier.
Netens (Madeleine), de Hautmont, à Montluçon, Allier.
Neuilly (Louise) et enf., de Solre-le-Château, à Toulouse, Haute-Garonne.
Nève (François), de Denain, à Saussat, Allier.
Neyt (Clément), de Lille, à Cambo-les-Bains, Basses-Pyrénées.
Neyrinck (Adolphe), de Mouvaux, à Saint-Etienne, Loire.
Nicollet (Jules), de Lille, à Domezain-Berraute, Basses-Pyrénées.
Nicaise (Jules), de Lille, à Deuil, Seine-et-Oise.
Nicolas (Louis) et enf., d'Aniche, à Montceau-les-Mines, Saône-et-Loire.
Noche (Valentine) et enf., de Maubeuge, à Montluçon, Allier.
Noffe (Charles), de Lille, à Saint-Esteben, Basses-Pyrénées.
Noga (Casimir), de Lallaing, à Saint-Etienne, Loire.
Normand (Etienne), de Lille, à Cambo-les-Bains, Basses-Pyrénées.
Noulet (Arthur), de Lille, à Guiche, Basses-Pyrénées.
Nuez (Jules), de Ferrière-la-Grande, à Commentry, Allier.
Nuez (Domithilde) et enf., de Ferrière-la-Grande, de Montluçon, Allier.
Nys (Louis), de Douai, à Ossès, Basses-Pyrénées.
Objoie (Remy), de Saint-Wast-le-Haut, à Commentry, Allier.
Obled-Joly (Mme), de Rocquignies, à Rouen, Seine-Inférieure.
Obry (Hector), de Lille, à Bérat, Haute-Garonne.
Obry (Elisée), de Lille, à Bérat, Haute-Garonne.
Ollivier (Ernest) et fam., de Lallaing, à Cusset, Allier.
Ombrouck (Frédéric), de Lille, à Bordeaux, Gironde.
Oriez (Charles) et fam., de Roubaix, à Moulins, Allier.
Orzaert (Aimé), d'Armentières, à Cette, Hérault.
Oudart (Benjamin), de Tourcoing, à Argenteuil, Seine-et-Oise.
Paco (Émile), de Tourcoing, à Saint-Etienne, Loire.
Palot (Léon) et enf., d'Elincourt, à Iroubéguy, Basses-Pyrénées.
Pannecoucke (Victor) et enf., de Comines, à Banca, Basses-Pyrénées.
Papin (Hélène) et enf., de Lille, à Argenteuil, Seine-et-Oise.
Parent (Célestin) et enf., de Lourches, à Longjumeau, Seine-et-Oise.
Parent (Paul), de Lille, à Nébian, Hérault.
Parent (Xavier), de Tourcoing, à Commentry, Allier.
Parmentelasse (Marguerite), de Maubeuge, à Montluçon, Allier.
Parmentier (Alice), de Denain, à Monseignet-sur-l'Andelot, Allier.

Parmentier (Florian), de Tourcoing, à Saint-Étienne, Loire.
Parmentier (Georges), de Lille, à Labets-Biscay, Basses-Pyrénées.
Pasbecq (Léon), de Lille, à Arbérats-Sillègue, Basses-Pyrénées.
Pasquet Collet (Mme), de Mecquignies, à Rouen, Seine-Inférieure.
Pouchaux (Eugène), de Fourmies, à Montauban, Tarn-et-Garonne.
Pauchaux (Eugène) et enf., de Fourmies, à Montauban, Tarn-et-Garonne.
Pauchaux (Joséphine) et enf., de Fourmies, à Montauban, Tarn-et-Garonne.
Paul (Adolphe) et enf., de la Sentinelle, à Montceau-les-Mines, S.-et-Loire.
Pauwoëls (Alois), d'Aniche, à Montoldre, Allier.
Payelle (Gaston), de Lille, à Bordeaux, Gironde.
Pebreuil (Justine) et enf., d'Hautmont, à Saint-Julien-aux-Bois, Corrèze.
Pecqueur (Veuve), et enf., de Lille, à Moulins, Allier.
Péel (Joseph), de Lille, à Meudon, Seine-et-Oise.
Penitchour, de Douai, à Montluçon, Allier.
Penninck (Sidonie) et enf., d'Armentières, à Cette, Hérault.
Pennequin (Albert), de Tourcoing, à Saint-Jean-de-Luz, Basses-Pyrénées.
Pentiaux (Élise), d'Arleux, à Biarritz, Basses-Pyrénées.
Pentiaux (Lucien), d'Arleux, à Biarritz, Basses-Pyrénées.
Pentiaux (Marcel), d'Arleux, à Biarritz, Basses-Pyrénées.
Pentiaux (Maurice), d'Arleux, à Biarritz, Basses-Pyrénées.
Pentiaux (Rose), d'Arleux, à Biarritz, Basses-Pyrénées.
Perat (Victor), de Lille, à Saint-Étienne, Loire.
Perbet (Jules), de Raisme-Vicoigne, à Baulieu, Corrèze.
Perche (Alfred), de Roubaix, à Pervilly, Allier.
Persemaire (Louise), de Quièvrechain, à Montluçon, Allier.
Pesez (Henri), de Lille, à Cérilly, Allier.
Persians (Berthe) et enf., de Douai, à Montluçon, Allier.
Petit (Marie), de Douai, à Mayet-de-Montagne, Allier.
Petit (J.-B.), de La Madeleine-les-Lille, à Loubans, Saône-et-Loire.
Petit (Juvenal) et son épouse, d'Anor, à Bordeaux, Gironde.
Petit (Ida), d'Anor, à Bordeaux, Gironde.
Petin (Marie) et enf., de Douai, à Monières, Basses-Pyrénées.
Petitberghien (Louis) et enf., de Roubaix, à Ossès, Basses-Pyrénées.
Petitjean (Louis), de Lille, à Chomérac, Ardèche.
Petyt (Charles), de Lille, à Gestas, Basses-Pyrénées.
Pezin (Carlos), de Wattrelos, à Hendaye, Basses-Pyrénées.
Pezin (Jean-Baptiste), de Lagny-Cambrésis, à Bardos, Basses-Pyrénées.
Pfliger (Théophile) et fam., de Douai, à St-Germain-en-Laye, Seine-et-Oise.
Philias (Léon), de Roubaix, à Brantôme, Dordogne.
Philippe (Marcel), de Lille, à Saré, Basses-Pyrénées.
Philippe (Silvie), de Maubeuge, à Montluçon, Allier.
Philippe (Julia), de Maubeuge, à Montluçon, Allier.
Philippe (Sylvie) et enf., de Maubeuge, à Audes, Allier.
Picard (Charles), de Saint-Saulve, à Excideuil, Dordogne.
Picrard (Alfred), de Roubaix, à Lacarre, Basses-Pyrénées.
Picrard (Émilie) et enf., de Ferrière-la-Grande, à Commentry, Allier.
Picard-Normand (Mme), de Clary, à Vichy, Allier.
Picavet (Pauline) et enf., de Lens, à Saint-Clément, Allier.
Picheau (Léon), de Salomé, à Charbonnat, Saône-et-Loire.
Pierard (Arile), de Ferrière-la-Grande, à Commentry, Allier.
Pierard (Louis), de Ferrière-la-Grande, à Montluçon, Allier.
Piétin (Désiré), de Marcq-en-Barœul, à Came, Basses-Pyrénées.
Pillot (Charles), de Douai, à Osserain-Rivaroyte, Basses-Pyrénées.
Pinquin (Élisa), de La Bassée, à Montaigut-le-Blin, Allier.
Pins (Louis), de Lille, à Ossès, Basses-Pyrénées.
Pipart (François), de Lille, à Saint-Étienne, Loire.
Plaisant (Louis), d'Orchies, à Ecrosnes, Eure-et-Loir.
Planchin (Alfred), de Denain, à Mayet-de-Montagne, Allier.
Planque (Henri), de Pérenchies, à Loubans, Saône-et-Loire.
Planque (Victor) et enf., de Somain, à Montceau-les-Mines, Saône-et-Loire.
Plouvier (Henri), et enf., de Rumilly, à Méry, Seine-et-Oise.
Plouvier (Jules), de Wattrelos, à Lohitzum-Oyhercq, Basses-Pyrénées.
Plouvier (Julie), de Rumilly, à Méry-sur-Oise, Seine-et-Oise.
Pluméon (Albert), de Lille, à Moulins, Allier.
Pluquin (Carlos) et fam., d'Armentières, à Capestang, Hérault.
Pochet (Monas), de Lille, à Loubans, Saône-et-Loire.
Poiret (Alexandre), de Douai, à Domérat, Allier.
Poiret (Maurice), de Douai, à Montluçon, Allier.
Poirette (Jean-Baptiste), de Lille, à Chauffours, Eure-et-Loir.
Poitrain (Jean-B.), de Lille, à St-Orse, Dordogne.
Polet-Dubois, de La Bassée, à Rouen, Seine-Inférieure.
Pollet (Arthur), de Wattrelos, à Sourraide, Basses-Pyrénées.
Pollet (Eugène), de Lille, à Tulle, Corrèze.
Pollet (Florian), de Tourcoing, à Vergt, Dordogne.
Pontigny (J.), de La Madeleine-les-Lille, à St-Jean-Pied-de-Port, Basses-Pyr.
Porot (Jules), de La Croisette, à Hasparren, Basses-Pyrénées.
Postel (Félix), d'Abscon, à St-Étienne, Loire.
Potier (Désiré), de Loos, à Sorges, Dordogne.
Pottié (Jean), de Roubaix, à Macaye, Basses-Pyrénées.
Pouey-Sanchou (Ernest), de Lille, à Bordeaux, Gironde.
Poulain (Charles) et enf., de Marquette, à St-Pée-s.-Nivelle, Basses-Pyrénées.

Poulain (Georges), de Marquette, à St-Pée-sur-Nivelle, Basses-Pyrénées.
Poulin (J.-B.) et enf., de Bauvin, à Marcillat, Allier.
Poulain (Édouard), d'Abscon, à St-Étienne-de-Vicq, Allier.
Poulet (Jules), de Sin-le-Noble, à Laprugne, Allier.
Poulier (Henri), de Roubaix, à Mâcon, Saône-et-Loire.
Prangère (Louis), de Lille, à Deuil, Seine-et-Oise.
Prein (Gustave), de Roubaix, à Halsou, Basses-Pyrénées.
Prévost (Jean), de Tourcoing, à Coulaures, Dordogne.
Prévost (Louis), d'Armentières, à Bidache, Basses-Pyrénées.
Prez (Maurice), de Roubaix, à Périgny, Allier.
Prien (Marie) et enf., de La Bassée, à Cusset, Allier.
Prouvost (Henri), de Tourcoing, à St-Étienne-de-Vicq, Allier.
Prudhomme (Alide), de Vieux-Condé, à St-Étienne, Loire.
Prud'homme (Juste), d'Hasnion, à Biarritz, Basses-Pyrénées.
Quarez (Éloi), de Bruay-s.-Escaut, à St-Étienne, Loire.
Queaut-Loyaez, de Sin-le-Noble, à Rouen, Seine-Inférieure.
Queste (Jules) et fam., du Cateau et de Coyeux, à Deuil, Seine-et-Oise.
Quique (Achille), de Lille, à Dangeau, Eure-et-Loir.
Raemdouck (François), de Lille, à Cambo-les-Bains, Basses-Pyrénées.
Raguez (Paul), de Halluin, à Hendaye, Basses-Pyrénées.
Railliez (Benoit), de . . . . . ., à Biarritz, Basses-Pyrénées.
Ramon (Édouard) et enf., de Roubaix, à Villefranque, Basses-Pyrénées.
Ran (Julie) et enf., de Waziers, à Saulzet, Allier.
Raquet (Paul), de Roubaix, à St-Jean-de-Luz, Basses-Pyrénées.
Rasiaux (Louis), de Fresnes, à Came, Basses-Pyrénées.
Rassou (Fernand), de Lille, à St-Étienne, Loire.
Raux (Victor), d'Haubourdin, à Lohitzum-Oyhercq, Basses-Pyrénées.
Ravenne (Jules), de Douai, à St-Étienne, Loire.
Raymond (Dhaemeen), de Tourcoing, à St-Étienne-de-Vicq, Allier.
Réadys (Léon), de La Madeleine, à Hendaye, Basses-Pyrénées.
Recourt (Charles), de Perenchies, à Lasse, Basses-Pyrénées.
Regolle (Jules), de Lille, à Mouguerre, Basses-Pyrénées.
Rémi (Désiré), de Somain, à Bidart, Basses-Pyrénées.
Renard (Gustave), de Lille, à St-Étienne, Loire.
Renard (Odyr) et fam., d'Aubry-lès-Denains, à St-Thérence, Allier.
Renaud (Charles), de Willems, à Itxassou, Basses-Pyrénées.
Renandin (Gustave), de Lille, à Rouen, Seine-Inférieure.
Renouet (Arleux) et enf., de . . . . . ., à Biarritz, Basses-Pyrénées.
Richard (Auguste), de Cambrai, à Bordeaux, Gironde.
Richet (Joseph), de Tourcoing, à St-Mesmin, Dordogne.
Richez (Alfred), de Valenciennes, à Langy, Allier.
Ricq (Paul), de Raismes, à Came, Basses-Pyrénées.
Rinet (Noël) et son épouse, d'Haumont, à Argenteuil, Seine-et-Oise.
Ringeval (Joseph) et enf., de Douai, à Périgny, Allier.
Ringon (Angélique) et enf., de Maubeuge, à Montluçon, Allier.
Ringuet (Auguste), de Lille, à Limeyrat, Dordogne.
Robert (Gustave) et enf., de Douai, à Montluçon, Allier.
Robillard (Georges), de Douai, à Montluçon, Allier.
Robiquet (Louise), d'Armentières, à Nézignan-l'Évêque, Hérault.
Roche (Émile), de Maubeuge, à Montluçon, Allier.
Roger (Paul), d'Anhiers, à Tulle, Corrèze.
Roger (Clémence), de Maubeuge, à Lucmau, Gironde.
Roggeman (Gustave), d'Armentières, à Theneuille, Allier.
Rogiez (Albert), de Bouvry-les-Orchies, à Coulaures, Dordogne.
Rohart (Auguste) et enf., de Lille, à Versaugues, Saône-et-Loire.
Rohart (Jean), de Lille, à Versaugnes, Saône-et-Loire.
Roland (Louis), de Lille, à Saré, Basses-Pyrénées.
Rolez (Amédée), de Douai, à Uzerche, Corrèze.
Roumelot (Wilfrid), de Roubaix, à Saint-Jean-de-Luz, Basses-Pyrénées.
Roos (René), de Hautmont, à Montluçon, Allier.
Roothaer (Charles), de Fives-Lille, à Biarritz, Basses-Pyrénées.
Roothaer (Raymond), de Fives-Lille, à Biarritz, Basses-Pyrénées.
Rose (Henri), d'Armentières, à Saint-Étienne-Baïgorry, Basses-Pyrénées.
Roselle (Alphonsine) et enf., de Valenciennes, à Pontoise, Seine-et-Oise.
Roselle (Gilbert), de Valenciennes, à Pontoise, Seine-et-Oise.
Roselle (Henri) et enf., de Valenciennes, à Pontoise, Seine-et-Oise.
Roselle (Henri), de Valenciennes, à Pontoise, Seine-et-Oise.
Rotru (Émile), de Santes, à La Chapelle-sous-Uchon, Saône-et-Loire.
Roubertou (Bernard), de Lille, à Maisons-Laffitte, Seine-et-Oise.
Roubardt (Aimé), de Lille, à Droiturier, Allier.
Roubard (Joseph), de Lille, à Arfeuilles, Allier.
Rounel (Paule), de Wavrin, à Montluçon, Allier.
Roupear (François), d'Armentières, à Garris, Basses-Pyrénées.
Rousseau (Guillaume), de Denain, à Montluçon, Allier.
Rousseaux (Maurice), de Lezennes-lez-Lille, à Saint-Clément, Allier.
Roussel (J.-B.), d'Armentières, à Theneuille, Allier.
Roussel (Lucien), de Lille, à Saint-Pée-sur-Nivelle, Basses-Pyrénées.
Roussel (René), de Tourcoing, à Bardos, Basses-Pyrénées.
Roussy (Antonine) et enf., du Cateau, à St-Julien-aux-Bois, Corrèze.
Rouzé (Henri), d'Armentières, à Theneuille, Allier.
Royal (Noël), de Maubeuge, à Montluçon, Allier.

Royer (Ernestine), d'Etrœungt, à Cusset, Allier.
Royer (Paul), de Lille, à Saint-Jean-de-Luz, Basses-Pyrénées.
Royez (Jean), de Rousies, à Pontoise, Seine-et-Oise.
Royez (Juliette), de Rousies, à Pontoise, Seine-et-Oise.
Royez (Marie), de Rousies, à Pontoise, Seine-et-Oise.
Royez (Paul), de Rousies, à Pontoise, Seine-et-Oise.
Royez (Marie) et enf., de Rousies, à Pontoise, Seine-et-Oise.
Ruysschaert (Gabriel), d'Emmerin, à Larribar-Sorhapuru, B.-Pyrénées.
Rys (Fernand), de Roubaix, à Tulle, Corrèze.
Saingér-Leger (Michel), de Pérenchie, à Uhart-Cize, Basses-Pyrénées.
Sampret (Charles) et enf., de Denain, à Luxe-Somberraute, B.-Pyrénées.
Saladin (Benoit), de Denain, à Lapalisse, Allier.
Salmon (Zélie) et enf., de Maubeuge, à Montauban, Tarn-et-Garonne.
Salmon (Jean) et enf., de Maubeuge, à Montauban, Tarn-et-Garonne.
Samin (Marie), de Recquignies, à Saint-Prix, Allier.
Sampers (Louis), de Roubaix, à Bézons, Seine-et-Oise.
Samyn (Camille), de Tourcoing, à Lasseube, Basses-Pyrénées.
Sanders (Arthur), de Lille, à Droiturier, Allier.
Sanspeur (Joséphine), de Lens, à La Rochelle, Charente-Inférieure.
Santerre (Albertine), d'Avesnes-lès-Aubert, à Mâcon, Saône-et-Loire.
Santerre (Célina), d'Avesnes-lès-Aubert, à Mâcon, Saône-et-Loire.
Santerre (Christine), d'Avesnes-lès-Aubert, à Mâcon, Saône-et-Loire.
Santerre (Lucie), d'Avesnes-lès-Aubert, à Mâcon, Saône-et-Loire.
Santerre (Marie), d'Avesnes-lès-Aubert, à Mâcon, Saône-et-Loire.
Santerre (Victor), d'Avesnes-lès-Aubert, à Mâcon, Saône-et-Loire.
Sauvage (Arthur) et fam., de Rejes-de-Beaulieu, à Moulins, Allier.
Sauvage (Lucien), de Lille, à Soues, Hautes-Pyrénées.
Sauvage (Yvonne), de Recquignies, à Pontoise, Seine-et-Oise.
Sauvage (Charles), de Lambersart, à Saint-Jory, Haute-Garonne.
Sauvage-Leclercq, d'Iwuy, à Rouen, Seine-Inférieure.
Savon (Emile), de Lille, à Cambo-les-Bains, Basses-Pyrénées.
Scalabrino (Mme), du Cateau, à St-Germain-en-Laye, Seine-et-Oise.
Schelfaut (Théodore), de Lille, à Montceau-les-Mines, Saône-et-Loire.
Scherpereel (Maurice), de Roubaix, à Périgueux, Dordogne.
Schainer (Jean-Baptiste), de Provin, à Biarritz, Basses-Pyrénées.
Schiettecatte (Alphonse), de Lille, à Périgny, Allier.
Schlegel (Nicolas), d'Armentières, à Thenéuille, Allier.
Schott (Madeleine) et enf., d'Aniche, à Argenteuil, Seine-et-Oise.
Scion (Marcel), de Beauvin, à Bontoc, Basses-Pyrénées.
Scion (Marie) et enf., de Beauvin, à Bontoc, Basses-Pyrénées.
Scocquee (Charles), de Maubeuge, à Rouen, Seine-Inférieure.
Seache (Arthur), de Douai, à Luxe-Sumberraute, Basses-Pyrénées.
Sebille (Gustave), de Lille, à St-Jean-de-Luz, Basses-Pyrénées.
Ségard (Gustave), de Roubaix, à St-Jean-Pied-de-Port, Basses-Pyrénées.
Ségard (Marcel), de Roubaix, à Doyet, Allier.
Segers (Jules), de Lille, à Versailles, Seine-et-Oise.
Sellié (Marie-Paul), et fam., de Fourmies, à Bègles, Gironde.
Selosse (Henri), de Roubaix, à Saint-Etienne, Loire.
Sené (Gustave) et fam., de Maubeuge, à Ibos, Hautes-Pyrénées.
Sénécaux (François), de Wattrelos, à Urcuit, Basses-Pyrénées.
Senegaut (Lucien), de Fresnes, à Commentry, Allier.
Senez (Alexandre), de Guesnain, à Commentry, Allier.
Senn (Emile) et enf., de Flers-en-Escrebieux, à Montluçon, Allier.
Sepers (Charles), de Tourcoing, à Nourty, Basses-Pyrénées.
Sepers (Georges), de Tourcoing, à Ainhoa, Basses-Pyrénées.
Serrure (Albert), de Lille, à Andelaroche, Allier.
Serrure (Jules), de Lille, à Cruzy, Hérault.
Scrurrier (Noël), de Beauvais, à Commentry, Allier.
Servais (Joseph), d'Anor, à La Rochelle, Charente-Inférieure.
Servais (Maurice), de Maubeuge, à Lachapelaude, Allier.
Servien (Louise), de Douzy-Maubeuge, à Cusset, Allier.
Seybirs (Désiré), de Roubaix, à Biozat, Allier.
Seynaeve (Henri), de Lille, à Saint-Etienne, Loire.
Sézille (Marcel), de Lille, à Périgueux, Dordogne.
Shmidt (Eugène), d'Aniche, à Saint-Etienne, Loire.
Sigys (Victor), de Lille, à Franchesse, Allier.
Sikorski (Edouard), de Guesnain, au Breuil, Allier.
Silvert (Amédée) et enf., de Sin-le-Noble, à Laprugne, Allier.
Simon (Alfred) et enf., de Masny, à Montceau-les-Mines, Saône-et-Loire.
Simon (Charles), de Lille, à Cosne-sur-l'Œil, Allier.
Simon (Léandre), de Bruille, à Biarritz, Basses-Pyrénées.
Simoens (Dieudonné) et enf., de Commines, à Clessy, Saône-et-Loire.
Six (Henri), de Linselles, à Nébian, Hérault.
Six (Désiré), de Linselles, à Nébian, Hérault.
Six (Alfred), de La Madeleine, à Bergouey, Basses-Pyrénées.
Sobry (Eugène), de Lille, au Breuil, Allier.
Soet (Paul), de Roubaix, à Lapalisse, Allier.
Souppart (Louis), de Masny, à Blanzy, Saône-et-Loire.
Souri (Leclercq), de Sains, à Montluçon, Allier.
Sourmail (Edouard), de Beauvois, à Brantôme, Dordogne.
Spiers (Célestin), de Roubaix, à Argenteuil, Seine-et-Oise.

Spillebout (Clovis), d'Armentières, à Commentry, Allier.
Spillers (François) et enf., de Lannoy, à St-Jean-le-Vieux, Basses-Pyrénées.
Spriet (Auguste) et enf., de Roubaix, à Ciboure, Basses-Pyrénées.
Sscache (Arthur), de Douai, à Saint-Palais, Basses-Pyrénées.
Sstien (Alphonse), de Forétin, à Domezain-Berraute, Basses-Pyrénées.
Staelen (Alois) et enf., de Pérenchies, à Séméac, Hautes-Pyrénées.
Staelen (Carlus) et fam., de Premesques, à Barbazan-Debat, Hautes-Pyrénées.
Staenens (Hubert), d'Armentières, à Capestang, Hérault.
Stal (Auguste) et enf., de Fourmies, à Argenteuil, Seine-et-Oise.
Steinmetz (Alfred) et enf., d'Hautmont, à Tarbes, Hautes-Pyrénées.
Sterck (Ferdinand), de Lille, à Commentry, Allier.
Stien (Alphonse), de Fretin, à Domezain-Berraute, Basses-Pyrénées.
Stingre (Alexandre) et enf., d'Aniche, à Tulle, Corrèze.
Stal (Clara), de Fourmies, à Argenteuil, Seine-et-Oise.
Stole (Hélène), de Sous-le-Bois, à Bordères-sur-l'Echez, Hautes-Pyrénées.
Stoffel (Gustave), de Tourcoing, à Lasseube, Basses-Pyrénées.
Succhette (Joseph), d'Auby, à Lapalisse, Allier.
Sulliers (Léon), de Valenciennes, à Guiche, Basses-Pyrénées.
Supli (François), de Roubaix, à Ligueux, Dordogne.
Suzanne (Georgette), de La Madeleine, à Précilhon, Basses-Pyrénées.
Suzanne (Julienne), de La Madeleine, à Précilhon, Basses-Pyrénées.
Suzanne (Yvonne), de La Madeleine, à Précilhon, Basses-Pyrénées.
Synone (Alphonse), de Tourcoing, à Lasseube, Basses-Pyrénées.
Szebesta (Josephe), d'Ostricourt, à Saint-Etienne, Loire.
Saint Léger, d'Asq, à Montluçon, Allier.
Tacquenier (Lucie), de Feignies, à Pontoise, Seine-et-Oise.
Tacquenier (Léon), de Feignies, à Pontoise, Seine-et-Oise.
Taffin (Léonie), de La Bassée, à Cusset, Allier.
Talfert (Irène), d'Harnes, à Arronnes, Allier.
Talmont (Henri), de Saint-Amand, à Salagnac, Dordogne.
Talmont (Léon), de La Croisette, à Hasparren, Basses-Pyrénées.
Taquet (Urbain) et fam., d'Anzin, à Argenteuil, Seine-et-Oise.
Taron-Isbergues (Mme) et enf., d'Armentières, à Cette, Hérault.
Tatencloo (Emilie) et enf., de Douai, à Laloubère, Hautes-Pyrénées.
Taverne (Marie), de Louvigny-Bavay, à Rouen, Seine-Inférieure.
Telle (Paul), de Lille, à Servilly, Allier.
Tellier (Maurice), de Lille, à Nizerolles, Allier.
Tengils (François), de Lille, à Tulle, Corrèze.
Termes (Michel), de Fenain, à Servilly, Allier.
Testelin (Marcel), de Roubaix, à Droiturier, Allier.
Tete (Julien) et enf., de Ferrière-la-Grande, à Montluçon, Allier.
Tete (Arthur) et enf., de Maubeuge, à Commentry, Allier.
Thelier (Paul), de La Madeleine à Terre-Noire, Loire.
Thiboult (Jules), de Lille, à Limeyrat, Dordogne.
Thiens (Henri), d'Armentières, à Cette, Hérault.
Thomas (Laure), de Jeumont, à Isserpent, Allier.
Thomas (Marcelle), de Marc-en-Barœul, à Pontoise, Seine-et-Oise.
Thurette (Marguerite), de Locquignol, à Dijon, Côte-d'Or.
Thuyschaever (François), de Lambersart, à Sare, Basses-Pyrénées.
Thuytschaever (Pierre), de Lille, à Excideuil, Dordogne.
Tilmont (Eugène), de Valenciennes, à Bègles, Gironde.
Tison (Eugène) et ép., de Somain, à Deuil, Seine-et-Oise.
Titéca (Georges), de Marquette, à Excideuil, Dordogne.
Titéca (Paul), de Lille, à Nourty, Basses-Pyrénées.
Tizon (Achille), d'Anzin, à Arfeuilles, Allier.
Tizou (Alexandre), d'Aniche, à Montceau-les-Mines, Saône-et-Loire.
Tollenaere (Charles), de Lille, à Limeyrat, Dordogne.
Tombal (J.-B.), de Douchy, à Mazirat, Allier.
Torck (Julien), de Lille, à Arbérats-Sillègue, Basses-Pyrénées.
Tournemine (Edouard), de Lille, au Donjon, Allier.
Tranchon (Charles), de Douai, à Saint-Gérand-le-Puy, Allier.
Tranquart (Mme), de Fourmies, à Dijon, Côte-d'Or.
Tranquart (Alfred), de Fourmies, à Dijon, Côte-d'Or.
Tranquart (Adrien), de Fourmies, à Dijon, Côte-d'Or.
Trassaert (Henri), de Lille, à Nébian, Hérault.
Tribout (Mme) et enf., de Recquignies, à Saint-Prix, Allier.
Tuirct (Jules), d'Escobecques, à Saint-Pée-sur-Nivelle, Basses-Pyrénées.
Turbée (Alexis), de Lille, à Hendaye, Basses-Pyrénées.
Turge et fam., d'Abcon, à Argenteuil, Seine-et-Oise.
Turpin (Ferdinand), de Loos, à Labets-Biscaye, Basses-Pyrénées.
Turpin (Louis), de Béthune, à Pagolle, Basses-Pyrénées.
Urbain (Georges), de Raismes, à Arfeuilles, Allier.
Urbain (Arthur), d'Anzin, à Naves, Allier.
Usal (Auguste), de Lille, à Arbourt-Suissante, Basses-Pyrénées.
Valenduc (Gustave), de Comines, à Cambo-les-Bains, Basses-Pyrénées.
Valentin (Fernand), de Rocquignies, à Rouen, Seine-Inférieure.
Vallée (Emile), de Lille, à Pau, Basses-Pyrénées.
Vallée (Hélène), de Lille, à Pau, Basses-Pyrénées.
Vallée (Marguerite) et enf., de Lille, à Pau, Basses-Pyrénées.
Vallée (Marguerite), de Lille, à Pau, Basses-Pyrénées.
Vamorays (Auguste), de Pérenchies, à Maumeilhan, Hérault.

Vanackère (Auguste), de Watrelos, à Urcuit, Basses-Pyrénées.
Van Artslar (Joseph), de Croix, à Larressore, Basses-Pyrénées.
Van Assche (Alexandre) et fam., d'Anor, de Bordeaux, Gironde.
Van Assche (Gustave) et fam., d'Anor, à Bordeaux, Gironde.
Van Bers (Désiré), de Wattrelos, à Bordères-sur-l'Echez, Hautes-Pyrénées.
Vanbiervliet (Urbain), de Tourcoing, à Saint-Etienne, Loire.
Wanchain (Léon) et enf., de Lille, à Franchesse, Allier.
Vanclemputte (Marcel), de Lille, à Servilly, Allier.
Vancouillé (Désiré), de Tourcoing, à Macaye, Basses-Pyrénées.
Vandenberghe (Alfred), de Roubaix, à Castets, Gironde.
Van Demersche (Alexandre), de Lille, aux Montils, Loir-et-Cher.
Van den Bergh (Adolphe), d'Hellemmes-Lille, à Cette, Hérault.
Vandenberghe (Robert) et enf., de Famars, à Saint-Cloud, Seine-et-Oise.
Vandenbor (Alexandre), de Maubeuge, à Hèches, Hautes-Pyrénées.
Vanden-Bos (Théophile), de Lille, à Briscous, Basses-Pyrénées.
Vandenbrun (Auguste), d'Armentières, à Nezignan-l'Evêque, Hérault.
Vandenbrum (René), d'Armentières, à Neziguan-l'Evêque, Hérault.
Vandenbulke (Hubert), de Tourcoing, à Hasparren, Basses-Pyrénées.
Vandenbussche (Henri) et enf., de Mons-en-Pevèle, à Lonjumeau, S.-et-O.
Vande Genachte (Pierre), de Lille, à Cambo-les-Bains, Basses-Pyrénées.
Vandenhaute (Adolphe), de Roubaix, à Béhasque, Basses-Pyrénées.
Vanden-Heede, de Lille, à Versailles, Seine-et-Oise.
Vandeputte (Alphonse), de . . . . ., à Biarritz, Basses-Pyrénées.
Vandermersch (Jules), de Lille, à Saint-Etienne, Loire.
Vandermeuil (Albert), de Tourcoing, à Nousty, Basses-Pyrénées.
Vanderzand (Rosia) et enf., de Grattières-Neuménil, à Ibos, Htes-Pyrénées.
Vandervalle (Edmond), de Douai, à Doyet, Allier.
Van Hecke (Prosper), de Roubaix, à Commentry, Allier.
Vangherdalle (Gustave), de Roubaix, à Ciboure, Basses-Pyrénées.
Vanhove (Henry), de Lille, à Ossès, Basses-Pyrénées.
Vanhove (Hermann), de Tourcoing, à Lapalisse, Allier.
Van Swevorde (Richard) et enf., de Lille, à Ciboure, Basses-Pyrénées.
Van Stubarq (Pierre) et enf., de Lille, à Versaugues, Saône-et-Loire.
Varlet (Jules), d'Orchies, à Bordeaux, Gironde.
Vasseur (Arthur) et enf., d'Ascq, à Villefranque, Basses-Pyrénées.
Vasseur (Oscar), d'Emmerin, à Saint-Jean-le-Vieux, Basses-Pyrénées.
Vasseur (Mme), de Hemmes-les-Lille, à Chareil-Cintrat, Allier.
Vasseur (Jules), de Warlaing, à Mittainvilliers, Eure-et-Loir.
Vasseur (Paul), de Warlaing, à Mittainvilliers, Eure-et-Loir.
Vaureveren (Edmond), de Roubaix, à Arneguy, Basses-Pyrénées.
Venant (Charles), d'Armentières, à Came, Basses-Pyrénées.
Vendenbrouck (Fortuné), d'Anzin, à Servilly, Allier.
Veraèghe, de Roubaix, à Hendaye, Basses-Pyrénées.
Vercammen et ép., de Roubaix, à Villiers-le-Bel, Seine-et-Oise.
Vercruysse (Adolphe), de La Madeleine, à Cambo-les-Bains, Basses-Pyrén.
Verdière (Georges), de Lille, à Commentry, Allier.
Verdière (Léon) et enf., de Sin-le-Noble, à Montceau-les-Mines, S.-et-L.
Verdière (Maurice), de Lille, à Lapalisse, Allier.
Verdoucq (Germaine), de Lille, à Cette, Hérault.
Vérein (Albert), de Tourcoing, à Tulle, Corrèze.
Vérein (Pierre), de Tourcoing, à Tulle, Corrèze.
Verfaillée (Léon), de La Chapelle d'Armentières, à Hendaye, Basses-Pyr.
Vergeylen (Pierre), de Roubaix, à Nébian, Hérault.
Verié (Julien), de Trelon, à Saint-Germain-en-Laye, Seine-et-Oise.

Verheyen (Julien), de Lille, à Ossès, Basses-Pyrénées.
Verhulst (Gustave), de Tourcoing, à Lasseube, Basses-Pyrénées.
Verlen (Henri), de Wattrelos, à Rouen, Seine-Inférieure.
Vernier (Jules), de Willems, à Itxassou, Basses-Pyrénées.
Verpoorten (Louis) et enf., de Lille, à Montceau-les-Mines, Saône-et-Loire.
Verraes (Charles), de Tourcoing, à Lasseube, Basses-Pyrénées.
Verspeelt (Louis), de Roubaix, à Lapalisse, Allier.
Verstraete (Charles), de La Madeleine, à Louhans, Saône-et-Loire.
Verstraeten (Joseph), de Loos, à Cambo-les-Bains, Basses-Pyrénées.
Verupenne (Charles), de Lille, à Servilly, Allier.
Verwée (Marcel), de Roubaix, à Saint-Etienne, Loire.
Vicot (Achille), de Valenciennes, à Arronnes, Allier.
Vieille (Arsène), de Denain, à Commentry, Allier.
Vienne (Auguste), de Tourcoing, à Lapalisse, Allier.
Vicreu (Marcel), de Vieux-Berquin, à Montluçon, Allier.
Vifort (Marcel), d'Armentières, à Cette, Hérault.
Vilain (Henri), d'Erre, à Ciboure, Basses-Pyrénées.
Vilette (Jules), de Tourcoing, à Hendaye, Basses-Pyrénées.
Villick (Mlle), de Vieux-Berquin, à Montluçon, Allier.
Visée (Antoine) et enf., de Maubeuge, à Montluçon, Allier.
Vlaminck (Alphonse), de Lille, à Saint-Pée-sur-Nivelle, Basses-Pyrénées.
Vlaminck (Emile), de Lille, à Saint-Pée-sur-Nivelle, Basses-Pyrénées.
Vomasse (Henri), de Roubaix, à Ormeguy, Basses-Pyrénées.
Voreux (Charles), de Tourcoing, à Rouen, Seine-Inférieure.
Voreux (Joseph) et enf., de Fourmies, à Montluçon, Allier.
Vosterbintz (Alphonse), de Roubaix, à Ustaritz, Basses-Pyrénées.
Vreulz (Georges), de Roubaix, à Uzos, Basses-Pyrénées.
Wafflart (Louis), d'Anhy, à Irauhéguy, Basses-Pyrénées.
Wallart (Henri), d'Armentières, à Saint-Pée-sur-Nivelle, Basses-Pyrénées.
Wallerand (Marcel), de Brhay-sur-Escaut, à Saint-Etienne, Loire.
Wallez (François) et fam., d'Avesne-lez-Aubort, à Odlettos, Loir-et-Cher.
Warenghein (Alexandre), de Lille, à Franchesse, Allier.
Warin (Désiré) et fam., d'Aniche, à Montceau-les-Mines, Saône-et-Loire.
Waroquier (Edmond), de Frétin, à Hendaye, Basses-Pyrénées.
Wartelle (Edmond) et fam., de Douai, à Boucé, Allier.
Wartelle (Eugène) et ép., de Marchiennes, à Buxières-les-Mines, Allier.
Waterlot (Henri), de Raimourt, à Ustaritz, Basses-Pyrénées.
Watignie (Clémence), de Jeumont, à Isserpent, Basses-Pyrénées.
Watremez (Andrée), de Flers, à Pontoise, Seine-et-Oise.
Watremez (Marcelle) et enf., de Flers, à Pontoise, Seine-et-Oise.
Wautiez (Zephir), de Douai, à Rouen, Seine-Inférieure.
Werquin (Aug.), de St André-lez-Lille, à Domezain-Berraute, Basses-Pyrén.
Werquin (Raoul), de Lille, à Andelaroche, Allier.
Wez (Antoine), de Lallaing, à Saint-Etienne, Loire.
Widbien (Arthur), de Beaurains, à Echassières, Allier.
Wiebour (Gérardine), de Werwick, à Oloron, Basses-Pyrénées.
Wiebour (Henri) et enf., de Werwick, à Oloron, Basses-Pyrénées.
Wiebour (Elodie) et enf., de Werwick, à Oloron, Basses-Pyrénées.
Willaumez (Alfred), de Roubaix, à Larressore, Basses-Pyrénées.
Wilson (Alphonse), de Lille, à Saint-Bonnet-de-Rochefort, Allier.
Winglet (Alexandre) et enf., de Lille, à Ciboure, Basses-Pyrénées.
Woindrif (Emilienne) et enf., de Maubeuge, à Audes, Allier.
Wombre (Henri), de Lille, à Nébian, Hérault.
Ysebaert (Arthur), de Roubaix, à Macaye, Hérault.